現代政治学叢書

16

企業と国家

恒川恵市 著

東京大学出版会

The State and Private Enterprise
Keiichi TSUNEKAWA
(Modern Political Science Series 16;
Takashi INOGUCHI—Series Editor)
University of Tokyo Press, 1996
ISBN 4-13-032106-4

編集刊行の辞

猪口　孝

本叢書はわが国ではじめての政治学叢書である。社会科学のなかでも経済学や社会学においては、その学問体系を不断にとらえ直し、新たな体系を構想することがわが国でも熱心に試みられてきた。しかしながら、政治学においては、その学問の全域を体系的に描き出し、さらなる発展のための土台を広範に整備するような努力はあまりみられなかったと言えよう。本叢書は、理論研究・実証研究の第一線で活躍している日本の政治学者を結集してこの学問領域の全体系を提示し、わが国における政治学の発展を促進することを狙ったものである。

全二〇巻の書き下ろしで構成される本叢書は、過去四半世紀にわたる政治学の主要な理論研究と実証分析を再編成し、今後の研究方法の展望をきりひらくための知識の集大成である。本叢書を編集するにあたっては、以下の三点にとりわけ大きな注意を払ったつもりである。第一に、理論研究と実証分析の均衡を保ち、経験的現実から遊離した観念論や理論的枠組みなき実証主義に陥らないよう心掛けた。第二に、各巻が自己完結的な体系論を成すように主題を設定した。にもかかわらず、第三に、各巻が独自性と相互補完性を発揮することによって、叢書全体として現代政治学の全貌を描き出すことを目指したのである。

本叢書は、次の五部から成り、各部は四巻から構成される。

マクロ政治学——政治体制の構造と動態を概観し、政治現象の本質を大局的にとらえて分析する。（第一巻—第四巻）

ミクロ政治学——個人や社会集団の意識と行動を政治体制との関連で分析し、理論化する。（第五巻—第八巻）

政治過程——政治の仕組みをそのプロセスを軸に把握し、実証的に分析する。（第九巻—第一二巻）

政治主体——政治の担い手の組織的な性格や行動類型に焦点をあてながら、政治力学を解明する。（第一三巻—第一六巻）

国際政治——国際構造や国家間の政治の展開を理論的視座の下に体系化して分析する。（第一七巻—第二〇巻）

第一六巻『企業と国家』は政治経済学とよばれる分野を受け持つ巻であり、恒川恵市氏はその分野で最も堅固な思考と調査を重ねられている数少ない著者である。本巻のために、市場メカニズムに主として依拠して活動する企業と統治を主要な業務とする国家がどのように影響しあい、みずからの仕事を達成しようとしているかを、理論的にも、経験的にも、既存の業績を巧みに総合し、創造的な知見を示している。しかも、みずからが得意とする日本やメキシコの政治経済的研究をほかの国のさまざまな経験との比較のなかで、鋭く、そして均衡のとれた視点に高めて、企業と国家というむつかしい主題を、概念的にも、経験的なデータの点でも豊かで示唆に富む巻にしたてあげてくれた。

企画編集の責任者として私は本叢書がわが国の政治学のスタンダード・レファレンスとして活用され、政治学の一層の発展に寄与することを願ってやまない。

目次

序章　企業と国家

一　政治の中の企業

本来、企業は経済活動を目標とする主体であり、政治への関与を直接の目標に掲げて組織されるわけではない。ところが、一九八八年から八九年にかけて日本を揺がせたリクルート事件を見てもわかるように、企業が政治に関与することによって、一国の政治動向に重大な影響を与えることも、決して希ではない。それではなぜ企業が政治活動をおこなうのか。

リクルート社の場合、その政治活動の実態や、それが違法であったか否かは、まだ係争中であるにせよ、少なくともリクルート社が、自己の経済活動をより円滑に進められる環境を確保するために、政治家や官僚に接近したことは確かであろう。近年「民間の活力」や「市場メカニズム」の優位を説く声がふえているとはいえ、国家の政策は依然企業の経済活動に無視しえない影響を与えているのであり、それが企業の政治活動を余儀なくさせているのである。

本書がめざすのは、まさしくそういった企業の方針に影響を与えようとする国家の活動と、国家の政策に影響を与えようとする企業の活動を、両者の力関係に焦点をあてながら分析することである。

二　企業とは

今日、企業は「利潤獲得を目的とする営利組織体」として、家族の生活維持を目的とする「家計」や、国民の安全と福祉を目的とする「政府」と対比して定義されるのが普通である。しかし本書では、もう少し広く、「自己」とは別の個人や集団の使途に資するために、さまざまな要素（機械、原材料、エネルギー、労働力、運送手段）を調達し、組み合わせることによって、財・サービスの生産・販売・提供をおこなう経済活動単位」として定義したい。

このように定義された企業には、自給自足をおこなう家計や部族は含まれないが、（大規模な組織体とは言えない）自家営業の個人企業や、（必ずしも利潤獲得を目標としない）公営企業は含まれる。ただ本書で、国家との関係で扱う企業は、ほとんどの場合個人や民間の集団が所有する私企業であるので、本書で単に「企業」という場合には私企業を意味することとし、中央政府や地方政府等が所有する企業は公営企業（中央政府の場合、国営企業）というように、形容語つきで叙述することにする。

さて、右で広く定義された企業は、洋の東西を問わず古代から存在するが、産業革命期以後の爆発的な生産力拡大を担う企業の原型は、近代初期のヨーロッパに出現した。それは一方では大航海時代を担う共同出資方式の通商企業の形で、他方では製造業部門の個人企業の形で登場するが、ともに絶対主義王制化を進める諸国王の重商主義政策と関連しているところに特徴がある。

当時、富の最大の源泉は、通商活動による利益と考えられており、国内的には諸侯に対する優位をめざし、国外的には他国の国王との覇権争いを進める国王にとって、最大の課題は、新たな通商路や通商物資を発見し、自国をそのような富の通商の中心地にすることであった。そのために各地の国王は冒険商人に船舶を貸与したり、資金を提供したりといった便宜を与えたのである。「新大陸発見」で名高いコロンブスの航海には、中世に地中海貿易で活躍したジェノヴァの商人達とともに、統一間もないスペイン王国の国王が出資者となっていたのである〔増田一九七九、四一頁〕。

新航路開拓や植民地獲得でスペインやポルトガルに遅れをとったイギリス、フランス、オランダも、一六世紀後半には多くの冒険商人や探検家を送り出した。例えばイギリスのエリザベス一世は、一五六一年ジョン・ロックの西アフリカ航海に四隻の船を貸与したし、一五七七年には、かの有名なドレイクの南太平洋探検にも出資している。もっともこの時ドレイクが持ち帰った富のかなりの部分は、途中でスペイン船を攻撃して略奪した金銀であった〔増田一九八九、七六—七七頁〕。実際、当時大西洋やカリブ海を中心に略奪による富の獲得を目的とする私掠船が跋扈していた。この私掠船は、通常の海賊船とは異なり、敵国船を攻撃略奪する免許を国王や植民地総督から与えられた武装船で、商人や貴族ばかりか、ときには国王までもが出資者となり、出資額に応じて略奪品の「配当」を受けていたのである〔前掲書、五二頁〕。このような私掠船の活動を、通常の通商企業のそれととらえることには異論があるかもしれないが、結果としては人々を共同出資事業に慣れさせて、一七世紀以降の企業組織発達の基礎形成に役立ったのである。アジア方面への通商路開拓を目標として、一六〇〇年に二一八人の共同出資によって結成された東インド会社は、通常オランダの東インド会社と並んで近代の会社組織の先がけと考えられているが、その東インド会社も、当初は機会があれば他国の船に襲いかかる略奪会社であった［Gardner 1971, 邦訳一七頁］。

ところでこの東インド会社は、結成当時はそれまでの冒険事業や私掠船事業のように、航海ごとに出資者を募り利益・資本を分配する非永続企業であったが、一六一三年には航海ごとに決算する方式から、株主の出資金は積んだままにしておいて利益だけを出資額に応じて配分する方式にきりかえた（最終的には一六五七年の特許状で安定）。いわゆる新合本、日本でいう合名会社の原型の登場である。ただ当時多くの場合出資者は、会社が負債を抱えて倒産した場合、出資金だけでなく個人資産をも負債返済にあてることを義務づけられる、いわゆる無限責任を負っていた。出資金をこえる責任を問われない有限責任制や、会社としての定款や取締役会を最初に確立したのは、一六〇二年に結成されたオランダ東インド会社であり、この会社が通常、株式会社の始祖と考えられている［井上一九八六、五八頁］。

一六六二年以降イギリスでも有限責任が認められたが、株式会社の設立は、あくまでも国王や議会の特許に基づく事業であったため、多くの企業が法人格なき無特許会社として乱立して株式ブームを巻きおこした。ところが、このような投機ブームは、一七二〇年南アメリカとの貿易に携わる南海会社の株価暴落を契機に泡沫がはじけるように消失した。この事件は国際的な株式恐慌をもひきおこしたことから、各国の国王・政府は、以後株式会社の設立に禁止的な規制を加えるようになるのである。株式会社が完全に合法化され、企業活動や企業規模の拡大に資するようになるのは、一九世紀に入ってからである［伊牟田一九六九、七〇―七九頁］。

いずれにしても、株式会社方式が、当初は製造業からではなく、海外通商事業から現われたことは注目してよい。それは、産業革命以前の製造業企業は規模が小さく、個人や少数の出資者のパートナーシップによって興すことができたのに対して、海外通商事業は、船舶・武器や船員の調達、船員用の食糧・酒・衣料の購入、通商に使う物資の調達などに大量の資金を要したばかりか、資金回収にかかる時間もリスクも大きいことから、多数の出資者の協力が不可欠だったからである。イギリスやオランダよりも早い時期に、コンメンダやソキエスタの名で呼ばれる原初的共同出資企業を発達させたイタリアや南ドイツの商人達も、その目的は遠隔地間商業に必要な巨額の資金を調達することであった〔前掲書、五九―六三頁〕。

他方、規模はまだ小さかったものの、後の産業革命を準備する製造業企業も、国家の庇護を受けながら、一六世紀以降各地で発展していた。イギリスにおける製造業企業の勃興について詳細な研究をおこなったサースクによれば、一六世紀後半のイギリスに製造業企業が簇生するようになるきっかけを作ったのは、トマス・スミス卿らによるコモン・ウェルス（民富）奨励の訴えであった。民富論者達によれば、イギリスのように、羊毛を輸出して毛織物を輸入するのは、外国に財貨を奪われるだけの愚行である。外国から輸入しているものを国内で製造すれば、財貨の流出を止めることができるばかりか、囲い込みなどで浮浪者と化した貧民に仕事を与えることにもなる。この輸入代替工業化の訴えは、国富が通商によって増減すると考える王室や各地の市参事会によってとりあげられた。中央や地方の政府は、当時製造業先進国であったオランダやフランスから職人を招聘したり、新規事業に独占特許を与えたりして、製造業拡大に努めたのである。その結果イギリスには、毛織物産業ばかりか、鋳鉄、ガラス、真鍮器具、油、白色石鹸、糊、ピン、オーブン、ナイフ、鉄製食器など、多様な製造業企業が興り、毛織物などについては、一六世紀末までに輸出国に転じた［Thirsk 1978, Chs. I-IV］。

新興製造業の担い手は、商人、徒弟、農民からジェントルマンや貴族に至るまで多様であったが、前述したように一般的にその規模は小さかった。ところが、産業革命によって機械制工場が広がり、一九世紀に製鉄業や鉄道敷設が工業部門を牽引するようになると、製造業でも企業規模の拡大が必要とされるに至った。株式会社方式の法的整備は、一八〇八年のナポレオン商法典によって先鞭をつけられたが、イギリスやドイツでも一八五五年頃までに、日本では一八九三年に、有限責任の株式会社が法的に承認されたのである［伊牟田、九八頁］。

しかし、株式会社の拡大は、イギリスやフランスのような製造業先進国よりは、ドイツやアメリカ合衆国のような後進国で顕著に見られた。それは、後進国であればあるほど、最新の（したがって規模が大きく高価な）技術を導入する傾向があるからである。一八七〇年代のイギリスの機械製造工場の平均雇用数は八五人にすぎなかったが、ドイツには、グーテホフヌンク冶金会社やクルップ製作所のように従業員が一万人をこえる株式会社が存在した［Hobsbawm 1975, 邦訳三〇一頁］。アメリカ合衆国でも南北戦争後、株式会社の急激な膨脹がおこり、一九世紀末には株式会社による生産が全体の六六・七％を占めるまでになった［Berle & Means 1932, 邦訳一六頁］。

このような株式会社の拡大にもかかわらず、アメリカ合衆国を除けば株式の大衆化はまだ進んでおらず、主要な株主が同時に企業の経営を直接担当することが多かった。ホブズボームが言うように、一九世紀の株式会社は、まだまだ一人あるいは一家族が支配する企業というイメージが強かったのである。「所有と経営の分離」や「経営者革命」が喧伝されるのは、一九三〇年代以降のことである［前掲書、第六章、Burnham 1960, 邦訳第六、七章］。

にもかかわらず、資本主義企業が、一九世紀末から二〇世紀初めにかけて、組織の時代を迎えたことは間違いない。それは株式会社の普及ばかりか、同業組合（日本で言う業界団体）の結成や、トラスト、カルテルなどの企業合同・企業協力方式の発達の中に見てとることができる［Brand 1988, pp. 132-34; Beer 1965, p. 74］。こういった変化は、一般に産業資本主義から独占資本主義への転換と呼ばれる。

前述したように、企業の発達とその規模の拡大は、国家の奨励策や法整備によって促されたが、逆に、企業の規模の拡大や組織化は、国家に対する企業の影響力を増すのに貢献したと考えられる。企業が経済活動に使う資源は、同時に政治的目的のためにも使用が可能だからである。そこで次に企業の影響力の源泉を検討する必要があるが、その前に企業が影響力を行使する相手である「国家」とは何かを明らかにしておかなければならない。

三　国家とは

「国家」という概念の内容については、既に本現代政治学叢書の第一巻が詳しく扱っているので［猪口一九八八、第一章］、ここでは単に、大きく分けて国家には二つの意味があることを指摘するにとどめる。

一つは統治機構としての国家であり、この場合国家は「政府」とほぼ同義語になる。ただ政府と言う場合は、行政府を指すことが多いのに対して、統治機構としての国家は、行政府だけでなく、立法府、司法府も含めて考えるのが普通である。

次に、国家には国土や国民を包み込んだ「政治的共同体」という意味がある。このように定義された国家では、住民の間で秩序を守り、平和共存を進める合意およびメカニズムができている上に、国家の外部の勢力に対しては、共同で安全を守る態勢が整っていると考えられる。もちろん国内秩序を維持し、対外防衛を果すためには、実行機関としての統治機構が必要となるが、通常、政治的共同体としての国家の統治機構は、担う仕事の内容が誰にとっても明白であると考えられることから、一つの意志でまとまった組織体として扱われるのが普通である。スコッチポルは、このような統治機構を「単一行為者としての国家」と定義して、さまざまな制度や規則の総体としての統治機構（「制度的構造としての国家」）と区別して扱っている［Skocpol 1985, p. 9 & p. 21］。しかし果して政治的共同体としての国家の統治機構を、一つの意志体として扱うことができるのであろうか。

例えば国内秩序と一言で言っても、その内容は国家の構成員それぞれにとって異なっている可能性がある。一体、私有財産をどこまで侵した場合に「秩序」を破ったことになるのか、労働者の争議行為はどこまでが「秩序」の枠内に入るのか、といったさまざまな問題があり、統治機構は、守るべき「秩序」の内容を決めた上でなければ動きがとれないのである。ここに、企業が政治的共同体の一員として、統治機構としての国家に影響を与えるべく行動する誘因が存在する。つまり共同体としての国家を構成する他の集団や個人の意見や利益が、企業のそれと一致しない場合には、あるいは統治機構としての国家自らが定義する秩序が企業の利益に反する場合には、企業は守るべき秩序の内容を自己にとって都合のよいものにするために、統治機構としての国家に働きかける必要が生じるのである。

それでは企業は、どのような手段で国家に影響力を及ぼそうとするのか。以下の叙述では、煩雑を避けるため、統治機構としての国家を単に「国家」と呼び、政治的共同体としての国家は、このような形容語つきで呼ぶことにする。

四　企業の政治的影響力

企業が持っている資源の中で、他の集団や個人より豊富に利用可能だという意味で企業特有の資源は、「富」であろう。企業は個々の政策に影響を与えるために、その政策に関与する政治家や行政官を買収しようとすることがあるが、これは「富」の最も露骨な使用法である。これほど露骨ではないまでも、企業は自己の利益に全般的に好意的な政治家や政党に政治献金をおこなうことが多い。これは個々の政策を直接左右するというよりは、長期的に好都合な経済環境の確保を期待してのことである。日本での財界や企業による自民党への献金はその好例であろう。

企業が独占的に所有しているわけではないが、「富」に次いで有望な資源は「情報」である。企業は自己が持つ技術情報によって国家の軍事産業に、ひいては国防力に影響を与えることができるし、また海外でのビジネス活動の過程で収集された情報は、国家の外交や軍事戦略に役立つこともある。

第三に企業は、国民の間で持つ「威信」によって国家の政策に影響を与えることがある。これは一国の経済運営がきわめて順調にいっており、しかも企業がその経済運営の中心勢力となっていると認められる場合に生ずる現象である。この場合には、世論も政治家・行政官も、企業の意見に耳を傾けることが多い。

最後に企業は、自らが持つ「富」や「威信」を使って「票」を集め、そのことによって国家の構成を左右しようとすることがある。まず企業は、政治家や政党への献金によって、彼らの集票能力の向上に寄与することができる。さらに企業は、もっと直接的に自社で働く従業員や関連企業に働きかけることによって、特定の政治家や政党の得票数をふやそうとすることもある。日本の「企業ぐるみ選挙」はその好例である。例えば一九八六年同日選挙の際、衆議院議員選挙福岡二区の選挙戦を観察した研究者は、新日本製鉄社が「社員を出勤扱いにして集票活動をさせ、後で職制がその名簿を点検して回る。関連企業にはノルマを課す。社宅街に他候補が来ても、窓さえ開けない」といった戦術をとって、民社党議員を当選させた事例を報告している［杣一九八七、三七六頁］。

このように企業は、「富」「情報」「威信」「票」といった資源を使って国家の政策に影響を与えようとするが、果してそのような行為は、どのような場合にどのくらい企業にとって有意な結果をもたらすのであろうか。企業は基本的に国家の政策を左右していると言えるのであろうか。あるいは逆に企業は国家の指令に服しているのであろうか。企業と国家の力関係を左右する要因にはどのようなものがあるのであろうか。こういった一群の問題について考察するのが本書の目的である。

五　本書の構成

本書は、この序章と終章を除けば、五つの章から成っている。

まず第一章「企業 - 国家関係をめぐる三つの視点」では、企業と国家の力関係についてこれまでに出されてきた理論的見解を、マルクス主義、自由主義、国家主義の三つに大別して検討する。マルクス主義は、資本主義体制下では企業の意向が長期的に国家の政策を左右すると考える。つまり企業優位の考え方である。それに対して自由主義の見方によれば、社会には企業だけでなく、労働者、消費者、年金受給者、環境擁護論者など、さまざまな利益や意見を持つ個人や集団が存在して、しばしば国家に対して企業の意向とは違った政策をとるように影響力を及ぼす。したがって企業が常に国家の政策を左右するとは限らない。企業とその他の個人・集団の影響力は、問題領域によっても、またそれぞれがとる戦術によっても違ったものになる。

企業の力を絶対的なものと見るかどうかという点で相違はあるにせよ、マルクス主義と自由主義は、社会の諸個人・集団が国家の政策を左右すると見る点では一致している。それに対して、国家主義は、国家自身が社会勢力とは別の利益や意見をもって自立しており、国家が自分の利益や意見を実現するために、企業や他の社会勢力に働きかけると考える。

このように三つの視角は、互いに正面から衝突する内容をもつ異なったパラダイムを構成しているが、実際には、時期によって、また国によって、企業と国家との関係のパターンは異なる。そこで第二章「企業-国家関係の多様性とその史的要因」では、複数の国の近代化・工業化過程を比較した諸著作を参考にしながら、いかに国によって、あるいは時期によって、企業と国家の力関係が異なるか、またその違いをもたらす要因は何かを探る。この探求の過程で、工業化のタイミング、前近代の社会と国家の性格、国際国家システム上の位置などが重要な決定要因であることが明らかとなるであろう。

ところで、第二次大戦後、企業のグローバル化が急速に進むが、いわゆる多国籍企業は、その規模の大きさからしても、国境を越えて資源を移動させる能力からしても、国家の政策実行能力に重大な影響を及ぼすものと考えられる。そこで第三章「企業の多国籍化と企業-国家関係の変容」では、多国籍企業と国家との関係について、帝国主義論、脱国家主義論、新重商主義論の三つの見方があることを、その内容とともに明らかにする。この三つのパラダイムは、それぞれマルクス主義、自由主義、国家主義に対応する見方である。この検討の過程で、多国籍企業と国家との力関係は、企業が多国籍化を追求するに至る原因と密接に関連していることが明らかとなろう。そこで第三章の後半では企業多国籍化の要因を、その企業-国家関係へのインパクトを考慮しながら考察する。

以上三つの章での考察を基礎に、第四章と五章では、個別の国に焦点をあてて、企業-国家関係の特徴を明らかにする。第四章は一部アメリカ合衆国と比較しながら日本を、第五章はメキシコと韓国をそれぞれ扱う。

第一章　企業－国家関係をめぐる三つの視点

一　マルクス主義

企業と国家の関係についてのマルクス主義者の見解には、大雑把に言って二つの潮流がある。一つは、国家を企業（マルクスの言葉ではブルジョア階級）による階級支配の道具とする見方である。

これについては既に一八八四年に、マルクスの同志であったエンゲルスが、『家族・私有財産・国家の起源』の中で、国家は階級対立を制御する必要から生まれるが、同時にそれは経済的に最も強力な支配階級の手足となって、被抑圧階級搾取を助けると書いている。エンゲルスによれば、「現代代議制国家は、資本による賃金労働者搾取の道具である」。唯一の例外があるとすれば、それは、対立する階級の力が拮抗して、一時的に国家がある程度の自立性を獲得する場合で、ルイ・ボナパルトの第二帝政やビスマルク下のドイツ帝政がそれにあたるという［Marx & Engels 1972, pp. 653-54］。

マルクス国家観のエンゲルス的解釈を受け継いだレーニンは、国家は階級対立の非和解性の産物、ブルジョア階級がプロレタリア階級を「抑圧するための特殊な権力」であるとする。したがってプロレタリア階級は、暴力革命によってブルジョア階級の国家を「廃絶」して、プロレタリア階級の国家を作らなければならない［レーニン一九六六、四七二、四八四頁］。

国家道具論の現代的表現は、一連のパワーエリート論の中に見てとることができる。この理論系列に属する人々は必ずしもマルクス主義者というわけではないが、大企業を支配するエリートが、国家を握るエリートと一体となって社会に君臨すると見る点で、マルクス主義の国家道具論と親近な関係にあると言えよう。

例えばライト・ミルズは、アメリカ合衆国には上層政治家、大企業経営者、高級軍人から成る、パワーエリート層が形成されていると論じた［Mills 1956］。ドムホフはさらに進んで、そういったパワーエリートの中で、特に大企業エリートが中心となって、人的結合、制度的結合のネットワークが形成されていると主張した［Domhoff 1967］。

ミルズとドムホフが一九五〇年代から六〇年代初めにかけてのアメリカ合衆国について語ったのに対して、マイケル・ユジームは、一九七〇年代から八〇年代初めにかけてのアメリカ合衆国とイギリスにおいて、大企業の影響力が特に強まり、それがレーガン政権やサッチャー政権の登場に力をかしたと主張した。ユジームによれば、七〇年代までに米英両国で企業の収益率が著しく低下し、イギリスでは労働組合の脅威が高まり、アメリカ合衆国では環境や労働安全などの面で国家の規制が強まった。その結果、大企業経営者の危機感が高まり、政府に対する諮問活動、政党やその選挙候補者への献金、マスメディアを通じての世論への働きかけといった政治活動を活発化させた。以前には企業の政治活動は個別企業の利益のためにおこなわれたが、七〇年代までに生産・資産の少数の大企業への集中が進み、また大企業間の株式の持ち合いや重役兼任といった制度が発達した結果、個別企業の枠を越えた少数の重役や大企業幹部の非公式のネットワーク（インナー・サークル）が形成され、これが実業界全体の利益という観点に立った政治活動を展開するようになったと言うのである［Useem 1984, Chs. 2, 4, 6］。

他方ラルフ・ミリバンドは、通常言われているのとは異なり、国家を単に階級支配の道具としてだけ見ているわけではない。つまり彼は後述するマルクスの別の国家観にも十分気づいているが［Miliband 1983, Ch. 1］、企業と国家を構成する人々の社会的・個人的・イデオロギー的結合を重視する点で、パワーエリート論者と共通する。しかもミリバンドは、議論の対象を、アメリカ合衆国だけでなく、ヨーロッパ諸国にも拡大した［Miliband 1969, 邦訳七九、九〇―九一、一三九、一四二―四三頁］。

基本的にブルジョア階級（企業）が国家を道具として使っているとする、以上のような見解とは対照的に、フランスのいわゆる構造論派マルクス主義者達は、現代社会においてブルジョア階級の利益が優先的に擁護されるのは、彼らが直接国家を支配しているからではなく、国家をも含む社会の全体構造が、資本主義的生産様式を長期的に維持する作用を果しているからだと主張した。こういった全体構造の中で、アルチュセールは特に「イデオロギー的国家装置」（グラムシの言う「ヘゲモニー装置」）を重視する。アルチュセールは、通常の統治機構である官僚、裁判所、警察、軍部などとは別に、教会、学校、家族、政党、マスコミ等の制度に注目し、これらが人々の目から階級支配の現実を隠蔽するイデオロギーをばらまく作用を果していると考える［Althusser 1969, pp. 231-35; Althusser 1971, p. 142］。

一方ニコス・プーランツァスは、アルチュセールの議論を一部取り入れながらも、一層マルクスの著作に沿った議論を展開する。彼は主にマルクスのルイ・ボナパルトの統治に関する議論を参考にしながら、マルクスにとって国家は、階級支配の道具というよりは、階級から相対的に自立した存在だったと主張する。プーランツァスによれば、相対的に自立したボナパルトの国家を一時的な現象としたエンゲルスの見解は間違っている。それどころか、ボナパルトの国家こそ、最も典型的な資本主義国家なのである。

資本主義国家は、二重の理由で社会から自立していなければならない。第一に、資本主義体制においては、ブルジョア階級の内部に激しい競争がおこなわれているために、ブルジョア階級は自分達だけで統一した意思を作ることができず、国家にその役を任せざるをえない。この役を効果的に果すために、国家は、ブルジョア階級のさまざまな分派のうち特定の分派に肩入れするのではなく、むしろ個別利益を超越する姿勢を示すことが必要となる。

第二に、被支配階級の服従をとりつけて、既存の社会秩序を維持するためには、国家が社会の共同利益の体現者、国民統合の担い手としてふるまう必要がある。現代国家においては、一部の社会勢力の利益だけを代表する国家は正統性をもちえないからである。

このように国家は、社会諸勢力の個別利益を超越しているからこそ、社会の中で正統性を保ち、「自由で平等な」市民の競争という原理を人々に受け入れさせることができるのである。その結果、個々の企業や個々のブルジョア分派が国家の政策によって不利益を被ることはあっても、資本主義的生産関係の全体構造は維持されることになる［Poulantzas 1975, Chs. 2-4］。

以上のように、マルクス主義者の間には、国家をブルジョア階級（企業）の道具と見るか、自立的な存在と見るかという見解の相違があるが、実はこのように対照的な解釈が登場する原因の一つは、マルクスの著作自体があいまいな国家観を含んでいるところにある。

国家道具論の根拠としてよく引用されるのは、『共産党宣言』（一八四八年）の有名な文章、「近代的国家権力は、単に、全ブルジョア階級の共通の事務をつかさどる委員会にすぎない」［マルクス／エンゲルス一九六六、四二頁］である。マルクスはそれから二三年後パリ・コンミューン崩壊の直後に書いた『フランスの内乱』の中で、このテーマを発展させている。つまり「近代産業の進歩が労・資間の階級対立を発展・拡大・激化させたのと同じ速度を以て、ますます国家権力は労働に対する資本の全国的な力、社会的隷属のために組織された公権力、階級専制主義の一機関という性質をおびてきた」のであり、だからこそ「労働者階級は単にでき合いの国家機関を掌握して、それを自分自身の目的のために使用することはできない」［マルクス一九六七、九〇—九一頁］。

以上のように国家をブルジョア階級の支配の道具とするマルクスの議論にもかかわらず、少なくとも『共産党宣言』の段階では、統治機構としての国家に対するマルクスの見解は、あいまいさを残していた。『共産党宣言』の中でマルクスは、一度プロレタリア階級が革命によって政治的支配を達成した暁には、諸政令を発して私有財産制を廃止することを提案した［マルクス／エンゲルス一九六六、六八—六九頁］が、そういった政策を断行する任務は、明らかに既存の統治機構に期待されていたのである。実際パリ・コンミューン後に書かれた『共産党宣言』ドイツ語版序文（一八七二年）では、一八四八年の段階で既存の国家機構に過大の期待をもったことは誤りだったと認めている［前掲書、八頁］。

しかし、一八四八年のマルクスが、国家の性格はそれを誰が（ブルジョア階級かプロレタリア階級か）握るかによって決まると考えていたとすれば、国家機構そのものは無色でなければおかしい。そしてこの考え方は確かに、共同体としての国家に期待を寄せていた初期マルクスの思想の延長として理解することができる。

一八四二年『ライン新聞』に寄せた文章の中で、マルクスは国家を「道徳的人類の自由な結社」として定義した。当時のマルクスにとって、国家とは社会の共同利益と法の守護者として、人間の自由を体現する存在であった［Marx 1967, pp. 118, 130］。社会の個々人は、個別利益にまみれた「むき出しの衝動」に動かされているのに対して、国家こそ社会の普遍的利益を実現する主体として期待されたのである。

ところが、現実にマルクスが言論人として対峙した国家は、プロシア国家にせよドイツ諸邦の国家にせよ、理想の国家とはほど遠い状態にあった。マルクスはこの矛盾を回避するために、プロシア国家や諸邦国家は「政府」であり「国家の一機関」にすぎないと論じたが［*ibid*., p. 80］、そうすることによってマルクスは、社会的利益の普遍性を体現すべき主体を見失ってしまった。社会の個々人が「むき出しの衝動」にかられており、諸政府も普遍的利益を擁護していないとすれば、一体誰が「道徳的人類の自由な結社」たる国家を実体たらしめるのか。

一八四三年に書いた『ヘーゲル国法論批判』の中でマルクスは、再び、諸国家の官僚機構は普遍的階級を装ってはいるが、実際にはきわめて私的な、個別利益を体現する集団であると論じた。そこでは市民社会と国家とが分化して、お互いを疎外してしまったのである［*ibid.*, pp. 175–76, 184–86］。したがって社会の普遍的利益は、既存の国家機構によってではなく、「むき出しの衝動」を克服し、「理性」を獲得した市民達によって担われなければならない。そしてマルクスは普通選挙に期待をかける。彼は無制限の普通選挙によって「理性」ある市民が国家機構を握ることができれば、国家と市民社会の相互疎外を克服して、「道徳的人類の自由な結社」が実現できると考えたのである［*ibid.*, p. 202］。

社会から疎外された存在としての国家については、『ドイツ・イデオロギー』（一八四五―四六年）がより体系的な議論を展開している。人類はその歴史の中で分業を発達させたが、その結果個々人や個々の家族の利益と共同体全体の利益の間に矛盾が生じるようになった。この共同利益は社会のどの個別利益とも一致しないという意味で、社会の構成員から見れば「幻想」の共同利益であるが、分業の働きが個別利益によって攪乱されないために、また個別利益同士の争いを抑えるために、幻想の共同体としての国家が必要になるのである［Marx & Engels 1972, pp. 124–25］。

では国家は、ブルジョア階級を含むどの社会勢力からも自立した存在として把えてよいのだろうか。マルクスによれば、現代の国家は「税支払いを通して私有財産所有者に徐々に買上げられ、国債を通して完全に彼らの手中におち、今やブルジョア階級が提供する商業借款にどっぷりと依存するようになっている」。ただドイツのように身分が完全には階級に分化せず、社会のどの勢力も他を圧倒する支配を確立していない所では、まだ国家は自立的であるという［*ibid.*, p. 155］。もちろん『ヘーゲル国法論批判』でマルクスが論じたように、プロシア国家は一つの個別利益を体現しているのであるが、この個別利益は国王の利益であり、市民社会の側の利益、特にブルジョア階級やプロレタリア階級という資本主義社会の二大階級からは自立的なのである。

このようにマルクスにとって国家は、本来幻想の共同体として社会から自立した存在であり、だからこそブルジョア階級は、これを富を使って搦めとらなければならなかったのである。逆に言えばプロレタリア階級も国家を自らのものにしうれば、それを使って私有財産制を廃止できるかもしれない。それこそマルクスとエンゲルスが『共産党宣言』で期待したことであった。

この時点ではマルクスは、ブルジョア階級によって買収された国家が、そのまま永久にブルジョア的性格を維持すべく運命づけられているとは見ていない。それは封建的勢力との対抗の中で、ブルジョア階級が自己の支配を確立するに際して、自己の個別利益を前面に出すのではなく、あくまでも社会の普遍的利益の代表者であることを主張せざるをえなかったからである。ブルジョア階級は諸自由や諸権利を普遍的な原理として提示したために、プロレタリア階級にもそれを利用する機会を与えざるをえなくなる。マルクスは特に普通選挙権の意義を高く評価する。『フランスにおける階級闘争』（一八五〇年）の中でマルクスは、一八四八年革命の後にフランスで制定された共和国憲法の根本的な矛盾について、次のように語る。

「この憲法がその社会的奴隷状態を永久化しなければならない諸階級、すなわちプロレタリアート、農民、小市民にたいして、この憲法は、普通選挙権をあたえて、政治権力をもたせている。そしてこの憲法がふるい社会的権力を認めている階級、すなわちブルジョアジーからは、この憲法は、この権力の政治的保証をうばっている。この憲法は、ブルジョアジーの政治的支配をむりやり民主主義的な条件にはめこみ、それによって敵の階級をいまにも勝利させ、ブルジョア社会の根底そのものを危うくしかねないのである」[マルクス一九六八a、一五三頁]。

だからこそブルジョア階級は、フランスで普通選挙権を遂には破棄せざるをえなくなるが、それは普遍的利益を代表するという自己の立場を大いに弱める行為であった。そこでブルジョア階級は自分自身で支配を続けることで直面するかもしれない反乱の危険を避けるために、政治権力を、すべての階級の家父長的保護者としてふるまうルイ・ボナパルトにひき渡したのである。これが『ルゥイ・ボナパルトのブリュメール一八日』(一八五二年)でなされる第二帝政出現の説明である[マルクス一九六八b、五二、一〇七頁]。

いずれにしても国家は、それがプロシア国王の国家であれ、ブルジョア階級が指導権を握る国家であれ、ルイ・ボナパルトの国家であれ、社会の普遍的利益を体現しているという原理を建前として主張せざるをえないのである。それゆえに、『フランスにおける階級闘争』でマルクスが論じたように、諸自由・諸権利や普通選挙権が本当に守られるならば、ブルジョア階級以外の階級でも国家に接近して、その政策に影響を与えることは可能なはずである。

しかし一八五〇年から一八七一年にかけてのヨーロッパ諸国の現実を観察したマルクスには、ブルジョア階級が普通選挙権やその他の政治的権利を尊重するようになるとは信じられなかったのであろう。かといってボナパルト的な政権が階級関係を解消して、「道徳的人類の自由な結社」を樹立できるようにも見えなかった。マルクスは、ボナパルトはブルジョア階級の政治的勢力を打ちくだいたが、物質的な力を保護しているので、新たに彼らの政治的な力を作り出すに違いないと見た〔前掲書、一〇六頁〕。実際、普仏戦争の混乱の中で政治権力を回復したブルジョア階級は、パリ・コンミューンを武力で鎮圧したのである。現実の問題として、一八七一年のマルクスは、ブルジョア階級による支配の道具としての国家を強調せざるをえなかったのである。

こうして、最終的にマルクスが、物質的な力を増したブルジョア階級が国家を階級支配の一機関として取りこんだという結論に傾いたために、国家の自立性を強調するプーランツァスですら、その自立性もブルジョア階級の経済的利益を保護する方向に機能する——というマルクス解釈に落ち着いたのである。おそらくプーランツァスが『ルゥイ・ボナパルトのブリュメール一八日』ではなく、『フランスにおける階級闘争』により大きな注意を払っていたならば、彼の結論は若干違ったものになっていたかもしれない。実際には、後者においてマルクスが論じた普通選挙権やその他の諸権利・諸自由の意義が検討されることはほとんどなく、国家道具論者も国家自立論者も、結局はブルジョア階級（企業）の意向が国家の政策を支配するという点で一致したのであった。

しかし最近のマルクス主義者の一部には、普通選挙権と「ブルジョア的」諸権利が確立された後の時代の国家と階級の関係をいくぶん柔軟に考えようとする姿勢がうかがわれる。

例えばクラウス・オッフェは、資本主義社会の国家は、資本蓄積を保障する役割と、それを正統化する役割を果さなければならないが、この二つの役割は相矛盾するため、恒常的な危機に直面せざるをえないと論ずる。そしてこの危機を管理するために国家部門が次々と肥大化して、以前は市場に任されていた需要調整のような機能をひき受けたり、公害、福祉、労災といった社会的コストを肩代りしたりするのである。こうして社会的・経済的過程に絶えず介入する「後期資本制的福祉・干渉国家」が登場するが、オッフェはそのことによって危機が消滅するとは考えない。国家の拡大は確かに社会的コストの肩代りなどを通じて企業を助けるが、同時にその費用の一部を利潤課税に頼るために、また企業が自由に活動できる市場をどんどん狭めていくために、企業にとって重荷にもなるのである。つまり資本主義社会の国家は、企業による資本蓄積の必要とその正統化の必要というディレンマを、決して逃れることはできないのである [Frankel 1982, pp. 265–69, 273]。

しかしオッフェは、このディレンマが国家部門の徹底的拡大（したがって私企業の廃絶）による解決に向うとは考えない。それは国家道具論者が言うように、ブルジョア階級が国家に決定的な影響力を行使しているからではなく、福祉国家の諸制度を含む制度の全体が、私企業の相対的優位を保障しているからである。例えば、通常、社会の諸要求を政策にまとめあげる機能を果すとされる政党、議会、利益集団といった政治的組織体は、要求の伝達を選択的におこなうことによってシステム全体を危うくする要求を遮断・抑制するように制度化されている。確かに普通選挙権が定着した今日、選挙はもはや特定の個人を支配者の地位につけるメカニズムではなくなっているが、実は選挙を担う政党そのものが、階級対立を隠蔽するように制度化されている。まず政党には、結成、資金調達、存続に関して厳しい制限条件が課せられているために、新政党の参入は困難である。その上、既存の政党は大衆の支持をめぐる競争圧力の下で、勝つために階級・階層・利害を問わず、広範な支持に訴えなければならず、そのために「利害の社会的対立」の存在を故意にプログラムから省かざるをえない。こうして政党は、与党も野党も似た者同士となる。真の野党が存在しないために、議会も実質的な機能を失って、行政府が実施する社会政策・経済政策の成果を、普通選挙を通して選挙民にアピールして、政府与党の正統性を再生産するだけの役割しか果さなくなる［オッフェ一九八八、一一―一三、一八―二〇頁］。

いきおい政策形成の実権は、行政府と、それと密接に結びついた利益集団に移るが、それも企業家、労働者、農民のように、明瞭に区別できる欲求・利益をもつ、相対的に同質で大きな地位集団にのみ開かれた道であり、それ以外の生活欲求を事実上排除する制度となっている［前掲書、一四―一八頁］。しかも、「利潤の満足化」という一点で団結することのできる資本と比較して、労働側は、賃金、雇用、労働条件のどれを重視するかで分裂しており、そのぶん交渉力は落ちる［Offe 1985, p. 249］。なお今や政策決定・実施の中心機関となった行政府と利益集団が、議会を通さずに直接交渉するコーポラティズム（集団協調主義）は、分配をめぐる社会的紛争に由来するインフレ、リセッション、財政危機などに対処するためにも必要とされるに至ったのだが、これは一部の利益だけを取りこみ、他の多くの利益を排除してしまうために、また普通選挙による洗礼も受けない制度であるために、正統性の危機に直面せざるをえない［*ibid.*, pp. 235-36］。

にもかかわらず、現代資本主義社会においては、さまざまな制度が、社会の階級への分裂を不可視にして、企業の優位を維持する作用を果す。ただし国家の肥大化と正統性の低下に由来する危機は絶えず浮上して、資本主義体制を揺がすことになるのであるが。

オッフェは、他のマルクス主義者と同様、結局資本主義社会の国家は企業の優位を覆せないと主張するが、その国家も企業以外の社会的利益を大幅に考慮せざるをえない点を認めることによって、次節で述べる自由主義的見解に一部接近したことになる。

二　自由主義

自由主義者は、社会勢力が国家の政策を左右すると見る点で、マルクス主義者と共通する。両者の違いは、マルクス主義者が企業に決定的な影響力を付与するのに対して、自由主義者は、企業を国家に影響を与える多数の社会集団の一つとしてしか見ない点にある。

現代の政治学者の中で、自由主義的な思考方法を最もよく理論的に整理して示したのは、アメリカ合衆国のロバート・ダールであろう。彼は、アメリカ合衆国の政治が政府、企業、軍部の頂上エリート集団に牛耳られているとするミルズのパワーエリート論を真向から批判し、権力は政府の役人や民間人・民間集団の間に広く分散しており決してピラミッド型の位階構造をなしているわけではないと主張した。

具体的にコネティカット州ニューヘイブン市における政治的影響力の分配構造の分析をした結果、ダールは市民の間にリーダー、サブリーダー、追従者の区別があることを認めたが、問題領域によってリーダーやサブリーダーになる個人は別々の人間であるし、その出身階層もまちまちだと主張した。さらに、政治的影響力の元になる政治資源の市民間での分配も、各人の間で平等だとは決して言えないが、分配の範囲は非常に広くなっており、一部の人々に集中していることはないと言う。この政治資源とは、例えば財力、票、威信、組織、教育といったものであるが、ダールの観察によれば、各々のリーダーは別種の政治資源をもっており、特定のリーダーに多種の政治資源が同時に集中しているということはない [Dahl 1961, Chs. 1, 13, 14]。つまりニューヘイブン市では（ひいてはアメリカ合衆国全体では）、影響力は広く分散されており、財力をもつ企業だけが影響力を集中的にもっているというわけではない。

実際には、国家に対する影響力の行使が個人によってなされることは少ない。現代社会においては、共通する利益や意見をもつ個人の集合体である結社が、政策に影響を与えようと競い合うのである。そのような結社の中で特に利益集団に人々の注意を向けたのが、やはりアメリカの政治・行政学者であるベントレーとデイヴィッド・トルーマンの仕事であった [Bentley 1967 (1908); Truman 1951]。個人に代って政治過程における集団の役割を重視する見解は、やがて多元主義（プルーラリズム）の名で呼ばれるようになり、ダールをはじめとする自由主義的な政治学者に深い影響を与えた。今や主要な行動主体は集団であるが、それが社会のさまざまな利益を代表し、さまざまな政治資源を使って国家の政策に影響を与えようとすると見る点で、自由主義の伝統の延長に立つ考え方であることは間違いない。多元主義者は、一部の集団に影響力が偏在する可能性を認めたが、一般的には多数の集団の競い合いを通して、あたかもベクトルの和を作るように、一定の利益の均衡点がもたらされると考えた。

この多元主義の考え方は、先にあげたニューヘイブン研究に先立って出版された『民主主義理論の基礎』の中で、ダールが取り入れている。

アメリカ合衆国の政治過程においては、国民の中の活動的で（他から存在を認められているという意味で）正統性のある集団ならば、政策決定の過程に効果的な介入をなしうる。もちろんさまざまな集団の間に、政策決定に対する影響力が平等に分配されているわけではないし、個々の集団は、有権者全体から見れば少数者集団にすぎない。しかし選挙と政治的競争があるために、政治指導者が政策上の選択をする際に、その選好を考慮しなければならない集団の数と多様性が著しく増大する。アメリカ合衆国のように分権化の激しい政治制度をもつ国では、多様な集団が政策過程に参加する余地があるというのである [Dahl 1956, Ch. 5]。

このように多元主義の理論化が進むのは一九五〇年代以降のことであるが、実際にはアメリカ合衆国建国の父の一人ジェームズ・マディソンの思想の中に、既にその明確な萌芽が看取される。

マルクスを含めて一八世紀から一九世紀にかけての西欧の思想家が頭を悩ませたのは、社会の個別利益と共同体としての社会全体の利益との関係をどう考えるかということであった。社会統合の要であった君主の権威が各地で低下する一方、産業化によって市民社会の分化が進展する状況の中で、個人の利益と共同社会の利益（ルソーの言う一般意志）をどう調整するかという問題は、社会秩序を維持する上でどうしても解かねばならない問題だったのである。一七七六年に独立宣言を発して共和国としての歩みを始めようとしていたアメリカ合衆国の指導者達も、憲法制定にあたって、同じ問題に直面した。

マディソンは、多数派の意見や利益が共同社会全体のそれと一致するとは考えない。むしろマディソンが頭を痛めたのは、いかにして多数派の専制を抑えて「公共善」を達成するかということであった。

マディソンは、市民が「他の市民の権利や共同社会の永続的・全体的利益に敵対する、共通の熱情や利益によって結合し行動する」派閥（faction）を作りがちであることに、否定的な見解をもっていることを隠さないが、そのような派閥の結成は、人間の本性からしてやむをえないとして容認する。問題はいかにして多数派派閥の横暴を抑えるかということである。マディソンは三つの方法を提案する。第一は、選挙によって選出した少数の市民に統治を委任することである。共和国の規模を大きくすれば、それだけすぐれた代表者が選ばれる確率が高くなり、彼らが一時的・部分的考慮に惑わされずに、「愛国主義と正義」にのっとった判断をしてくれるだろうというのである。しかしそれだけでは、人民との接触の深さ故に統治機構の中で権力がことさら大きくなりがちな立法府が、人民の派閥の圧力の下で、多数派専制の道具になる恐れがある。それを避けるためにマディソンは、第二に統治機構内部での権限の十分な分散と相互チェックを提案する。行政府と司法府の独立性を保障し、連邦制によって州レベルの統治機構の権限も確立しなければならない。

第三にマディソンは、多数派の専制を防ぐには、社会が多数の「部分、利益、階級」に分かれていた方が好都合だと考える。多種多様な結社や利益集団があれば、永続的な多数派の形成は困難になると考えたのである［Hamilton, Madison & Jay 1961, Nos. 10, 48, 49, 51］。この最後の点こそ、後に多元主義者達による理論化の基礎となった考え方である。つまり多元主義とは、多数派による政策支配ではなく、社会の利益集団のそれぞれに、応分の影響力を認める見解なのである。

しかしここには、マディソンも後の多元主義者も解決しきれない問題が残されている。利益集団のそれぞれが応分の影響力を行使した結果、ベクトルの和としての政策が形成されたとしても、それは果して「愛国主義と正義」にのっとった「共同社会の永続的・全体的利益」を保証できるかという問題と、社会が多数の「部分、利益、階級」に分かれたとしても、結社や利益集団の影響力に本当に偏りが出ないかという問題である。

この点を突いて、多元主義が実は自由主義を危機に陥れていると警告したのがセオドア・ローウィである。ローウィによれば、多元主義（彼の言葉では利益集団自由主義）は利益集団による個々の行政官庁のとり込みを正当化する。元々問題は、二〇世紀になって国家の機能が拡大していった時、それが、政府の権威が向けられるべき目標とか、権力が行使されるべき形態や手続きについての十分な討議を経ないまま、なしくずし的に進んだ所にあるが、多元主義は、その結果生じた利益集団による国家のとり込みを、民主主義的な政策過程だとして正当化したのである。その結果、国家は「公共善」の担い手としての倫理的裏付けを失い、時間の経過とともに国家機構と強い関係を結ぶに至った諸利益集団の意向を処理して政策に変える機械的な制度に堕したのである［Lowi 1969, pp. 36, 50, 63］。

さらにローウィによれば、市民に複数の重複する集団の間で選択肢を与えるとか、集団間の競争が公共利益をもたらすとかいう利益集団自由主義の主張も神話にすぎない。実際には利益集団が政府の政策形成の不可欠の一部として内部化されると、市民はもはや複数の集団の間で選択する自由をもたなくなるし、個々の問題領域において最も利害関係がある集団以外の市民は、最初から締め出されるようになる［*ibid.*, pp. 58–60］。こうして大労組や大企業など、特権的な地位を固めた利益集団が、国家の政策を左右するに至る。

ローウィの主張は、国家への影響力が社会の多数の集団の間に分散されているとする単純な考えに立つ多元主義の見解を退ける点で、オッフェの主張と共通するが、ローウィは、マルクス主義者と異なり、企業が最大の影響力をもつとは考えない。企業は確かに最も有力な利益集団の一つではあるが、その他にも有力集団は存在するのである。この意味で、ローウィはあくまでも自由主義的潮流に属するのである。

ところで自由主義者達は、企業が国家を支配するという見解に、企業そのものの性格の変化という点からも、間接的に反論しようとする。

株式会社組織発達による所有と支配（経営）の分離について最初に体系的な議論を展開したバーリとミーンズは、企業の所有者が同時に経営者でもある場合とは異なり、所有権をもたない経営者は、所有者である株主のために、最小のリスクで最大の利潤を生み出すべく企業運営をするとは限らないと論じた。個々の株主の利益は、企業の存続や成長といった長期的利益のために犠牲にされることもありうる。「会社の取締役会と共産主義社会の中央委員会とが殆んど同一の考え方で一致するということは奇妙な逆説である」[Berle & Means 1932, 邦訳一四九—五一、三五五頁]。「経営者資本主義」について語ったマリスも、オーナー経営者が利潤の極大化を求めたのに対して、株式会社の経営者は利潤の「満足化」を求めるにすぎず、その主要目標は企業の存続と成長にあるとする [Marris 1964, 邦訳四、九二—九三頁]。

ほぼ同じ現象を企業の大規模化、官僚化としてとらえたシュムペーターは、こういった企業の発達は、経営者を一介の事務屋に引き下げることによって、またオーナー経営者が握る中小企業を市場から駆逐することによって、ブルジョア階級の社会的・政治的影響力を引き下げたと論ずる。元来ブルジョア階級は、財力はあっても国民を指導するための威信も人数的重みもなく、多くの場合政治や行政を伝統的な貴族階層に任せ、政治的支持は農民や職人に頼ったのだが、資本主義の発達は、まさしくこういったブルジョア階級の政治的同盟者を破壊してしまったのである [Schumpeter 1987 (1942), Ch. 12]。その結果、経営者も株主も、つまり企業は、政治的影響力を減ずることになった。

ダーレンドルフは、所有と経営の分離が、社会的モビリティの増進と相俟って、企業の政治的影響力を減じたと論ずる。第一に、所有権をもたない経営者は、オーナー経営者が所有権をもつが故に有していた権威を、もはやもたない。第二に、単なる経営者は利潤の極大化を企業の最大の目標とはしないために、また所有と経営の分離によって社会的モビリティが高まり、従業員や教育を受けた中流階級メンバーでも経営陣に加われるようになったために、企業経営者は労働者や外部勢力に対して妥協的になった [Dahrendorf 1959, pp. 46–47, 276]。つまり労働者の相対的影響力の上昇を前に、経営者がこれを無理に押しとどめようとはせずに、労働者の所得の向上、ひいては生活の多様化（単なる生産者から消費者への転換）に貢献したり、平和的な労使調停制度の確立に協力したりしたおかげで、企業内での生活や紛争が、社会一般での生活や紛争と重なることがきわめて希になった。企業内での司令官（経営者）－服従者（労働者）関係が、そのまま国家に対する影響力の分布に反映されることがなくなったというのである。社会的モビリティも利益集団の結成を不可能にするほどには進んでいないが、企業のような特定の利益を代表する政党が長期間国家権力を独占するという事態は、「後期資本主義社会」ではありえないのである［*ibid.*, pp. 268-71, 306-307］。こうして、所有と経営の分離を重視する見解は、企業－国家関係の多元主義的な見方に結びついていく。

これまで検討してきた自由主義ないし多元主義的見解は、さまざまな社会勢力（個人、集団）の圧力が国家の政策を左右すると考え、国家そのものは受身のブラックボックスとして扱っている。それに対して、国家を完全にはブラックボックスとせず、一定の意志を持つ主体として扱うことによって、次節でふれる国家主義の立場に近づいたのは、マックス・ウェーバーである。

ウェーバーによれば、民主化の進展は二重の意味で国家官僚制の発達を促す。第一に、社会からの要求の増大にともなって、行政任務の量的・質的高度化がおこる。第二に、金と暇をもった特権層による支配を克服するためには、専門化した行政官組織が不可欠となる。

こうして成長した近代国家の官僚は、理想的には、あらかじめ規則や法で定められた仕事を、個人的利益や意見を排して、規則や法で定められた方法をもって、忠実に実行する専門的行政官である。つまり近代国家においては、官僚は別の人々が作る規則や法に従って統治する。「官僚制は純粋にそれ自体としては一つの精密機械なのであり、極めてさまざまの支配の利益——純政治的または純経済的なまたはその他いかなる支配の利益でも——の用に供されうるものである」［ウェーバー一九六〇、二二一、九三—九九、一〇七、一二〇頁］。

ここでウェーバーは、国家官僚制は独自の利益・意見をもたず、立法官（民主主義体制下では社会によって選出される）の意のままに動く道具だと言っているように見える。しかしウェーバーはまた、（規則や法によって）行政の裁量権がいかに小さく限定されていたとしても、何らかの命令権限は不可避的に官僚に委ねざるをえないことを認める。さらにウェーバーは、現実の官僚制は、この裁量権を拡大しようとする傾向があるという。官僚は統治に必要な専門知識・情報を「職業上の機密」という口実で独占することが多いため、官僚の名目的な主人が君主であれ、議会であれ、市民一般であれ、官僚の多大の影響力を認めざるをえなくなるのである〔前掲書、一七、一二二―二五頁〕。

こうしてウェーバーは、官僚制が単なる受身の存在ではなく、自らの裁量権の拡大に利益を見出す半ば自立した主体であることを主張したが、ここでウェーバーは国家と社会の双方に独自の行為領域があると言っているだけであり、国家官僚制が社会を支配していると言っているわけではない。ウェーバーによれば、近代民主主義国家においては、官僚制の行動はあくまでも規則と法によって拘束されており、しかもこういった規則や法は、社会が選んだ立法官によって、必要に応じて変更可能なのである。社会によって信任された真の統治者は、非協力的な官僚を解雇して、より協力的な官僚に代えることもできる。

さらにウェーバーは、官僚の専門知識が常に社会勢力のもつ専門知識より優れているとは考えない。特に経済面では、企業経営者の専門知識は、官僚のそれよりはるかに優れていると考える。ウェーバーによれば、「資本主義時代においては、官庁が経済生活におよぼす影響は、極めて狭い枠内に限られており、この領域における国家の施策は、非常にしばしば、予想も意図もしなかったような方向にそれるか、あるいは、利害関係者の優越的な専門知識によって骨抜きにされてしまうのである」〔前掲書、一二五―一二六頁〕。

このようにウェーバーは、企業の国家官僚制に対する自立性に注目するが、それは企業が国家を支配するという意味でではない。ウェーバーによれば、財産家と非財産家の区別は、「すべての階級状況の中でも基本的なカテゴリー」であるが、それでもそれぞれの階級の中に多様性があり、階級としてまとまって動くことは難しい。例えば財産家には、財産の種類（住宅、工場、倉庫、店、土地など）によって、また市場に出す財・サービスの種類（鉱石、牧畜品、奴隷、資本財など）によって、利益の相違や対立があり、一つの「階級利益」にはまとまらないのである〔Weber 1982, pp. 61-62〕。

ウェーバーは国家をブラックボックスとは見ずに、相対的に自立した主体としての官僚制の生態を検討することによって、次節で述べる国家主義者の立場に近づいたのであるが、官僚に対する立法によるコントロールを重視し、また社会的利益の多種多様性を認めることによって、自由主義の伝統をも踏襲していると言える。

三　国家主義

マルクス主義と自由主義が、ともに国家を社会的利益が反映される場と見たのに対して、国家主義は、国家が独自の利益と意見をもって企業を含む社会勢力を指導すると考える。国家主義者にとっては、国家こそが「理性」を、「公共善」を、あるいは「共同利益」を体現して自ら行動する主体なのである。

ただし本書では、「国家主義」という用語を、戦前日本の「超国家主義」の意味でではなく、単に「国家自身が政策形成を主導する」という主張を指す言葉として用いている。

この意味での国家主義者の中には、国家を「行動する主体」としてではなく、一定の運用方法（モーダス・オペランディ）をもった諸組織（例えばウェーバーの官僚制）の全体構造として見て、この構造が社会勢力の行動に枠をはめると主張する者もいる。

このように国家主義の二つの考え方を整理して示したのは、アメリカ人社会学者スコッチポルである。おそらく現代の社会科学者の中で最も「国家主義」的な見地をとる著者の一人であるスコッチポルは、国家については、目標志向行為者として扱う方法と、制度的構造として扱う方法の二通りがあると論ずる。

まず目標志向行為者としての国家とは、右にいう「共同利益」の体現者のことであるが、この「目標」の中で基本的な事項は、国内秩序の維持と対外防衛・競争である [Skocpol 1985, p. 9]。国の内外の敵から自分を守り、軍事力・経済力をつけることは、国家の存続と成長にとって不可欠のことであると同時に、国民全体の利益にもなるのである。

制度的構造としての国家については、その組織の全体構造が社会における集団形成や集団の能力を左右したり、政治文化に影響を与えたり、政策アジェンダに枠をはめたりすると考える。例えばアメリカ合衆国の利益集団が、狭い利益に特化したり、著しく相互に競争的であったり、内部紀律が低かったりするのは、国家の構造が中央政府内部でも、中央と地方との関係においても、著しく分権化されていることの結果である。政策形成の場へ接近するチャンネルが多数存在する場合には、中央集権化が進んだ国ほどには、大規模で独占的な利益集団は発達しにくいのである。政党に関しても、ドイツで理念政党が発達したのに対してアメリカ合衆国では利益誘導型政党が発達したのは、前者では、大衆政党が結成された時には既によく組織された職業官僚制が整備されていて、政党が票集めをする際、公職提供による利益誘導の道が閉されていたからである。それに対して、専門職業化された官僚制がまだ存在しなかった一九世紀のアメリカ合衆国では、政党が官庁を植民地化することが可能だったのである［*ibid*., pp. 21-25］。

ところで、目標志向行為者としての国家の役割の中で、国家の軍事力・経済力の基礎となる商工業の保護育成を意識的政策として最初に追求したのは、フランスのコルベールら絶対主義王政時代の重商主義者達であるが、マルクスやマディソンとほぼ同時代人の中では、ドイツのフリードリッヒ・リストの名があげられる。

リストの著作の多くは、自由貿易が人類全体に最大の効用をもたらすというアダム・スミスらの議論に反論し、保護貿易による国民経済の振興を擁護することに向けられている。リストによれば、もしも全地球が既に一つの国家に統合されているのならば、自由貿易は確かに自然なことであり、万人に恩恵をもたらすであろう。ところが現実の世界は、そのような理想からほど遠い状態にある。世界は多数の国家に分かれており、国際通商に基づく諸国家間の統合も、戦争や個々の国家の利己的な行動によって、たちまち弱体化してしまうのが現状である。歴史は、自国の文化とパワーの追求を第一の目標としなかった国家が、いかに破滅するに至ったかを教える。リストは、知識と物質の自由な交換の増進の延長に、一つの法の下での諸国家の統合を追求することは、戦争をなくすという目的からしても正しいことだと信ずるが、今のところそれは数世紀先でなければ実現できない「国際主義的夢想」であると考える [Hirst 1909, pp. 153-55, 291-92, 302]。

このような状況の中で自由貿易路線をとるのは、後進国にとって自殺行為に等しい。イギリスのように製造業部門で圧倒的優位を確立した国ならば、自由貿易から多大の利益を得るであろう。しかし、これから本格的な工業化を進めようとする国が自由貿易を認めれば、国内製造業は発展の機会を失うであろう。ところが、国家の富とパワーの真の源泉は、まさしくこの製造業なのである。製造業は芸術、科学、技術を育むばかりでなく、世界中に通商で浸透するための工業製品を提供する。製造業はまた、通商や軍事に必要な船舶を供給してくれるし、農産物への需要を作り出すことで農地の価値の上昇にも貢献する。つまり製造業こそ、あらゆる産業の基礎、国家の富とパワーの源泉である。だからこそ保護関税を設けて自国の製造業を保護しなければならない。そもそもイギリスが今、製造業、通商、海運、植民地、海洋などで独占的地位を獲得できたのも、かつてきわめて体系的な保護政策をとったからに他ならない [*ibid.*, pp. 163, 288, 307, 314-16]。

では誰が製造業を保護するのか。言うまでもなくそれは国家（政府）である。アダム・スミスは、自分の著書に『諸国民の富（*Wealth of Nations*）』というタイトルをつけたにもかかわらず、個人経済と世界経済だけを扱い、その間に国民経済が厳として存在する事実を見逃している。この国民経済の立場とは、国家が国民経済の利益のために世界経済と個人経済の双方に規制を加えることができるし、またそうすべきだというものである。国家は外国による支配や規制を避けるために、また自国の製造業の生産力を高めるために、世界経済との関係に保護関税などの制限を加える。他方国家は、自国民の経済活動に対しても、同じ目的のためにこれを指導したり、統制したりする。個人がどんなに裕福だったとしても、国家に彼らを保護するパワーがなければ、長年にわたって築き上げられた個人の富は、権利や自由や独立とともに失われるであろう。だからこそ国家の方針は個人の利益に優越する。国家が製造業奨励のために、特定の産業に保護関税を設けたり、個別産業の活動に規制を加えることも、国家の当然の権利であり義務である [*ibid.*, pp. 152, 155, 162-64]。

こうしてリストは、対外的な防衛と競争という目的のためには、国家が企業に影響力を行使し、その行動を左右するのは当然だと考えたのである。

リストが個人経済（家計と企業）に対する国家の優位を、いわば「主張」として示したのに対して、チャールズ・ティリーは、一六世紀から一九世紀にかけてヨーロッパで進行した近代国家群の形成過程を概観することを通して、実際に国家形成者（多くの場合君主）の運動が、個々の経済単位の意向とは独立して先行したことを示した。よく組織され統制のとれた中央行政機構と、領土内での秩序と安全を守る軍事機構とを備えた近代国家の形成と、資本主義の発達とが密接に結びついているように見えたとしても、それは国家形成努力の副産物として生じた現象であり、企業家達が自己の経済的利益に適した政治形態として近代国家を求めた結果ではない。

何よりもヨーロッパ各地の君主達は、生き延びるために戦闘能力をつけなければならず、それが軍備の増強、ひいては兵士・物資調達管理のための行政機構の整備へと彼らを向わせることになる。そして規模のふえた軍隊や官僚制を維持する財政収入を確保するには、支配下の住民への徴税を強化する必要がある。徴兵や徴税は住民のしばしば暴力的な抵抗を生むので、それを抑えるためにますます軍備の増強が必要となる［Tilly 1975, pp. 73-75］。

このような努力に成功した君主は、ライバルを倒して、広領域をその統治下に置くことになるが、多数の住民を含む秩序ある空間は、商工業者にとっては市場の拡大を意味する。国家形成の結果として、企業活動に好都合な状況が生じたのである。他方商工業の発達は、さらなる国家の拡大をめざす君主にとってプラスに作用する。租税のほとんどを間接税に頼っていた時代には、商工業が拡大してモノの移動がふえるほど税収も上がったからである。

商工業の発達は、君主に別の思わぬ利益をもたらした。イングランド、フランダース、ラインラント、北イタリアなどの商工業都市の発達は、プロシア、ポーランドなどヨーロッパの他地域の農業企業家層（土地貴族）に、大きな農産品市場を提供することになった。ところが市場向けの農業生産を拡大するためには、土地の囲い込みや農業労働力の強制的調達を必要とする。兵力に限りのある地方の領主達は、結局君主のもつ軍隊や警察力に頼るようになる。こうして国家形成をめざす君主は、プロシアのユンカーのような土地貴族層を同盟者として取りこんで、ますます広大な領域を支配するようになる［*ibid.*, p. 72］。

こうしてティリーは、時間の経過とともに国家形成者の利益と企業家（商工業、農業）の利益との間に一致する部分がふえていったことを認めるが、それはあくまでも、厳しい競争と戦争の必要から進行した国家形成の結果だと考えるのである。

一八世紀後半から現代に至るまでの時期について、ほぼティリーの見解を踏襲した議論を展開しているのが、先にあげたスコッチポルである。彼女が扱っているのは、革命による旧国家の崩壊と新国家の形成であるが、彼女の出発点も、他の国家主義者と同様、国家の「本質的利益」として他の国家との競争と国内治安の維持を前提にするところにある。スコッチポルは、国家がこの二つの基本的機能を十全に果す能力を持つ限り、国家に対する社会勢力の支持や服従がなくても革命は起らないと考える。革命は、ブルジョア階級やプロレタリア階級が意図的に旧体制に対する反乱を進めた結果起るのではない。それは政治秩序の要である国家の統合とパワーが、国内社会過程とは別のレベルで起る出来事（主に外国との戦争での敗北や外国からの侵略の危機）によって弱体化することを最大の原因として発生する。一度国家の力が弱まると、さまざまなグループが入り乱れて自分の利益や意見を実現しようとするので、複数の種類の紛争が同時進行することになる。そしてその過程と結果は、特定のグループや階級の意図や利益とは一致しない。革命の最大の結果は、新たな「国家形成エリート」による、以前より強力な国家の再建である。国内秩序を回復し、外国軍の脅威を除くためには、つまり国家の「本質的利益」を守るためには、富国強兵によって国家を強化する以外に方法がないからである［Skocpol 1979, pp. 16–17, 23, 29–32, 185, 188］。ここに至ってスコッチポルの議論は、国家の第一義性を唱えたリストの国民経済論と一致する。

四　企業－国家関係分析の方向

マルクス主義、自由主義、国家主義という三つの思想潮流は、もちろん企業と国家の関係だけを論点とした議論ではない。それらはむしろ、社会の多数の個別利益と社会全体の共同利益をいかに調和させるかという、一七世紀以来、思想家や実践家の頭を悩ませた問題を中心的な課題として出発した議論である。ただ一九世紀に各地で資本主義が確固とした基礎を確立してからは、個別利益の中で企業の存在がきわだって目立つようになったために、企業－国家関係は、上記の三つの思想潮流にあっても、避けては通れない問題となったのである。

しかし、本来の課題に戻って言えば、国家主義においては、国家が共同利益を体現することがアプリオリに前提とされたのに対して、マルクス主義と自由主義は、社会の個別利益をいかにして共同利益に高めるかに主要な関心を注いだ。そしてマルクスは当初、「理性」を獲得した市民の支配する国家に共同利益の実現を期待するが、実際には、マルクス自身『ユダヤ人問題に寄せて』（一八四三年）の中で認めたように、市民社会は貨幣を神とあがめ奉る「実利的な願望と利己主義」に満ちている〔マルクス一九六九、四八、七八頁〕。それでは誰が「理性」を獲得した市民なのか。マルクスは同じ年に書き始めた『ヘーゲル法哲学批判序説』の中で、プロレタリア階級こそがその人であると論ずる。マルクスによれば、プロレタリア階級こそ、その受難が普遍的であるがゆえに普遍的性格をもつ階級である。プロレタリア階級は、「社会の他のあらゆる階層から自分を解放するとともに社会の他のあらゆる階層を解放することなしには、自分を解放することができない」という意味で普遍的利益を体現する〔前掲書、四六頁〕。

このようなマルクスの期待は、しかし、現実の社会主義国家において満たされてきたようには見えない。プロレタリア階級の代表をもって自任する政党が国家を握り、私有財産権を大幅に制限し、(私)企業を原則的には廃絶したにもかかわらず、搾取や疎外、国によっては貧困すらも解決されていない。旧ソ連・東欧、中国での出来事は、人々がプロレタリア階級を代表しているはずの国家に、共同利益の体現者としての代表性を認めていないことを示した。

もしも企業の廃絶が共同利益の実現につながらないのだとすれば、企業の国家への影響力だけをことさら問題にする意義があるのだろうか。また、たとえその意義が認められたとしても、企業の影響力が他の社会集団と比べて決定的に大きいか否かを検証する方法があるだろうか。普通選挙権と他の政治的権利が十分に確立された国々では、企業が、他の社会集団の国家を通じての圧力に屈して、福祉の拡大や公害規制に協力するなど、多大の妥協をしてきている。もちろん資本主義体制が残っているという事実そのものが企業の決定的影響力の証左だとする立場もありうるが、その場合には、社会主義化して企業が廃絶されない限りは企業の決定的影響力はなくならないということになり、企業－国家関係についての調査研究そのものを拒絶する結果になる。そういった立場を正当化するためには、企業の廃絶が人類に疑うべからざる恩恵をもたらすことを、明白に証明する必要がある。

それでは、企業は数多くある社会集団の一つにすぎず、特定の問題領域での影響力は比較的強いかもしれないが、他の多くの領域では弱い——という自由主義の立場は正当化されるのだろうか。今日のように、多くの国家の正統性が主として市民の消費生活の満足化にかかっている時代には、技術開発と生産の多くを握り、消費生活の豊饒化の中心的促進役を果す企業の影響力は、きわめて高くなっているように見える。それは他の社会集団の意向を完全に抑えられるほど圧倒的だとは言えないまでも、自由主義者が与えるイメージよりは、はるかに強力な勢力だというのが実態であろう。

この点で象徴的なのは、一九六〇年代初めまでは多元主義的民主主義に楽観的見方をしていたダールが、八〇年代までに、多数の集団の中で、特に巨大な財力をもつ大企業の政治的影響力があまりにも強くなりすぎて、市民の政治的平等を阻害するに至っていると見るようになったことであろう。

ダールは、このような状態を是正するために、第一に、アメリカ国民の間にある著しい所得分配の不平等（それが政治的不平等をもたらしていると見た）を政策手段によって正すこと、第二に、企業の従業員が一人一票をもって企業の決定に参加できるように、構造改革を実施することを提案した［Dahl 1982, pp. 198-204］。この考え方は、一九八五年に発表された『経済民主主義序説』で、従業員による自主管理組合企業の育成という提案につながった［Dahl 1985, p. 91］。

このようにダールは自分の考えを大きく変えていったが、中央政府による単一的な企業管理という社会主義的解決にくみすることは決してなかった。そのような体制は、有権者のコントロールをはずれる官僚の支配をもたらすだけである。ダールは自治権をもつ多数の集団の存在が、民主主義の維持にとって枢要であるという基本的な考えを捨てなかったという意味で、やはり自由主義の伝統の中にとどまったと言える。ただ彼が、大企業の突出を特に憂慮するようになったことは間違いない。

最後に、国家主義については、前述したように、国家が共同利益を体現するのは当然のこととされる。それは、国防と秩序維持という任務が国家の他のすべての任務に優先するという点について、市民の間に広い合意があり、しかも国防上・国内治安上の危険が常に存在することを前提にしているからである。その場合には、市民は常に国家の指令に従わざるをえないであろう。

ところが、右の第一の前提（国防と秩序維持が国家の他の任務に優先する）は認めたとしても、第二の前提（国防上・国内治安上の危険が常に存在する）は一般的には認めにくい。少なくとも過去五〇年間先進工業国の内外で一般化した平和は、市民の危機感を著しく弱めており、企業を含む社会集団が国家の意向に進んで従う必要性を、決定的に低下させた。実際八〇年代以降、先進工業国ばかりか、社会主義国や発展途上国をも巻き込んで進行している民営化や規制緩和は、国家の企業に対する影響力の低下を意味するものであっても、その逆ではない。

ただ歴史を振り返れば、明治初期の日本のように、国家が指導的役割を果した例は多数存在する。また現在でも中東の一部諸国のように国防上・国内治安上の危機に出会っている国では、国家による統制が強いように思える。

また企業の影響力について言えば、例えば一九世紀のドイツの工業企業は、同時期のイギリスの企業ほど国家に対する影響力をもたなかったし、第二次大戦直後の日本の企業の力と、一九九〇年代の日本の企業の影響力の間にも、雲泥の差がある。

このように見てくると、マルクス主義、自由主義、国家主義のうちどのアプローチが正しいかを探ることは、あまり有望な方法ではないように思われる。むしろ、企業－国家関係が国によって、また時期によって、いかに違った様相を見せるのか、そしてその理由は何なのかを探ることの方が、はるかに建設的な方法であろう。環境破壊や資源乱開発のような企業活動に伴う負の結果を正す必要が生じた時、企業の影響力に対抗する勢力を育成するためにも、企業－国家関係のパターンを理解することは不可欠の作業なのである。

第二章　企業−国家関係の多様性とその史的要因

一　企業−国家関係の多様性

企業−国家関係のパターンは、近代国家形成と工業化の歴史の中で形作られ、変化してきた。歴史の流れは地域や国によってさまざまであるため、国によって多様な企業−国家関係が生じた。この多様性については、既に多くの著者が比較研究の中で指摘している。

ここでは、一九六〇年代半ばという早い時期に、欧米諸国のポリティカル・エコノミーについて古典的著作を著したションフィールド、対外経済政策の違いを国家と民間部門の関係から説明しようとしたカッツェンスティン、欧米諸国や日本の金融システムの違いに注目したザイスマン、アジア・ラテンアメリカの後発工業国の金融政策を説明しようとしたハガードとマックスフィールドが、それぞれ国による企業−国家関係の違いをどのように見ているかを概観してみよう。

ションフィールド［Shonfield 1965］は、第二次大戦後アメリカ合衆国やイギリスよりも大陸のヨーロッパ諸国のほうが投資率が高く、生産性向上の点で勝っているのはなぜかという疑問から出発して、国家による経済計画が市場の不確実性を減じることができた国では、長期産業投資が促され、結果としてより高い生産性向上を実現することができた――との結論に達した。

戦後国家による経済の計画的運営という面で先鞭をつけたと見られるのは、イギリスの労働党政権（一九四五―五一年）である。この政権は、戦時中の経済統制方式を受け継ぎ、基礎資材や食糧の供給を確保するとともに、一九四七年には産業毎の問題点を調査し、輸出振興を図るために、産業別の「開発審議会」設置法を成立させた。さらに労働党政権が、鉄鋼、電気、石炭などの産業を国有化した結果、イギリスの公営部門は全固定資本の四〇%を支配するに至った。

産業別開発審議会と巨大な公営部門を手にしたにもかかわらず、労働党政権による経済計画化政策は見るべき成果をもたらさなかった。開発審議会は、労使代表と若干名の第三者委員によって構成されることになっていたが、企業側の抵抗が強く、政府も参加を強制する立法に踏み切ることができなかったために、結局、綿織物、家具、織布、宝石というマイナーな四つの産業で設立されたにとどまった。また国有化された企業も、それぞれ独立の経営委員会の下に置かれ、総合的な活動の調整はおこなわれなかった。

続く保守党政権は、計画官と事務局を配した本格的な経済計画策定機関として、国民経済開発審議会（NEDC）を発足させたが、これもほとんど機能しないまま、続く労働党政権の下で改組・縮小されてしまった。

このような結果に終った最大の原因は、経済計画化を支える制度的準備と、官僚・企業家を含む国民的合意ができていなかったからである。イギリス人は、政府の決定を個人の自由な結社同士の交渉と妥協の結果としてとらえる傾向が強く、官僚も自己の権限を諸企業に対して差別的に使うことに消極的であったと言われる。NEDCの政府側委員も、企業、労組と並ぶ利益代表の単なる一翼としてふるまい、計画化のイニシアティブをとろうとはしなかった。差別的な政策がとれないということは、伝統的な産業に代って先端的な産業を奨励したり、非効率な企業の犠牲の上に選ばれた有望企業を助成したりする産業政策がとれないことを意味する。

制度的な準備不足は、例えば新設のNEDCに対して各省庁が非協力的で、必要な資料を出し渋るという事態の中に窺われる。またNEDCに参加する企業側も労組側も、頂上団体への権限の集中が弱く、たとえNEDCでの協議によって合意に達したとしても、その実施はおぼつかない状態であった。イギリスの企業－国家関係は、巨大な公営企業の存在を除けば、前章でふれた自由主義—多元主義に近いものであったと考えてよいであろう。

イギリスと比較してフランスの企業－国家関係は、むしろ国家主義の想定する状態に近いものであった。フランスでは、イーデン条約（一七八六年）やコブデン・シュヴァリエ条約（一八六〇年）のような自由放任（レッセ・フェール）を強める政策は支配的パターンからの逸脱であり、国家による経済指導こそが「伝統」なのである。戦後フランスの経済計画策定の中心機関となった企画庁（Commissariat au Plan）と産業別の近代化委員会は、イギリスの開発審議会やNEDCとは異なり、国家官僚が強いイニシアティブを発揮して産業政策を作る場であった。フランスでは、国家が経済の後見人としての役割を果すのは当然という考えが強く、企業家も近代化委員会での協議に積極的に参加した。

事実上、計画化の過程から政治家と労組は排除されており、多くの場合官僚が秘密裏に大企業経営者と協議の上、投資計画等を作成した。畢竟フランスの社会集団の中で大企業の影響力が最も強くなるが、免税や低利貸付で政府への依存度が高い企業は、投資計画や技術導入計画において、国家官僚の意向を尊重せざるをえなかった。一九六〇年代に企画庁長官をつとめたピエール・マッセの言葉を借りれば、フランスの経済計画は「命令的ではないが、しかし指示的以上のもの」であった。実際フランスでは、制度的に中央銀行、預金供託金庫、経済社会開発基金らの公営金融機関と、準公営の国民信用基金（クレディ・ナショナル）が産業に対する中長期資金の流れの多くを支配しており、しかもこれらの金融機関は、融資決定にあたって近代化委員会の意見を求めるのが通例であったため、融資を求める企業は、事実上委員会の合意を必要としていたのである。

フランスは、イギリスほど大きな公営企業を抱えていなかったが、企業活動に対する国家の影響力はイギリスよりはるかに大きかったのである。

フランスの国家が、公営企業の活動よりは、私企業の誘導による計画化をめざしたのに対して、国営企業の役割の大きいのがイタリアとオーストリアである。しかも、イタリアについて言えば、国家の経済介入全体の効率という点ではフランスに劣るかもしれないが、その広範さという点ではフランスを凌駕していた。

三つの大銀行を含むイタリアの国営企業は、ＩＲＩ（産業復興局）とＥＮＩ（炭化水素燃料公団）の下に統合されていた。ＩＲＩは経営危機に陥った銀行や産業企業をムッソリーニの政府が引きうける形で、一九三三年に発足し、例えば鉄鋼生産の半分以上を支配するようになっていた。他方ＥＮＩは低廉豊富な産業向け国産燃料の供給をめざして、石油・ガス生産に関連する企業の統合体として、一九五三年に発足した。ＩＲＩ、ＥＮＩをあわせた投下資本額は、一九六〇年代の初めに、イタリアの製造業・運輸・通信部門全体の五分の一強を占めていた。このＥＮＩとＩＲＩに対しては、国家が「投資」するが、国家に対する配当金は一切支払われないので、この投資は実質的には補助金に等しいものであった。

イタリアはまた、国営ないし準国営の諸銀行の力が強い国として知られる。これにはＩＲＩの三銀行に加えて、郵便貯金を支配する預金貸付金庫、全国労働銀行、中期信用金庫などが含まれるが、それ以外にイタリア中央銀行は、事実上民間銀行のおこなう融資の多くを審査する権限を与えられていた。

このような膨大な国営企業の存在にもかかわらず、国家による経済政策がフランスほど首尾一貫していなかったのは、国営の銀行や産業企業の個々の独立性が強く、政府部内での投資計画の調整も不十分だったからである。ションフィールドによれば、その背後には、各団体（corporations）の代表に自己統治の準主権を与えるコーポラティズム的伝統がある。またイタリア国民の間には、フランスにおけるような国家官僚に対する尊敬や信頼が見られないという。私企業経営者と官僚との関係もフランスほど親密ではない。

オーストリアの国営部門は、戦後のドイツ企業接収と、占領期間中ソ連管理下にあった企業の移管という、二つの経路によって生まれた。六〇年代初め、国営部門は鉄鋼生産の二四％、総輸出の二七％を占めていた。

オーストリアの特色は、社会党と国民党という二大政党が、総選挙での票数に応じて、あらゆる公的機関に代表を出すという方式が、国営企業の経営委員会にも適用されたことである。労働組合と企業家団体は、それぞれ社会党と国民党の重要な支持基盤でもあるので、結局各国営企業の経営陣は、コーポラティズム的に組織されたことになる。しかもそれらは、二大政党を通じて国家と結びついていた。

これまで述べてきた国々が、効率の良し悪しは別として、いずれも戦後国家による経済の計画的運営に向った国々であるのに対して、そのような計画化の動きが弱かった国として、ションフィールドは西ドイツとアメリカ合衆国をあげている。

戦後西ドイツは、過去と絶縁しようとする意識的な努力の一環として、経済運営における国家の権限を削減する政策をとった。したがって西ドイツでは、国家が経済計画を作ったり、産業政策に乗り出したりすることはなかったが、実際には少数の民間大銀行（特にドイツ、ドレスデン、コメルツの各銀行）が、国家の代りに経済全体に対して大きな影響力を行使した。西ドイツの銀行は、企業に対する長期信用の供与にきわめて寛大である上に、株式や債券の発行にも協力を惜しまなかった。その代り銀行は、多数の有力企業の監査役会に代表を送りこんで、各産業の情報を収集すると同時に、企業の活動に影響を与えたのである。実際、フランスならば国家官僚の支配する近代化委員会がおこなう産業別の投資調整は、西ドイツでは大銀行によって担われていた。

西ドイツではまた、内部統制のよくとれた業界団体が発達しており、フランスならば近代化委員会がおこなう統計の収集や将来予測のサービスを提供する。さらに一九五八年には、業界団体の連合体であるドイツ産業連盟（ＢＤＩ）も、長期予測をおこなう部局を設けた。

　西ドイツでは、国家の計画機関がなすべき仕事を、大銀行や業界団体が代行したと考えてよいであろう。

　アメリカ合衆国においても、経済は私企業によって運営されるべきであり、明らかな国家緊急事態の際を除いて、国家は脇役であるべきだという考えが一般に支持されているという。しかし少なくとも一九世紀前半までは、まだこのような傾向が支配的だったわけではなく、連邦政府や州政府が民間と共同で鉄道、運河、銀行などの企業をおこすことも希ではなかったという。またペンシルヴァニア州政府は、州の輸出をふやすために、私企業に対して品質、包装、商標などについて厳しい規制を課していた。

　ところが、事態は一九世紀の最後の四半世紀の間に大きく変化した。民間資本の蓄積が十分に進むにつれ、非能率な公営企業を嫌う風潮が一般化したのである。アメリカ合衆国では、フランスと異なり、国家のために行動する職業官僚という観念が全く発達していなかったために、一度公営企業が民間人に敬遠され出すと、それを支える基盤は一気に瓦解した。こうして、国家と私企業の関係が再び逆転するかに見えたニューディール初期の一時期を除いて、アメリカ合衆国では、国家による経済計画が発達することはなかった。

　確かにアメリカ合衆国にも、一八八七年の州際通商委員会をはじめとして、連邦準備制度理事会、連邦商業委員会、証券取引委員会など、経済活動のさまざまな分野を規制する制度が存在するが、これらは行政府から独立した司法的組織として設置されており、国家による総合的経済政策の道具とはなりえない。また個々の委員会による規制の方向も、フランスなどとは逆に、企業集中を排し、競争を高めようとするものである。法務省による独占禁止法の適用もきわめて厳格であり、ションフィールドによれば、独占禁止はアメリカ合衆国の「国教」だという。

国家官僚機構も、上下の位階秩序がきわめて弱いため、統一した方針による経済政策の実施を困難にしている。例えば連邦政府には、大統領に直接接近する権利をもつ官庁が八〇以上もあるという。各省の長官はその中の一人にすぎず、多数の組織が、下部組織も含めて競合する形になっている。予算的にも、各省の予算は細分化され、各局がこれをかなり自由にコントロールすることを許されていた。

欧米諸国の国家や企業‐国家関係の特色について、カッツェンスティンの見解［Katzenstein 1978］はションフィールドのそれによく似ている。ただ彼は欧米諸国に日本を加えて比較分析をおこなった。

カッツェンスティンは、石油ショックや国際金融改革といった同じ国際経済問題に直面しながら、国によって対応が異なることに着目し、その理由を、国家の基本的目標を決める「統治同盟」と、国家が使い得る政策手段を決める「政策ネットワーク」によって、説明しようとした。

すなわち、共産主義に自由主義をもって対抗しようとする政治家と、多国籍化を進める大企業が指導権を握るアメリカ合衆国では、自由主義的な経済秩序の維持が主たる対外経済政策の目標となった。衰えゆくヘゲモニーと通貨ポンドの価値を守ろうとするイギリスの政治家も、イギリスが従来とってきた国際主義的立場から離れることを躊躇した。それに世界で活動するシティ（商業銀行）の利益が一致した。

このように自由主義的なアングロサクソン二国と対照的なのが、「新重商主義的」な日本である。欧米に遅れをとった日本の大企業と、その意見を代弁する自由民主党にとって、国内で経済成長を遂げることが第一の目標である。明治以来経済介入の経験をもつ国家官僚機構も、この目標を共有していた。

日本の官僚機構は、こういった目標を実現するために、モノや資本の流入・流出を管理したり、産業部門や企業に差別的にインセンティブを与えたりする実効的な政策手段を豊富にもっていた。それは、官僚機構が集権的な専門官僚制である一方、民間企業も大企業を中心に下請、企業系列、銀行系列などを通してまとまっており、かつ官僚機構と大企業の間に、学閥、審議会、天下りなどを通して密接な結合があったおかげである。

それと比較してアメリカ合衆国の国家機構の場合、立法府と行政府の間や立法府・行政府それぞれの内部が非常に分権的で、相互調整が難しい。それに加えて民間部門も分権的で、たとえば企業の業界団体や頂上団体の力は弱く、大企業は独自に関連省庁や議会委員会にロビイング活動をすることが多い。国家と企業それぞれが分権的である一方、両者の関係は相互浸透的であるため、両者を結ぶ線が無秩序にできることになり、国家が一定の方針をもって経済に介入することは困難になる。したがって、対外経済問題に直面したとき、アメリカ合衆国の国家は国内政策で対応するのではなく、相手国に自主規制を求めるなど、外に解決を見出そうとせざるをえない。

イギリスの場合には、国家が集権的であるのに対して、民間は産業、銀行、労働とも分権的で、しかも国家と民間部門の分離が徹底している。国家が一定の方針をもったとしても、それを民間に受け入れさせて実行することが難しいため、イギリスの国家は、日本的な産業差別的な政策ではなく、抵抗が少ないケインズ的マクロ経済政策をとることが多い。

カッツェンスティンによれば、フランス、西ドイツ（当時）、イタリアは、「統治同盟」の点でも「政策ネットワーク」の点でも、自由主義的なアングロサクソン二国と重商主義的な日本の中間に位置する。中でも集権化された国家官僚機構と分権化した民間部門が密接に連絡するフランスは日本に近く、分権化した官僚機構と集権化した民間部門が適度に距離を置く西ドイツは、アメリカ合衆国・イギリスに近い。

なおカッツェンスティンによれば、国によって異なった「統治同盟」や「政策ネットワーク」が生じるのは、それぞれの歴史的経験が異なるからである。

「統治同盟」や「政策ネットワーク」は、国家と社会の関係がどのように制度化されているかを、マクロに見る概念であるが、ザイスマン［Zysman 1983］は、より狭く金融システムの制度化の違いに注目して、それが国家と企業の相互関係に一定の枠をはめると主張する。

金融システムの制度化には三つのタイプがある。ひとつは「信用（クレディット）中心、利子率規制」型で、企業は投資資金の動員を、直接金融ではなく、銀行からの借入に依存する。他方国家が利子率を決定する権限をもっており、通常は利子率が低く保たれているため、常に資金の「需要過剰」状況がある。したがって企業は銀行に依存し、民間銀行は中央銀行の貸出に依存すると同時に、開発銀行のような国営銀行の融資をヒントにして、自己の融資活動をおこなう。こうした金融システムの下では、産業政策等によって国家が企業を動かすことが容易である。ザイスマンによれば、このタイプに属するのが日本とフランスの金融システムである。

第二のタイプは「信用中心、銀行主導」型で、企業が間接金融に依存するという点では第一のタイプと共通するが、金融リソースの分配に最大の影響力をもつのは、地方分権化した国家ではなく大銀行である。言うまでもなく、このシステムは西ドイツに典型的に見られた。

「証券市場中心」型の第三のタイプは、アメリカ合衆国とイギリス、特に前者で明確に見られる。ザイスマンの本が書かれた当時、アメリカ合衆国の銀行は西ドイツのような総合業務を許されておらず、預金受入銀行は短期融資しかおこなえず、証券市場への参入も許可されていなかった。そこで企業は長期投資資金を銀行融資よりは証券市場での直接金融に求めた。他方金融政策を司る国家機構も、連邦レベルと州レベルに分かれており、中央銀行にあたる連邦準備制度理事会も独立性が高く、連邦政府の経済政策の手足となって動く制度にはなっていなかった。結果として企業の自立性がきわめて高くなった。

同じく金融システムの違いに着目しながら、それを後発工業国について考えたのがハガードとマックスフィールド [Haggard & Maxfield 1993] である。彼らにとって金融システムの違いは、中央銀行がどのくらい独立性をもっているかという点と、企業集団内に銀行が入っているかどうかによって類別することができる。通常、中央銀行は通貨流通の膨脹を嫌い、健全な国家財政を求めるので、中央銀行の独立性の高い国では、国家官僚機構の中で産業や企業と結びついた省庁が多量の低利融資で産業振興を図ることが難しい。台湾、タイ、一九七〇年までのメキシコが、このタイプに属し、ブラジル、韓国、チリ、フィリピン、インドネシア、七〇―八二年のメキシコは中央銀行の独立性の低い国として分類される。

他方中央銀行の独立性の高い三国の中で、企業グループ内に銀行を抱えているメキシコでは、国家からの低利融資を求める企業の側の需要も小さく、企業の国家からの自立性が高い。他方中央銀行の自立性が低く、かつ企業集団内に銀行をもっていなかったブラジルや韓国では、低利の資金調達を助ける省庁に対する企業の依存が高くなる。

しかし、中央銀行の自立性は高いが、企業集団内に銀行をもたない台湾やタイで、企業の国家に対する依存が比較的低いのはなぜか、逆に中央銀行の自立性は低いが、企業集団内に銀行を抱えているチリ（七三年以前）やフィリピンで、企業に対する国家の低利融資が広く見られるのはなぜか、七〇―八二年のメキシコが従来の健全財政主義を離れて国家による産業振興に走ったのはなぜか、逆に七三年以降チリが、国家による産業金融抑止の方向に動いたのはなぜか、同じように国家の金融支援を受けながら、経済実績が違うのはなぜか――といった問題を、金融システムの違いだけで説明することはできない。

そこでハガードらは、工業化の段階や企業の規模・集中度、産業振興を司る官庁の企業からの自立度、国家を握る政治指導部の短期的な必要性といった新しい変数を導入する。すなわちタイやインドネシアでは工業化の段階が早く、台湾では企業の規模と集中度が低いために、資金需要そのものが小さく、企業集団内に銀行がなかったにもかかわらず、国家への資金依存が高まることがなかった。

他方チリ（七三年以前）やフィリピンでは、官庁への民間企業の浸透が進んでいたために、国家からの金融・財政援助が企業に対してなされたが、差別的で首尾一貫した方針に則ってなされることはなかった。したがって産業振興官庁の自立性の高い韓国やブラジルほど、経済実績は高くならなかった。また七三年に流血のクーデタで政権を握ったチリのピノチェット政権は、支持基盤を固め、左派勢力を抑止するために、マクロ経済の安定化を図る必要があった。逆に七〇—八二年のメキシコの大統領は、与党の正統性を再生産するために、中央銀行の独立性を侵して、経済成長を重視する政策をとった。

以上四つの比較研究の例は、国によって企業－国家関係のパターンに大きな差があることを示している。もちろん、これらの研究で示された各国についての分析がすべて正確であるとは限らないし、比較研究の陥穽として、国と国との違いが実際以上に増幅して示されている恐れもある。しかし、このような問題を差し引いたとしても、企業－国家関係のパターンが多様であることは否定できないであろう。

しかもこういったパターンの違いは、政治指導部の意向で短期的に変る場合もあるが、多くは長期的に制度化されている。それは戦後経済計画化に向ったイギリスが、一過性ではない困難に直面した例からも明らかである。一定の企業－国家関係のパターンが安定して維持されるためには、それを支える制度的経験と、企業家と国家官僚を含む広範囲の社会的合意が必要なのである。そして、このような経験と合意は、長期的に各国・各地域の歴史の中で形成される。したがって、企業－国家関係の多様性を理解するためには、それぞれの国で企業－国家関係が形成された歴史的要因を分析しなければならない。

二　工業化のタイミング

異なった企業－国家関係をもたらす歴史的要因の中で、最も頻繁に指摘されるのは、工業化のタイミングであろう。この点について古典的著作を著したガーシェンクロンによれば、ある国や地域が工業化を進める時、先進国の工業化パターンをそのまま、数十年遅れて繰り返すということはありえない。というのは、第一に後進国では、先進国の労働者並に工場生産の紀律に慣れた、安定した熟練労働者は希少である。そのような状況の中で、先進国と競争しつつこれに追いつくためには、技術革新度が最も高く、したがって労働節約的な分野に、工業化の努力を集中しなければならない。その結果、遅れて工業化を始めた国々の工業化過程には、先進国と比べて次のような特徴が見られるようになるという[Gershenkron 1962, pp. 9-10, 353-54]。

(1) 一国の経済が後進的であればあるほど、工業化は急激に、それ以前の時期からは断絶的にハイペースで進む傾向がある。
(2) 一国の経済が後進的であればあるほど、工業化にあたって工場や企業の規模が大きくなる傾向がある。
(3) 一国の経済が後進的であればあるほど、工業化にあたって消費財よりも生産財に重点が置かれる傾向がある。
(4) 一国の経済が後進的であればあるほど、住民の消費レベルは抑えられる傾向がある。
(5) 一国の経済が後進的であればあるほど、希少な資本や経営資源を集中して動員するために、特別な制度を必要とする。
(6) 一国の経済が後進的であればあるほど、農業部門が工業部門の市場として役立つ度合が低い。

表 2-1　工業化資金調達の制度的中心

	先進国	準後進国	後進国
	イギリス	フランス，ドイツ，オーストリア	イタリア，ロシア
第Ⅰ期	工業企業	投資銀行	国　家
第Ⅱ期		工業企業	投資銀行
第Ⅲ期			工業企業

以上六つの特徴のうち、(2)と(3)は(5)と密接に関連している。つまり資本や経営資源が希少な後進国で、生産財製造を中心とする大規模な生産設備による工業化を進めようとすれば、資本や経営資源を集中的に動員する制度的工夫が必要になるというのである。この制度的工夫としてガーシェンクロンは、投資銀行と国家をあげる。

具体的には表2－1にあるように、産業革命を最初に経験したイギリスでは、工場の規模も小さく、工業化のペースも緩やかだったために、工業化の資金は通商・農業部門と工業企業自身から調達することができた。その結果イギリスの金融機関は、短期融資を業務とする商業銀行が中心となった［*ibid*., p. 14］。

それに対して、少し遅れて一八三〇—五〇年代に本格的工業化に乗り出したフランス、ドイツ、オーストリア（正確にはオーストリア＝ハンガリー帝国の西半分）といった国々では、長期の産業融資をおこなう投資銀行が発達して、集中した資金を工業部門に融資した。実際に、当初は銀行が工業企業の活動を支配しており、一九世紀末のドイツで見られたように、銀行合併が工業部門のカルテル化につながるなど、産業構造そのものを銀行が左右する状態であった。しかし工業化が進み、工業企業自身に十分な資本が蓄積されるようになると、工業企業は銀行から自立して、自ら資本調達を担えるようになる。これが表2－1でいう準後進進国の工業化第Ⅱ期にあたる。ドイツについて言えば、これは二〇世紀初頭のことであった [*ibid.*, pp. 12-15, 21]。

工業化がさらに遅れて、一八八〇―九〇年代にスパートを開始したイタリアやロシアでは、投資銀行による資本動員では間に合わず、国家が租税収入や国債販売収入を工業に投資する形で、産業用資本の調達がなされた。ロシアでは、アレクサンドル三世（在位一八八一―一九四年）の下で、農民に対する租税徴収の強化が図られ、農民収奪によって国家に集中した資金が、国家による鉄道建設と、それに関連した鉄鋼産業・機械産業に集中的に投下された。その結果農村は疲弊し、一九〇五年には革命と戦争が重なったこともあって、国家の財政能力は下落したが、この頃までに投資銀行が成長してきており、国家に代って資本や経営資源の提供を中心的に担うようになった [*ibid.*, pp. 125-35]。

他方イタリアでも鉄道債発行による収入が鉄道建設と鉄鋼産業に向けられたが、一八九〇年代の半ば以降、徐々に銀行が産業投資において大きな役割を果すようになり、さらに第一次大戦後は、工業企業自身の自立化が見られるようになった。ただしイタリアでは、「声高な既得利益」に押された国家が、一九世紀末の先端産業である機械工業・化学工業を保護するのではなく、綿織物工業や小麦産業に保護関税をかけたために、後進国として本来なら先進国より高くなるはずの成長率が、そうはならなかったという [*ibid.*, pp. 72-84, 87-89]。

イタリアで工業化のペースがガーシェンクロン・モデルの予想に反して鈍ったもう一つの理由は、工業化先進国・準後進国では、産業革命が労働運動の激化する時期に先行したのに対して、イタリアでは両者が同時に生起したことである。ガーシェンクロンは、一般に技術格差が大きければ大きいほど、追いつき型の工業化が急速に進むという、「後進性利益」テーゼを提示したことで知られているが、彼はまた、工業化が遅れれば遅れるほど労働運動など社会的緊張に直面する可能性がふえて、工業化に支障をきたすという、「後進性不利益」の要因にもふれている [*ibid*., pp. 28, 85-86, 363]。上述した後進国工業化の六つの特徴のうちの(4)、つまり住民の消費レベル抑圧の必要性は、外部からの政治的・思想的影響と並んで、後進国の社会的緊張をことさら高くする作用を果すものと考えられる。それはロシア革命の原因の一つでもあった。

いずれにしても、企業と国家との関係について言えば、ガーシェンクロンの議論は、工業化のタイミングが遅ければ遅いほど、少なくとも初期においては企業に対する国家の優位が認められる――と解釈してよいであろう。

一九世紀までに産業革命のスパートを経験したヨーロッパ諸国を材料とするガーシェンクロンの議論に対して、一九三〇年代以降本格的な工業化を開始したラテンアメリカ諸国の経験を分析したハーシュマンは、後後進国にはガーシェンクロン・モデルはあてはまらないと主張する。

ハーシュマンによれば、ラテンアメリカの工業化は、単純加工の消費財の輸入代替工業化として始まったために、投資銀行や国家による資本動員の力を借りずに、小規模な、集中化されない私企業のイニシアティブで進行することができた。工業化のペースもそれほど急激ではないし、住民の消費レベルが抑えられることもなかった。国家の役割は、主に最終製品の関税を高く、機械類の関税を低く維持することに限られる。もちろんラテンアメリカでも、消費財の国内市場が飽和する一九五〇年代後半になると、生産財部門工業化のために特別な制度的工夫が必要になったという点では、一九世紀の後進国と同様であるが、しかし、それまでの二〇年ほどの間、工業化はガーシェンクロン・モデルに合わない形で進んだのである［Hirschman 1971, p. 95］。

ガーシェンクロン・モデルは、後進国が追いつき型工業化を進める時には、最も先端的な技術革新がおこなわれている分野、つまり生産財部門に努力が集中されることを前提として成り立っているが、ハーシュマンは、少なくともラテンアメリカではまず消費財部門、次いで生産財部門へといった、先進国イギリスと同じ経路をたどった事実を指摘したのである。実は前述したように、ガーシェンクロン自身、イタリアについては「声高な既得利益」からの圧力の結果、当時の先端産業である機械工業・化学工業ではなく、綿織物工業という消費財部門の工業化や小麦生産に国家の保護の手がさしのべられたことを認めている。

三　工業化の段階

ラテンアメリカやイタリアの経験を、一九世紀に工業化を進めた他の国々にも拡大して考えようとしたのが、J・カースである。カースは、工業化を進めようとする国は、時期の長短や特定部門の工業化の強度の大小はあるにしても、すべて同じ段階（phases）をたどると考える。すなわち、まず繊維産業に代表される非耐久消費財部門が工業化をリードする段階、次いで鉄鋼産業やそれに付随する鉄道・造船・軍事産業の工業化段階、そして最後に自動車産業に代表される耐久消費財が先導する工業化段階である。カースは工業化のタイミングに加えて、こういった工業化の段階の違いを考慮することによって、国と国との間、あるいは一つの時期と別の時期の間での、国家の役割の違いがよりよく説明できると主張する。

まず、一般的な傾向として、繊維産業のような非耐久消費財部門は、企業設立に必要な資本の規模が小さく、技術水準も低いので、企業家が国家や投資銀行の力を借りずに操業を始めることが容易である。労働力の移動を妨げる国家の規制や公認ギルドの独占は、企業活動の拡大にとってマイナス要因であるため、この部門の企業家達は議会などを通じて国家に自由化を要求するようになる。つまり一般的に言って、非耐久消費財企業は自由主義への志向が強い。

特に工業化のタイミングが早かったり、特殊な製品をもっていたりして、国際競争力が他国より強い場合には、外国製品との競争にあたっても国家の保護を必要とせず、自由貿易の主張を受け入れやすい。その上、輸出によって蓄積される資金もふえるので、次の工業化段階への移行もスムーズである。

以上のパターンに最もよくあうのは、言うまでもなくイギリスであるが、それ以外にもフランス、ベルギー、スイスはこれに近いという［Kurth 1979b, pp. 330-33］。

それに対して、遅れて一八四〇―五〇年代に繊維産業の発達を見たドイツやオーストリアでは、先進国の繊維製品の競争圧力を前に、企業は保護貿易主義の姿勢を強め、国際競争力のある穀物生産を担う農業企業家の自由貿易主義と対立した。イギリスとは逆に、政治的自由主義を担うべき工業企業家が、経済的保守主義によって勢いをそがれ、政治的保守主義の担い手である農業企業家が、経済的自由主義を唱えることになったのである。

この対立は、元々国王と同盟して国家を握っていたユンカーら農業企業家に圧倒的に有利に進んだ。不徹底な自由主義しか唱えられない工業企業家には、他の社会グループを指揮して「ブルジョア革命」をおこす力はなく、結局国家に対して従属的な姿勢をとり続けた。それは農業企業家に有利な低関税政策を甘受することを意味し、結果としてドイツ・オーストリアの繊維企業は、次の工業化段階を支える資本を蓄積することができなかったのである。

さらに遅れて工業化を始めたイタリア、スペイン、ポルトガル、ラテンアメリカ諸国（特にブラジル）でも、繊維産業は保護貿易志向が強かったが、これらの国々では一九世紀後半までに国王の力が弱体化したか消滅したかしてしまったために、土地貴族と国王の保守連合が成立せず、農業企業家と並んで工業企業家にも国家に接近する道が開かれた。さらに、工業化のタイミングが遅れている間に、アメリカ産小麦の大量流入が始まり、ヨーロッパ穀物の競争力が下がったために、ラテンアメリカを除いて、農業企業家もまた保護貿易主義に転じた。これが「布と小麦の結婚」である。その結果、繊維産業の発展が細々と続くことになるが、伝統的な輸出製品である高級シルクをもつイタリアを除けば、次の工業化段階を準備する資本蓄積は不十分なままであった。

ここでカースは、工業化過程における国家の役割を説明するために、工業化のタイミング、工業化の段階と並んで第三の変数を使っている点に注意しなければならない。それは各国が産業革命に入った時点での国王と土地貴族（農業企業家）の力量の違いである。ドイツとオーストリアでは、その双方の力が強力であったために、新興の工業企業家は国家に従属せざるをえなかったのに対して、南欧やラテンアメリカでは、国王の力が弱体化していたために、工業企業家にも農業企業家と並んで国家に影響を与えるチャンスが生まれた。

国王と土地貴族の双方が弱体化していたのが、イギリス、フランス、ベルギーといった国々で、ここでは企業の国家に対する影響力が強まった［*ibid.*, pp. 328–29］。旧体制を担った国王と土地貴族が工業化の時代に果す役割は、バリントン・ムーアの議論の中心テーマでもあるので、次節で詳しく扱う。

ここで、軽工業段階に続く工業化段階の中心となる鉄鋼産業に話を移すと、その主な特徴は、生産規模が大きく、機械設備の技術水準も高いので、大量の初期投資が必要とされる点であろう。畢竟、資本の調達が重要な課題となり、民間部門にその力がない場合には、国家が直接介入する傾向が強まる。国家の介入は、鉄鋼市場が飽和した時に、一層重要性を増す。絶えず買い換え需要が生じる消費財と異なり、生産財としての鉄鋼は、一度市場が飽和すると、新規需要が生じるまでの時間が長い。鉄鋼産業は、当初鉄道敷設の拡大とともに生産を伸ばすが、国内での敷設が一段落し、平和的に可能な範囲での輸出市場での敷設も限界に達すると、軍事力を背景とする植民地や半植民地での鉄道敷設が課題となる。同時に新たな鉄鋼の需要先として、軍艦建造が注目されるようになる。言うまでもなく、帝国主義的政策は国家の力を必要とするし、軍艦建造も国家予算の発動を待って可能となる。実際ヨーロッパ諸国は、一九世紀最後の二〇―三〇年の間に、帝国主義的膨脹と海軍軍拡競争を経験するようになったのである［Kurth 1979a, pp. 15-21］。

工業化先進国のイギリスでは、綿織物輸出で稼いだ資金が、私企業自身の手によって鉄鋼産業や鉄道産業に投下されたために、国家の役割の拡大は起らなかったが、国の内外での鉄道敷設が限界に達すると、エジプト併合のような帝国主義的膨脹と、一八八三年以降の海軍増強といった現象が見られるようになった。しかし自由主義経済を維持しようとする商業銀行（いわゆるシティ）や綿織物企業の力が強く、鉄鋼産業も第一次大戦後は、豊かな国内市場向けに生産を拡大する自動車産業に販路を見出すことができるようになったので、経済活動における私企業の優位は揺がなかった［Kurth 1979b, p. 346］。

それに対してドイツでは、鉄鋼産業の設立そのものが、大投資銀行を通じての資本の集中によって可能となったが、先行するイギリスやフランスの鉄鋼産業から自国市場を保護するために、国家による高関税政策も必要となった。たまたま安価なアメリカ小麦の大量流入によって危機に陥っていたユンカーも、穀物関税引上げを求めるようになっていたために、ここに鉄鋼産業とユンカーの同盟、「鉄とライ麦の結婚」がおこった。一八八〇年代になると、中東への帝国主義的膨脹や海軍増強もおこなわれるようになるが、ドイツでは繊維産業が弱体であったかわりに、新興の電力産業と化学産業が、強い国際競争力を背景に、自由主義的な立場をとって、鉄鋼産業とユンカーの国家主義志向を牽制した。これは、一九三〇年代初めに高関税とブロック化が世界的潮流となり、電力・化学産業も鉄鋼産業に従ってナチ党支持に回るようになるまで続くのである［Kurth 1979a, pp. 23-24］。

ドイツよりもさらに工業化の遅れた南欧諸国やラテンアメリカでは、イタリアが高級繊維品輸出によって蓄積した資金を投資銀行を通じて鉄鋼産業に振り向けた以外は、外国借款による鉄道敷設に動いた。この点は国家資金投下に向ったロシアと著しい対照をなしており、ガーシェンクロン・モデルが見逃した点でもある。

すなわち、スペイン、ポルトガル、ラテンアメリカ諸国では、イギリスやフランスの銀行からの借款を使って、イギリスやフランスの鉄鋼を輸入することによって、鉄道建設事業を進めたのである。したがってこれらの国々の工業化の中心は軽工業であり続け、借款返済や鉄鋼輸入に関連して国際収支上の危機に立ち至らない限り、国内資本動員のための新たな制度的工夫は必要とされなかったのである。

最後に、自動車産業に代表される耐久消費財部門の工業化は、一般的には自由主義を強化する傾向がある。というのは、一般消費者向け製品を生産しているために、住民の消費水準を抑えるための国家介入を必要としないからである。むしろ福祉プログラムの拡充（市場拡大につながる）など、国民に人気のある政策が歓迎される。

ところが自動車産業は、その設立にあたって大量の資本と高度な技術を必要とするという点では、鉄鋼産業に劣らず資本動員の問題が重大課題となる。イタリア、フランスなどで一部の自動車企業が国営ないし半国営になっているのはそのためである。その一方で自動車産業は、外国資本の進出が資本調達問題を少なくとも一時的に軽減した産業としても知られている。

工業化の早期成功や農業部門の著しい繁栄によって、大きな工業資本と豊かな国内市場の双方を兼備するようになっていたイギリスとアメリカ合衆国では、両大戦間に民族企業の手で自動車産業が確立されたが、第二次大戦後他のヨーロッパ諸国では、アメリカの援助金や直接投資の力を借りて、自動車産業が拡大した。それに加えて、ナチの再来とソ連型社会主義の到来を恐れる労働者達が、戦後しばらくの間賃金要求を抑制したおかげで、労働者の自発的負担の上に立つ国内資本の蓄積も可能となった。

かつては国家主義の温床の一つであった鉄鋼産業も、自動車産業という新たな販路を見出したために、自由主義的な姿勢を強めた。

それに対してラテンアメリカ諸国の自動車産業は、一人当り国民所得がまだ著しく低い段階に出発したため、国内市場創出に向けて、中間から上の階層へ所得を集中させる措置が必要となった。当然低所得階層の不満を抑え、同時に高所得者向けの消費者金融制度を維持するためには、国家の介入が必要となる。

ラテンアメリカでは、資本の動員という点でもヨーロッパ諸国より不利な状況にあった。というのは、鉄鋼など生産財の輸入がようやく国際収支を圧迫するようになったことから、この分野の輸入代替工業化も、自動車産業の育成と同時に進めなければならなくなり、そのぶん必要な資本量も大きくなったからである。この意味でも労働賃金を低く抑えたり、社会保険料徴収などの強制貯蓄を進めたりして、国家に資金を集中する必要が生じた。それでも足りない資本は外国企業によって提供されたが、戦後のヨーロッパとは異なり、労働運動の自制要因のない所で外国企業を誘致するには、労働運動を抑制するなど、国家による投資環境の整備が不可欠の条件となった。ラテンアメリカでの自動車産業の発展は、国家と外国企業の強化をもたらしたのである。

なおスペインもラテンアメリカと同様の状況にあったが、スペインではＥＣ加盟要件として政治的自由化が必要とされるという特殊条件が存在したため、ＥＣ市場を必要とする自動車産業が自由主義の旗手になるという、ラテンアメリカとは正反対の結果が生まれたという [Kurth 1979b, pp. 356–60]。

以上のようにカースは、各国の工業化のタイミングに工業化諸段階の特徴を組み合わせることによって、国家の経済的役割の史的展開を明らかにしようとした。なお一九七〇年代以降、欧米諸国の鉄鋼産業や自動車産業には、その競争力下降を反映した保護主義の高まりが見られるが、カースは新しい先端産業としてコンピュータ、テレコミュニケーション、宇宙、原子力などのハイテク産業が登場してきたことに触れるだけで、新しい工業化段階で国家と企業がどのような関係をとり結ぶかについては議論を進めていない [Kurth 1979a, p. 33]。

他方遅れて自動車産業段階に入ったラテンアメリカ諸国について、カースは、耐久消費財の生産性が上がり輸出が拡大するようになれば、資本蓄積にあたって国内社会への圧力が減るので、自由主義化が進む可能性があると指摘している [Kurth 1979b, pp. 361–62]。

なおカースは、工業化パターンの違いを説明する際、ラテンアメリカをイタリア、スペインなどの南欧諸国と同じグループに入れて議論を進めているが、それに対して、少なくともイタリアの工業化はラテンアメリカのそれとは質的に異なると主張し、ラテンアメリカの新興工業国（ＮＩＣｓ）に東アジアの新興工業経済地域（ＮＩＥＳ）を加えて、工業化の「第四世代」として考えようとするのが金泳鎬である。

イタリア、ロシア、日本といった「第三世代」工業国と「第四世代」工業国との違いは、カースが指摘した後者における外国資本の比重の大きさということに加えて、技術や資本蓄積面で「後進性不利益」が大きくなっていることである。第一に、帝国主義世界体制が完成される以前に工業化を開始した「第三世代」は、周辺地域を植民地化・半植民地化することによって、自国産業の資本蓄積を補うことができたが、「第四世代」には、もはやそういった道は残されていない。

第二に、一九世紀の先進国‐後進国間の技術格差に比べて、第二次大戦後のそれは著しく大きくなっており、技術の売買も、一九世紀には開放的であったのが、今日では非常に制限的になっていて、技術獲得の対価も高い。そのために一貫生産体制に必要な技術のすべては移転されず、その一部だけが後進国に移されることが多い。これが新国際分業とか、（多国籍企業の）企業内分業とか呼ばれる現象である［金一九八八、第一章］。

こうして「第四世代」の工業化は、資本・技術両面で外国企業（銀行を含む）への依存度が著しく高くなる。また不利な条件下で国内での資本蓄積を進め、外国企業とも交渉するためには、強力な国家が前面に出てこざるをえない。

金泳鎬の研究は、ガーシェンクロンとカースの仕事を受けつぎ、これを韓国・台湾も視野に入れた上で発展させたという点で高く評価される。

いずれにしても、ガーシェンクロン、カース、金泳鎬の三名は、工業化のタイミングや段階という、工業化に密接に関連した要因を、国家の役割の主要な説明変数として提示した。しかし例えばカースは、スペインのＥＣ加盟やヨーロッパ労働者のナチ・ソ連への恐怖といった他の要因をも考慮している。しかし、これらがきわめて特殊な要因であるのに対して、単なる特殊要因として扱いきれない重要な条件として、カースも触れている旧体制の特徴（特に国王と土地エリートの性格と力量）について、より詳しい検討が必要である。

四　旧体制の特徴

工業化時代の国家の特徴を説明するにあたって、工業化開始以前の体制の特徴に注目したのがバリントン・ムーアである。工業化の時代を説明するのに、工業企業家ではなく、領主、土地貴族、富農など土地エリートを議論の中心に据えたところにムーアの特徴がある。実際には、ムーアは旧体制の特徴以外に、工業化のタイミング、世界経済上の位置、国際国家システムの圧力なども二次的な要因として考慮している。

ムーアは近代化には三つの道があるという。一つはブルジョア革命を経て議会制民主主義に至る道で、最も典型的にはイギリスで見られた。第二の道は、旧支配層の一部による「上からの革命」を経てファシズムに至る道で、ドイツ、日本の経験がこれにあたる。最後にロシアや中国では、農民革命を経て共産主義へ至る道を辿った［Moore 1966, pp. 413-14］。企業と国家との関係という点から見ると、第一の道をたどった国では、国家に対する企業の影響力が強くなるのに対して、第二の道をとった国では、逆に国家の影響力が強くなって企業を指導する。第三の道をとった場合には、原則として私企業は公有化により廃絶されるので、国家の支配力が絶対的となる。

このような違いを説明するためにムーアは、まず土地貴族らの土地エリートが従事するようになった農牧業の特徴に注目する。それは市場経済の発達を促すタイプのものかどうか、都市の商工業企業家との結合を促すタイプのものかどうか、また農民や農業労働者の抑圧を（したがって国王の軍隊を）必要とするタイプのものかどうかといった点が問題となる。

どの地域でどういったタイプの農牧業が発達するのかは、それぞれの地域の自然環境に左右される部分が大きいが、一六世紀にひとたび国際通商のネットワークがヨーロッパとアメリカ大陸を包含した地域に発達すると、この世界経済上の分業が、それぞれの地域を一層特定の農牧産品に特化させる作用を果した。

例えばイギリスでは羊毛と、後には毛織物の輸出が盛んとなったため、土地貴族は土地の囲い込みを進めて、伝統的な農村共同体を破壊した。農村からはき出された人口の一部は都市の小工業に吸収される一方、農村自身では市場経済化が徹底して進んだ。また牧羊業は内外の毛織物工業にはけ口を必要とすることから、農業企業家と商工業企業家の接触と協力関係が深まった。農村地域では自発的な契約関係による労働力調達が一般化したために、土地貴族は従順な労働力を確保するために国王の軍隊に頼る必要もなかった。こうしてイギリスでは、ブルジョア的価値観が支配的となり、経済運営における国家の役割はきわめて限られたものになったのである［*ibid.*, pp. 20–29, 420, 424, 426, 444］。

それに対してプロシアを含む東欧では、穀物の生産と輸出が経済活動の中心となった。穀物生産は牧羊と違って大量の労働力を必要とするが、東欧では森林地帯が残っていて農民の逃散が容易だったために、穀物生産を拡大しようとするユンカーら農業企業家は、農民を土地にしばりつけておく必要があった。そこで彼らは、自ら国王の軍隊や官僚機構に参加して、これを強化することによって、労働力確保の手段としたのであった。これがいわゆる再版奴隷制である。

他方、農業企業家は、穀物輸出にあたって毛織物にあたるような加工工程を必要とせず、したがって都市の商工企業家との協力関係も発達する素地がなかった。農業企業家はブルジョア精神にそまるどころか、伝統的な領主精神を抱えたまま国王と結合して、強力な国家を作り上げた。そしてこの国家が後に工業化の方向を左右するようになるのである［*ibid.*, pp. 424, 433–36］。

日本ではプロシアと違って、明治維新前後に市場向け農業生産を拡大するのは、旧領主ではなく、新興の富農層や地主層であったが、彼らが小作農の不満を抑えるために国家の力を必要としたことはプロシアと共通しており、日本の農業企業家も、一時期自由民権運動に走った一部を除けば、国家の強い支持基盤となったのである［*ibid.*, pp. 254–58, 279, 285–86］。

プロシアや日本が、まがりなりにも「上からの革命」によって国家主導の工業化を進めたのに対して、この「上からの革命」に失敗して、下からの社会主義革命に道を開いたのがロシアや中国である。これらの国の特徴は、土地貴族や地主による市場経済向け農業生産の志向性が弱く、都市の商工企業家も弱体だったために、経済全体の生産性向上が進まなかったことである。その一方で国王・土地貴族や地主は、ただ農業労働力収奪を強めることで所得をふやそうとしたため、貧農の不満が高まり、ついに彼らをして共産党指導の革命を支持するようにさせたと言うのである [*ibid.*, pp. 169–80, 197, 459–60, 472–73]。

このようにムーアは、工業化期以前に農業企業家が従事した農牧業の特徴を、それが農業企業家と国王および農業企業家と工業企業家との関係に及ぼす影響も含めて重視するが、ムーアはまた農牧業の特徴とは直接関連しない、旧体制下での国王、土地エリート、工業企業家の三者関係も、工業化開始後の企業‐国家関係に影響を与える要因として強調する。

例えば中国では科挙制の伝統によって、王朝の官僚機構への登用と土地所有が結びついていた。社会的威信の源泉は土地所有そのものというよりも、科挙試験通過による国家への参加であった。中国における土地の均分相続制も土地の細分化を不可避にしたことから、数世代後に所有地を拡大するためには、再び官職収入による土地購入に頼らざるをえなかったのである。その結果中国では、封建主義的伝統の強い西ヨーロッパとは異なり、国王に従属的な土地貴族層しか発達しなかったのである。

中国ではまた、富の蓄積そのものが社会的威信をもたらさなかったため、都市の商工企業家も子弟を科挙試験を通して官僚にしようとする志向性が強かった。商工企業家もまた国家への従属性が強かったのである。

その結果中国では、市場経済向け生産の拡大や生産性向上に活路を見出そうとする革新的な土地貴族や商工企業家の出現が遅れ、ヨーロッパ列強の進出を前に近代化の必要に迫られた時、国王とその官僚(地主でもある)は、ただ農民収奪を強化することによって、これに対処しようとしたのであった [*ibid.*,

表2-2　旧体制の特徴と企業‐国家関係

近代化の形態 / 国名 / 旧体制の特徴		ブルジョア革命	「上からの革命」	社会主義革命
		イギリス，アメリカ，（フランス）	ドイツ，日本	中国，ロシア
農牧業の市場経済化（＝土地エリートのブルジョア化）		大	中	小
強制的農業労働の必要性（＝中央国家への依存）		小	大	大
封建制度の発達（＝土地エリートの国王からの自立）		大	大／中	小
都市商工業の自治権（＝都市商工業の発達）		大	中／小	小
結果	優勢な思想傾向	自由主義	国家主義	マルクス主義
結果	企業‐国家関係	企業優位	国家優位	企業廃絶・国家支配

pp. 165, 169-70, 174]。

強大な国家と、これに従属し、かつ市場経済志向性の著しく弱い地主と都市企業家――これが中国型ミックスであり、収奪に耐えかねた農民の反乱を原動力とする社会主義革命を経て企業廃絶に至る、初期条件を構成したのである（表2-2参照）。

対照的にイギリスを含む西ヨーロッパでは、封建制度が発達して、国王から比較的自立的な土地貴族層が成立していた。それに加えて都市や都市内の集団は、国王や領主から自治の特権を与えられていることが多く、比較的自由に商工業が発達する余地があった。

その上イギリスでは、国王と土地貴族の間での長期にわたる闘争の結果、国王の力が弱まり、牧羊に特化した農業企業家が労働力確保のために武力を必要としなかった事情と相まって、中央国家の抑圧機構はきわめて弱体なまま、工業化の時代を迎えるのである[*ibid.*, pp. 174, 415-18, 444]。

ブルジョア化の進んだ土地エリート、強力な都市企業家、弱体な国家――これがイギリス型ミックスであり、工業化の過程で企業優位に進む初期条件を作ったのである。

イギリスと並んで「ブルジョア革命」の国としてあげられているのが、フランスとアメリカ合衆国であるが、アメリカ合衆国では独立革命によって国王そのものが消滅したのに対して、フランスでは絶対王政の力がイギリスよりはるかに強かったことが知られている。ムーアは、革命が反動的土地エリートの力を低下させる作用を果したと考えるが、それが企業優位の体制の成立に進まなかった事実を考えると、絶対王政時代の強い国家の伝統は革命によっても衰えなかったと見るのが自然であろう。

次に日本では、封建制度の強さは西ヨーロッパと中国の中間であった。地方の大名や武士には、イギリスとは異なり、中央国家（徳川幕府）を、階級としてまとまって圧倒するほどの力はなかったが、中国とは違って、一部の地方武士が革新的リーダーとして登場するのを許すだけの分権性は備えていた。この革新的リーダーが、中央国家の力を削減するのではなく、この国家を握り、それを近代化の手段として使ったのが日本である。

日本では土地エリート（武士階級）が、長い間直接的土地所有から離れて、一種の世襲行政官になっていたことも、日本の旧体制の特徴である。江戸末期から明治初期にかけて新興の地主になっていくのは、在地有力者や都市商人が多いが、彼らは最初から、国家を握る旧武士層よりも一段と劣った階層として扱われたのである。

江戸時代には鎖国による平和の下で、商業も大いに発達したが、日本の都市や都市集団は、西ヨーロッパのそれとは異なり、自治権を保障されることはなかった。都市の商工業者は一般に幕府や大名の監督下に置かれ、価値観上も、士農工商イデオロギーからも明らかなように、社会的に最下位に置かれたのである [*ibid.*, pp. 229, 234, 238-41, 253, 279, 287]。

強力な国家と、それに従属的ではあるが市場経済向け生産の拡大には熱心な地主層と企業家――これが日本型ミックスであり、国家優位の工業化に進む初期条件をなした。

なおドイツは日本型に近いが、封建制度の発達はおそらく日本よりも進んでいた。しかし前述したように、強制農業労働力確保の必要性が、ユンカーを国王に結びつけたのである。またドイツの都市商工業も、おそらく日本のそれよりも進んでいた。工業化にあたって明治国家が新技術の導入や模範工場の設立でイニシアティブをとったのに対して、ドイツでは国家の後楯があったとはいえ、一応民間の大投資銀行が重要な役割を果した背景には、旧体制下における都市商工業発達の差があったものと考えられる。

五　国際国家システム

バリントン・ムーアが旧体制の特徴以外にもさまざまな説明変数を使っていることは、先に述べた通りであるが、その中で国際国家システムが企業-国家関係に与える影響は、特に注目に値する。

国際国家システムとは、神聖ローマ帝国を揺がせた三〇年戦争を終結させるために、ウェストファリア条約が締結された一七世紀半ば頃、ヨーロッパに出現した主権国家のネットワークのことで、一九世紀までにヨーロッパ大陸とアメリカ大陸のほぼ全域とアジアの一部、二〇世紀には地球のほとんど全体を包含するようになった。

このシステムの特徴は、諸国家の軍事的力量が拮抗したために、一つの決定的に強力な国家が他の政治単位を飲みこんで、広域帝国を樹立することがもはや不可能になったことである。その結果諸国家は、お互いの主権、つまり各々の領土内での排他的支配権を認め合うようになるが、このことは諸国家間の争いがなくなることを意味するわけではない。国境地帯の帰属をめぐって、あるいはまだ国際国家システムに含まれていない地域の支配をめぐって、諸国家は他の国家を出し抜こうと激しい競争を続けたのであり、それが戦争に至ることも数限りなくあった。また時には、ナチ・ドイツのように再び大帝国樹立の野望を抱いて、大戦争を引き起した例もある。国際国家システムは、むしろ政治単位間の競争を激化させたと言ってよいであろう。諸国家は他国に出し抜かれないために、また新興国家の場合は、他国に侵略されたり植民地化されたりしないために、常に国力の向上に励まなければならないのである。そして言うまでもなく、近代において国力向上の鍵になるのは工業力である。

ムーアの議論に戻ると［*ibid.*, pp. 176, 223, 252, 287, 290, 414, 424–25］、イギリスの場合には、島国として大陸から独立している上に、最初に産業革命をなし遂げて、競争力のある工業をもつようになっていたために、工業企業家は国家の保護を必要とせず、独自の力で工業生産の拡大を続けることができた。増大する国富の分け前にあずかった国家は、海軍力を増強して七つの海に君臨するようになるが、国内的には経済的にも政治的にも自由主義的姿勢を保つことを余儀なくされたのである。

それに対してドイツでは、フリードリッヒ・リストの議論を思い出すまでもなく、イギリスやフランスに追いつくことが国家目標となり、力の弱い工業企業家も国家の保護を求めた。日本では欧米列強による侵略や植民地化への危機感から、国家を中心とする工業化への志向が一層強くなった。ムーアの言葉を借りれば、後進国がとりうる近代化の道は、先進国が作り出した歴史的条件によって、選択肢を制約されるのである。

中国でも一部の官僚が日本型の道をとろうと努力したが、欧米諸国や日本の政治的・軍事的活動が中央国家機構の制度と正統性に打撃を与え、外国企業の活動は中国人企業家の成長を妨げた。また日本軍の侵略は、蔣介石による「上からの革命」から時間的余裕を奪い、近代化のイニシアティブが共産党に移行するのを助けたのである。

ムーアの言う「上からの革命」の例を、日本からトルコ、エジプト、ペルーにまで広げ、同時に国際国家システムからの圧力を重視してこれを説明しようとしたのがトリムバーガーである。

トリムバーガーは、旧体制の高級官僚（軍部ないし文民）の一部が指導して、ほとんど大衆参加なしに、イデオロギー的ではなくプラグマティックな方法で改革を進め、遂には貴族や旧体制上流階級の経済的・政治的基盤の破壊をもたらした変革のことを、「上からの革命」と定義するが、このような革命が成功するためには、必要条件として、生産手段を支配する社会階級からリクルートされていない、また個人的・経済的関係も結んでいないという意味で「自律的」な国家官僚が存在していなければならない。土地所有から分離されていた日本の武士階級は自律的な官僚の例であるし、官僚職と土地所有が密接に結びついていた中国はその逆の例を提供する。この要因は前節で扱った旧体制の特徴の延長として考えることができよう。

しかし、自律的な官僚の存在が自動的に「上からの革命」をもたらすわけではない。国家官僚が支配階級の利益を害してまで工業化と富国強兵に乗り出すのは、重大な外国の脅威と、それになかば触発されて生じる下からの民族主義運動の圧力に直面した時である。日本の尊王攘夷運動、トルコの青年トルコ党、エジプトのイスラム同胞団、ペルーのアプラ党などが、この種の民族主義運動の例である［Trimberger 1978, pp. 3-4, 154］。

こうして新たに国家権力を握った官僚達は、国際国家システムの圧力の下で、しかしそれが一定の自由度を許す限りにおいて、改革を断行して、旧体制下の上流階級の政治的・経済的基盤を解体することができる。ただ、彼らの政治支配を制度化し、国際国家システムの中での地位を高めるためには、確固とした社会基盤と、経済発展のための資本の動員が不可欠の条件となる。

一つの方法は、一定の福祉政策を通して大衆を動員して、そのエネルギーを公営企業に集中することであるが、「上からの革命」を担う官僚達は通常そのような方法はとらず、新興の農業企業家や商工業企業家への接近を図った。ただ日本の場合は、彼らに経済活動の自由を許す一方で、政治権力は官僚が独占し続けたのに対して、トルコでは地主と商人の支える政党が一九五〇年に政権に就くのを許したために、時期尚早の経済自由化がおこなわれて、工業化を阻害するに至ったという。

いずれにしても消費者としての大衆の購買力と生産者としての大衆のエネルギーを利用しえない「上

からの革命」は、結局製品のはけ口を海外市場に求めたり、民族企業にまかせていたのでは不足する資金を外国企業に依存したりせざるをえなくなる。日本の場合には帝国主義的膨脹に活路を見出そうとしたが、第二次大戦後に「上からの革命」を開始したエジプトやペルーには、国際国家システムの中で、もはや海外膨脹する機会を与えられず、その工業化努力は失敗せざるをえなかった［*ibid.*, pp. 108-15, 159, 165-67］。

企業と国家の関係について言えば、国際国家システムの圧力は、当初国家主導の工業化を促すが、国家を握った官僚が政権の基盤を固める過程で、企業（国によっては外国企業を含む）への依存を深めていく——というようにトリムバーガーの議論をまとめることができるであろう。

トリムバーガーが、「上からの革命」に対する国際国家システムのインパクトに焦点をあてたのに対して、ブルジョア革命（フランス）と社会主義革命（ロシアと中国）に対する国際国家システムの影響を分析したのが、第一章でもふれたスコッチポルである。

スコッチポルは、右記の革命を説明する際に、それをある社会グループや社会階層が意図的な運動によって起した過程として理解する従来の方法に反対する。スコッチポルによれば、革命情勢をもたらす国家の危機は、戦争での敗北や侵略の危機、つまり国際国家システムの圧力によって生じることが多い。フランスでは一八世紀イギリスとの度重なる戦争での敗北、ロシアでは日露戦争での敗北と第一次大戦での疲弊、中国では欧米の圧力や日本軍の侵略がこれにあたる。

革命の過程と結果は、国家崩壊にともなって噴出する雑多な紛争によって左右されるが、三カ国に共通するのは、結局革命以前よりも強力な新国家が形成されたという点である。それは、革命政権の政策をめぐって革命勢力の間にさまざまな対立があるにしても、国内各地の反革命と外国軍の侵略と戦うためには、強力な国家機構が必要だという点では合意に達しやすいからである。革命の過程で台頭してくる「国家形成エリート」が、旧支配階級の周縁部の出身者であり、国家に個人的・民族的地位の向上を託しがちだという点も、国家の強化をもたらす要因である［Skocpol 1979, pp. 16–18, 23, 185, 188］。

革命後フランスでは私企業が残存し、中国とロシアでは廃絶されたが、深刻な国際国家システムの圧力によって生じた革命は、中央国家権力の強化をもたらすという点では一致する。フランスではブルジョア革命を経験したのに、なぜ企業に対する国家の影響力が強く、その逆ではないのかという、ムーアの枠組では解けなかった問題が、スコッチポルの議論では、国際国家システムからの圧力への対抗の結果という形で説明されている。

六　ま　と　め

以上、企業-国家関係を左右すると思われる主な史的要因として、工業化のタイミング、工業化の段階、旧体制の特徴、国際国家システムの四つについて検討してきたが、その結果、本章の最初の節で概観した企業-国家関係の多様性は、各国の歴史的経験の違いに由来する部分が大きいことが明らかになったと言えよう。

例えば、第二次大戦後のイギリスが経済計画化でもたつきを見せたのは、産業革命を最初に経験して、きわめて強力で自由主義的な繊維産業と商業銀行を発達させた上に、旧体制から国内的には弱体で国外的には強力な国家を受け継いだイギリスでは、私企業の経済活動に国家が介入する伝統が根づかなかったからであろう。

逆に日本では、工業化のタイミングが遅く、国際国家システムの圧力の下で、急速な富国強兵策を進めざるをえなかったために、また旧体制から強力な国家を受け継いだことから、第二次大戦後にまで生きのびる、経済にきわめて介入的な国家が発達したのである。

ドイツでは旧体制から強力な国家を受け継いだ上に、イギリス、フランスに工業面で追いつくために、比較的早くから重化学工業化に乗り出す必要が生じ、それが国家による保護関税の維持と大投資銀行による資本の動員をもたらす要因となった。戦後の西ドイツで、投資銀行を中心的な担い手とする産業政策の実施がなされた背景には、一九世紀以来の投資銀行の伝統がある。

韓国やブラジルなどで、私的経済に対してきわめて介入主義的な国家が登場したのは、工業化のタイミングが「第四世代」と言われるほどに遅れて「後進性不利益」が拡大したために、ひとたび本格的な工業化が始まると、軽工業から重化学工業、耐久消費財工業と、短期間に多くの分野での工業化を進める大量の資本の調達が必要となったからである。国内で消費を抑えて投資をふやすためにも、外国資本誘致に適合した投資環境を作るためにも、国家の積極的な介入が不可欠であった。

このように第二次大戦後の各国の企業－国家関係のパターンの多くは、四つの史的要因で説明されうる。しかし新しい条件の下で、歴史的に形成されたパターンに変化が生じている例も見逃すべきではない。例えば、戦後の西ドイツで中央国家の経済的役割が小さくなったのは、ナチ時代の反省から意識的に国家の権限を縮めようとしたことの結果である。

またカースが示唆するように、耐久消費財部門の工業化が軌道に乗ると、大衆的需要拡大が課題となって、国家による消費抑制の必要性が薄れる。さらにガーシェンクロンの議論が正しいとすれば、工業化が進行して資本蓄積が進むにつれ、国家や投資銀行の比重が下がり、一般企業自身による経済運営が可能となる。一九七〇年代末以降欧米諸国や日本で広く見られる経済自由化の動きは、このような趨勢の現れなのかもしれない。とすれば、企業－国家関係の面で異なった経験をしてきた先進工業国は、遂には類似のパターンに向って収斂しつつあることになる。

本書では、第四章以下で個別の国における企業－国家関係のより詳しい分析をおこなうが、その際にも、その史的要因に留意すると同時に、歴史的継続性からの変化とその原因にも、十分な注意が払われるであろう。

しかし、その作業に移る前に、歴史的継続性からの変化の中でも重要な、企業の多国籍化とその企業－国家関係への影響について検討しなければならない。

既に六〇年代の初め、アメリカ企業のヨーロッパ進出の激しさを前に、フランスのセルバン・シュレベールは「アメリカの挑戦」に対する懸念を表明していたが、第一次オイル・ショック時の石油メジャーの行動は、多国籍企業の活動をいかにコントロールするかという問題を世界的なものにした。

一方、後発工業国にとっては、多国籍企業の存在は、歴史的継続性からの変化ではなく、史的要因に含まれる初期条件の一部である。これら諸国にとって、国家が対応に苦慮する企業は、民族企業よりは多国籍企業であることの方が多いのである。

第三章　企業の多国籍化と企業－国家関係の変容

一　多国籍企業の挑戦

企業が既存の国境を越えて活動の場を拡大していく現象は、本書の冒頭でもふれたように古くから見られるが、企業の国際的活動を原因とした企業と国家の衝突が広く人々の関心の的になるということは、少なくとも企業の出身国においては、最近まで見られなかったと言ってよい。

それは一方では、個々の国家を超越して、企業経営者の忠誠心を独占し得る多国籍企業が、通信・運輸技術上の限界などから、まだ成立していなかったためである。他方、第二次大戦までは、多国籍企業の出身国である先進工業国間の軍事的競争が激しかったことから、企業の海外事業は国家の重商主義的政策の一環として組み込まれやすく、また企業の側もそういったものとして自己の海外事業を正当化することが容易だったためである。

ところが、戦後先進工業国間の軍事的対立が弱まると、企業の海外事業と国家の目標の同一視は、企業の側からみても、国家の側からみても、必ずしも自明ではなくなった。そのうえ、企業の子会社・孫会社が増え、それらの活動を地球規模で調整する通信・運輸のネットワークが整備されるようになった。

こうして、一九七〇年前後になると、ＩＢＭワールド・トレード・コーポレーションのメーゾンルージュ社長や、ダウ・ケミカル社のガースタッカー社長のように、国家や国境は陳腐化して、企業活動にとって役に立たないものになったと公言する企業経営者が続出するようになった。彼らの主張によれば、個々の国家が「非合理的な」経済介入をやめて、企業の自由な活動を認めれば、企業は最大の効率と最小の浪費で地球的規模での諸資源利用を組織することができるというのである［Barnet & Müller 1974, pp. 14-21］。

このように国境を越えて発達した企業は、「多国籍企業」「世界企業」「地球企業」「脱国家企業」など、さまざまな名で呼ばれるが、本書では二カ国以上で操業する企業をすべて「多国籍企業」と呼ぶことにする。

ところで、地球的規模で最大多数の最大幸福をもたらすとする多国籍企業側の言い分は、そのままで受け入れられることはなかった。それどころか逆に、国境を越えた企業の活動が個々の国家や国民の利益を害するのではないかと疑わせる事件が、六〇年代末から七〇年代初めにかけて相次いで起り、多国籍企業をめぐる論争を活発にしたのである。

そのきっかけになった事件とは、一九七一年と一九七三年の通貨危機と、一九七三年の石油危機である。まず一九七一年のドル通貨危機の根本的原因は、アメリカ合衆国のベトナム軍事支出を一因とする貿易収支赤字と、同じくベトナム出費に関連した国内インフレによるアメリカ製品の輸出競争力の低下であるが、多国籍企業による大量のドル売りがドルへの圧力を一層強め、八月のドル・金交換停止（いわゆるニクソン・ショック）と一二月のドル切下げを決定的にしたという見方がある。アメリカ合衆国の関税委員会の報告書によれば、一九七一年末、世界の民間企業・銀行が支配していた短期流動資産は二五〇〇億ドル、そのうち一九〇〇億ドルをアメリカ企業・銀行が握っていた。これらの金額がいかに巨額であるかは、同時期の全世界の外貨・金準備高一二二〇億ドルと比較すれば明らかであろう。通貨間に不均衡が生じた場合、弱い通貨を売って、強い通貨に乗り換える行動は、市場メカニズムを反映したものであるが、金額が巨額にのぼり、かつ各国の通貨当局のコントロールの外で大量に移動するために、弱い通貨を一層弱くすることによって、世界の金融秩序そのものを動揺させる力をもつにいたったと見られたのである。この点は、一九七三年初めの通貨危機と変動為替相場制への移行の際に一層明確に見られた。この時最大のドル売りは西ドイツのフランクフルト外国為替市場でおこなわれたが、その額は数週間で九〇億ドルに達したと言われる［石川一九七六、一〇五―一一頁］。

一九七三年の石油危機は、直接的にはＯＰＥＣによる原油価格の大幅な引上げが原因であるが、ＯＰＥＣ諸国にそのような強気の態度をとらせることを可能にしたのは、一九七二―七三年までに石油の需給が逼迫しているとの観測が世界の市場で一般化したことであった。そして、そのような「エネルギー危機」は、多分にいわゆる石油メジャーによって演出されたものではなかったかとの疑いがもたれたのである［Barnet & Müller, pp. 283-84］。

こうして、七〇年代初頭に世界を揺がせた通貨危機と石油危機の双方に、巨大化した多国籍企業が関与しているのではないかとの疑念が高まったが、さらに、より一般的に海外直接投資による企業の世界化は、雇用を失わせ経済を脱工業化させるので、なんらかの対策を立てねばならないとする声が、特に企業の世界化が著しく進んだアメリカ合衆国で強まった。こういった事情を背景として、国境を越えて活動する企業と、相変らず国境に活動を制約された国家との関係について、さまざまな議論が噴出することになるのである。

他方、多国籍企業の発達は、発展途上諸国にも大きなインパクトを与えた。むしろ多国籍企業を一方的に受け入れる立場にたつ発展途上国の場合、そのインパクトは先進工業国よりも早い時期に感じられたと言ってよい。既に一九五〇年代に、イランとグアテマラにおいて民族主義的政権の崩壊が起ったとき、その背後に石油メジャーやユナイテッド・フルーツ社の暗躍があったのではないかとの疑いがもたれた。発展途上国の民族主義的な政権に対する多国籍企業による圧力は、その後もペルーやチリで繰り返された。

一九六〇年代になると、多国籍企業は、ドラスティックな政治変動に関与しない場合でも、発展途上国の国際収支や税収、さらには消費生活のあり方にまで影響を及ぼしているのではないかという危惧が表明されるようになった。一九七〇年代初め国連において、新国際経済秩序の一環として、多国籍企業の「行動基準」を設けようとする動きが表面化した背景には、「第三世界」の側でのこういった認識の高まりがある。

多国籍企業の活動が、発展途上国の経済や政治のあり方にどのような影響を与えているのか、その影響がネガティブなものであった場合、発展途上国の国家には、それを正す力があるのかどうか、といった問題が、やはり七〇年代に入って、多くの人々の関心を集めるようになったのである。

二　多国籍企業－国家関係についての三つの視点

多国籍企業と国家との関係についての議論は、大きく分けて三つにまとめることができる。それは、第一章で扱った企業－国家関係についての三つの伝統的な理論潮流とそれぞれつながる内容をもっている。すなわち、マルクス主義は「帝国主義論」と「従属論」、自由主義は「脱国家主義論」、国家主義は「新重商主義論」の形をとって論争の場に登場したのである。

1　帝国主義論と従属論

帝国主義論は言うまでもなくレーニンの古典的著作［レーニン一九六六（一九一二）］を出発点とする議論である。マルクス主義が、長期的にはブルジョアジー（企業）の利益が他の社会階級や国家の意向に優先すると見たのと同様、レーニンも国境を越えて拡大する企業の意向に応じて、企業の出身国の国家も国境を越えて膨脹すると考えた。

すなわち、資本主義的発展は二〇世紀初めまでに、カルテル、シンジケート、トラストなどによって象徴される独占の時代に入るが、この時代には、大量の金融資本を蓄積した銀行の支配力が強まる。しかも、先進工業国においては、土地、労働力、原料などに比べて、資本が過剰状態になり、利潤率が低下するため、銀行はより利潤率の高い後進地域に資本を振り向けようとする。レーニンの言葉によれば、

「自由競争が完全に支配する古い資本主義にとっては、商品の輸出が典型的であった。だが、独占が支配する最新の資本主義にとっては、資本の輸出が典型的となった」〔前掲書、三三五頁〕。資本の輸出は、原料資源の確保や、ヒモつき融資による製品供給先の確保にも役立つのであり、各国の巨大企業は、競って資本輸出先の排他的囲い込みをめざした。レーニンにとって、このような企業の目標は、当然列強国家による軍事的な植民地獲得競争となって現れる。つまり国家は企業の道具だと見るのである。

第二次世界大戦後、植民地が次々に独立を達成する一方、先進工業国の中でのアメリカ合衆国の優位が確立する。しかし、アメリカ合衆国のマルクス主義者バランとスウィージーは、資本輸出の原因として、「利潤率の低下」の代りに「経済余剰の過多」をあげた以外は、資本輸出に関してほぼレーニンの議論を踏襲した。すなわち、資本輸出をめざす寡占企業は、本国政府の経済・外交・軍事政策に影響を与えて、国家のもつ資源を自己の利益のために利用すると考えたのである。それは、中小国に圧力をかけて競争相手を排除したり、中小国の投資環境を守るために介入したり、開発投資のコストの一部を国庫が肩代りしたりといった形態をとる。このような出身国国家の行動は、他の国家の対抗行動を惹起するため、寡占企業間の競争は帝国主義国家間の権力闘争になる〔Baran 1973, pp. 240-42〕。しかし、資本主義国の中で、アメリカ合衆国の優位が明らかであったことから、特に企業の海外権益を守るアメリカ合衆国政府の行動が強調された。バランとスウィージーが一九六六年に著した本では、アメリカの軍事力が「地球帝国を警備するための地球軍事機構」として扱われている。他方、「帝国」内部での「周縁(periphery)」すなわち発展途上諸国に関しては、確かに形式的独立は達成したものの、アメリカ政府は反動的政権に軍事的・経済的援助を与えることによって社会主義的・民族主義的勢力の伸長を妨げ、ひいては自国企業の権益擁護に尽くしたと考えた［Baran & Sweezy 1966, Ch. 7:6］。

バランとスウィージーが、マルクス主義潮流の中では国家道具論の系譜に位置づけられるのに対して、ハリー・マグドフは構造論派マルクス主義の議論に親近的な見方を示している。マグドフによれば、すべての企業がより高い利潤率といった共通の目的をもって資本の輸出をおこなうわけではない。ある企業は原材料確保をめざすかもしれないし、別の企業は製品の市場確保のために直接投資に乗り出すかもしれない。したがって、国家の軍事的・政治的行動は、そういった個々の企業の短期的な利益をその都度擁護するためになされるのではない。むしろそれは、世界のできるだけ広い地域を、企業活動に対して開かれた状態にしておくためになされると言うのである。結果として国家の行動は、企業の長期的な利益を擁護することになる［Magdoff 1966, Ch. 1］。しかし、いずれにしても帝国主義論は、先進工業国の国家が、自国出身の多国籍企業の活動を容易にするために働くという点では一致している。

他方、先進工業国出身の企業を一方的に受け入れる立場に立つ発展途上国の国家と多国籍企業との関係については、いわゆる従属論者達が扱っている。

バランとスウィージーの影響を受けたA・G・フランクは、受入国の国家も自国の企業家に支配されているが、その企業家には「民族ブルジョアジー」として多国籍企業に対抗していこうとする力も意志もなく、むしろ多国籍企業による搾取の連鎖の中間に寄生する買弁ブルジョアジーないしルンペン・ブルジョアジーになりさがっていると主張した。そのような国家に対しては、外国企業と自国企業の双方に搾取される国民からの抵抗がある。余剰が常に国外に持ち出されて、「低開発の累積」も進むために、一層国民の反発も強くなる。そこでそれを抑えるために、発展途上国の国家は強権体制をとることが多いと言う［Frank 1972a, p. 38; Frank 1972b, pp. 3-4; Frank 1967, pp. 154-55, 216］。

他方、マルクス主義者ではないが、アルゼンティンの政治学者オドンネルも、一九六〇年代以降のラテンアメリカで、多国籍企業誘致の必要性が強権体制（オドンネルの言葉では官僚的権威主義体制）の成立につながったとみる。しかしフランクと違ってオドンネルは、官僚的権威主義体制を「第三世界」に一般的な体制とは見ず、時期的、地域的に一定の条件がそろった所でのみ出現すると考えた。すなわちそれは、遅れて工業化をはかった国々が一定の工業化水準に達して、工業の高度化のために大量の外資が必要になった時、しかも社会運動をコントロールする国家メカニズムが弱体で、民主主義体制の下では十分な投資環境を保障できない国でのみ出現する［O'Donnell 1973, pp. 53-114］。

さらにオドンネルは、官僚的権威主義体制下の国家が、もっぱらブルジョアジーの道具だとは考えない。それは、経済官庁や国営企業を握るテクノクラート、多国籍企業、自国企業家の「三者同盟」によって担われており、そのなかで、資本面・技術面で弱い自国企業はジュニア・パートナーにすぎないという。国家部門の独自の機能を重視する点で、オドンネルは後述する新重商主義論の立場に半ば近づいている。ただし、独自の正統性を欠く国家部門は、自国企業保護を求める民族主義的要請を退けることができない［O'Donnell 1978, pp. 20-23］。その意味で国家は、直接的にではないが、間接的に自国企業の影響を受ける存在である。

オドンネルはまた、発展途上国が資本主義先進国との接触を続ける限り低開発を運命づけられているとするフランクとは異なり、多国籍企業に依存した工業化でも、高い経済成長をもたらしうると考えた。ただしそのためには、多国籍企業の自由な行動にまかせておくのではなく、必要な分野に外資を誘致し、また利潤を現地に再投資させる国家の積極的な政策が必要になる。この点をブラジルの経験をもとに詳細に分析したのがピーター・エヴァンスの仕事である［Evans 1979, 1986］。

オドンネルやエヴァンスは、彼らに大きな影響を与えたブラジルの社会学者カルドーゾ［Cardoso 1969, 1973, 1979］と同様、発展途上国の国家を多国籍企業と買弁ブルジョアジーの道具とは考えなかった。彼らにとって、国家とは一定の自立性をもって自国の工業化に尽くす主体なのである。従属論者でも、この系列に属す人々は、帝国主義論（マルクス主義）と新重商主義論（国家主義）の折衷論者と見るべきである。

2　脱国家主義論

脱国家主義論（トランスナショナリズム）は、多国籍企業の意向が個々の国家の行動を制約すると見る点で、帝国主義論と共通する。この点は、例えばこの見解の中心的唱道者であるレイモンド・ヴァーノンの著作［Vernon 1971］のタイトルが『追いつめられた国家主権（*Sovereignty at Bay*）』であることにも窺える。ただし脱国家主義論は、帝国主義論と異なり、国家を基本的には多国籍企業の意向に沿って動く主体とは見ない。国家はそれぞれの社会の企業以外の個人・集団の利益や意見をも考慮しなければならないのであり、その意味で企業とは一線を画した組織である。ただヴァーノンによれば、大きな経済力を蓄え、輸送・通信手段の発展によって機動性を高めた多国籍企業の前に、国家のさまざまな政策分野における管理能力が下降したというのである。

相互依存論の旗手として名高いコヘインとナイの場合は、多国籍企業だけを扱ったわけではないが、一般に非政府系「脱国家組織」を巻き込んだ脱国家関係の重要性の高まりと、それらが、国家の政策や国家間関係に与えるインパクトの大きさについて論じている。彼らによれば、多国籍企業のような脱国家組織に対する国家の依存が強まったのは、戦後の世界において、軍事上の安全保障に代って経済的な福祉の充実が国家の中心的な課題となったからである。各国の国家は社会の支持を得るために、ますます経済発展と国民福祉の拡充に尽くさなければならなくなったが、各国の国民経済が脱国家関係の網の目の中で自立性を失った現在、国民福祉の維持と拡充のためには、脱国家組織の協力が不可欠である。言いかえれば、脱国家関係に対する各社会の感受性が増したのであり、社会からの福祉要請に応えなければならない国家もまた、脱国家組織への依存を強めたというのである［Keohane & Nye 1970, pp. xvi–xxiii, 375–76］。

さらに軍事的な安全保障と違って、経済取引は一国の社会のすべての層に一様の影響を与えるとは限らない。国民の間で受ける影響はさまざまであり、国家による統一的な政策対応を可能にする一つの国家利益を想定することは困難である［Keohane & Nye 1977, pp. 34–35］。問題領域によって、時期によって、また政府内の機関によって、政策対応が異なるため、常に国家が一丸となって脱国家組織にあたるということはありえない。

しかし、コヘインとナイも、一部の多国籍企業経営者が主張するのとは異なり、国家の存在が陳腐化したとか、脱国家関係の親密化が国家間の戦争を不可能にするとまでは考えない。国家や国家内の諸機関が脱国家組織の意向と衝突する場合も多々あり、問題領域によってそれぞれの力の分布が異なるので、衝突の結果どちらの意向が通るかも場合によって違う［Keohane & Nye 1970, p. 375 & p. 398］。

このようにコヘインとナイは、ヴァーノンと同様、多国籍企業や脱国家組織から独立した国家の存在を認めたが、脱国家組織の活動を阻害する国家の行動は、高いコストをともなうので、結果的には国家の自立性への制約を増すことになると主張する［*ibid.*, p. 372］。

ヴァーノンもまた、多国籍企業は自社がもつ知識や経営資源を国境を越えて効率よく伝播する能力によって、世界的な経済福祉の増大に寄与すると見ており、そのような多国籍企業の活動を阻害する国家の行動は非生産的ということになる。多国籍企業がもたらす利益の一部は受入国によって、他の一部は本国の経営者、株主、消費者によって享受される。受入国の所得増大による輸出機会を通して、本国の労働者への恩恵の分与もありうる。それでも一部の人々や国家が多国籍企業を敵視するのは、実際に被害を被ったからというよりは、個々の国の管轄権の枠外にある資源を使う能力や機会をもつ多国籍企業に対して、劣等感や依存感覚からくる反発があるからだと言う［Vernon 1971, p. 191］。

以上のような脱国家主義論に対して、バーグステン、ホースト、モランは、諸国の経済にもたらす多国籍企業の影響をプラスにばかりは考えない点で、また多国籍企業に対して国家のもつ力を脱国家主義論者よりもずっと高く評価する点で、新重商主義論との折衷的議論を展開している。すなわち、もしも市場が完全競争状態にあるのならば、またいずれかの国家による介入や、国際政治、公害といった外部経済的要因が存在しないのならば、多国籍企業の自由な活動は、諸国民に最大の福祉をもたらすであろう。ところが、現実には直接投資がおこる市場は寡占市場であることが多く、外部経済的要因も無視することはできない。そのような状態においては、多国籍企業一般が、本国や受入国の経済にプラスないしマイナスのインパクトを与えるとアプリオリに結論づけることはできない。それは、個々の企業や個々の投資案件の特徴によって、また諸国家のとる政策によって異なる。したがって、多国籍企業をもっぱらプラスに評価する脱国家主義論も、もっぱらマイナスに評価する帝国主義論も間違っている [Bergsten, Horst & Moran 1978, pp. 5, 17–18]。

バーグステンらは、多国籍企業が蓄積した経済力の大きさを認めるが、多国籍企業間に競争があるため、受入国の力は多国籍企業に対抗するに十分強いと見る。他方受入国の側も、自国に多国籍企業がもたらす利益を最大化し、コストを最小化するために、競争するであろう。こうして生じる「投資戦争」は、極端な脱国家主義論者が夢想したような世界平和ではなく、諸国家間の紛争を激化させる可能性もあると言う [*ibid.*, p. 333]。

モランは、同じ議論を使って、多国籍企業が第三世界の経済発展を阻害するという帝国主義論やフランク流従属論を批判する。多国籍企業の生み出す富がどのように分配されるかは、多国籍企業と受入国国家の交渉力によって決まるが、この交渉力は、投資プロジェクトに必要な固定資本の量によって、その分野での技術革新のスピードによって、多国籍企業同士の競争の程度によって、受入国の市場の大きさや成長率によって、そして受入国の行政力によって異なるのであり、受入国側が常に不利であるように構造化されているわけではない［Moran 1978］。行政力を高めた受入国国家が、分野を選んでうまく交渉すれば、多国籍企業から十分な利益を引き出せると言うのである。

多国籍企業への依存が、第三世界の国家を強権体制にすると言う、一部の従属論者の主張に対しては、ベッカーが、多国籍企業の進出は逆に民主主義のチャンスを増やすと反論している。ベッカーはこの結論を主に二つの論点から引き出している。

第一に、ベッカーによれば多国籍化した企業は、地球規模での効率を追求するため、本国に対する忠誠心を薄める。ところがそれは、本国の国家が多国籍企業を保護するインセンティブを失わせることを意味する。本国からの保護を期待できなくなった企業は、生き延びるために受入国に定住してその国の良き市民として振舞うようになる。これを、ベッカーは「定住（domicile）ドクトリン」と呼んだ。もしも多国籍企業がこのような行動をとるとすれば、各国の国家は、多国籍企業を使って容易に経済発展を進めることができ、したがって、そのような国家に対する国民の支持も増えるであろう［Becker 1983, pp. 324-25］。

第二に、多国籍企業の進出は、発展途上国に新しいタイプの階級、民主主義の担い手となる階級を生み出す。彼らは、多国籍企業に象徴される「組織された資本主義」の担い手であり、世襲される資産をもつ個人主義的資本家や財閥とは、行動様式も価値観もちがう。ベッカーが「会社型民族ブルジョアジー」と呼ぶこの新しい社会グループは、高等教育を受け、能力主義に則って上昇してきた人々で、多国籍企業、民族系大企業、政府機関の管理部門で影響力を伸ばしてきた。彼らは、組織人間であるがゆえに、労働組合のような他の組織とも共存する用意ができているし、家系や財産のような特殊主義的要因によってではなく、教育や仕事上の実績といった普遍主義的要因によって指導的地位に就くようになったため、国民に対して支配の正統性を確保しやすい。つまり民主主義体制を安定化することができる [*ibid.*, pp. 330-36]。

こうしてベッカーは、オドンネルがある条件のもとで権威主義体制の担い手となると考えた「テクノクラート」を、別の言葉で呼びつつも、民主主義の担い手として称えたのであった。しかし、「会社型民族ブルジョアジー」の伸長が確かに見られたとしても、少なくとも七〇年代の中南米の多くの国において、彼らが軍事政権の中で大きな役割を果していたことは否定できない事実であったため、ベッカーも一九八七年にスクラーとともに書いた論文の中では、この新しい社会グループが政治的に日和見主義的で、強権体制とも結びつき得ることを認めた。ただ、多国籍企業をもっぱら権威主義体制と結びつけることは誤りだと主張する [Becker & Sklar 1987, pp. 8, 13-14]。

3　新重商主義論

既に右に述べたように、バーグステン以下の論者が、脱国家主義論を踏み越えて、新重商主義論に近づく議論を展開した背後には、一九七〇年代初めには全能の力をもつかに見えた多国籍企業が、各国の国家の逆襲の前に、受け身の姿勢を強めたことがあった。例えば、世界の石油需給をコントロールしているかに見えた石油メジャーが、ＯＰＥＣ諸国家の圧力を受けて、これら国家の所有・経営参加を次々に認めざるをえなくなる一方、最大消費国のアメリカ合衆国では、石油企業に対する反発が強まり、税制上の優遇措置が次々に撤廃されたり、一九七五年から七六年にかけて、石油企業の行動を規制しようとする法案が四〇近く提出されたりするという状態になった［石川一九七六、九七―一〇〇頁］。一九七一年には『追いつめられた国家主権』について書いたヴァーノンが、一九七七年には『多国籍企業を襲う嵐』というタイトルの本［Vernon 1977］を出版しているのが、この間の変化を如実に物語っている。同じ年に出版された同じタイトルの雑誌論文の中で、ヴァーノンは、「多国籍企業にしても国民国家にしても、世界経済におけるバイタリティを失いつつあるという証拠はない」ことを認めた。

一七、一八世紀の重商主義は主に通商による国家の強化を唱えたのに対して、今日の重商主義は、海外投資や技術開発など多方面の活動分野を含むため、新重商主義の名で呼ばれることが多い。この新重商主義論者の中でも、最も典型的な議論を展開してきたのは、アメリカの国際政治学者ギルピンであろう。ギルピンは、諸国家間の経済的相互依存が深まった結果、それを切ろうとする試みは余りにもコストが高くつきすぎるので、主権国家が経済環境を操作しうる余地は大幅に狭まっているとする脱国家主義論に反対した。ギルピンによれば、経済的相互依存は、個々の国家に便益ばかりでなく、一部の産業の競争力低下などの（少なくとも短期的な）不利益をもたらすため、不利益が便益を上回ると判断した国家が、既存の自由主義世界経済のルールを変えようとして、独自に秩序を乱す行動に出る可能性が常に存在する。そういった動きを抑えて、商品や企業が比較的自由に動き得る自由主義的経済秩序を維持するためには、軍事的、経済的に最も強力なヘゲモニー国の行動が必要である。一九世紀にそういったヘゲモニーを提供したのがイギリスであるし、一九四五年以降はアメリカ合衆国がそれにとって代った［Gilpin 1975, 邦訳三八―四〇頁］。

このように新重商主義論は、多国籍企業が自由に活動できる場をアメリカ合衆国の軍事力・経済力が作ったと主張する点で、バランやスウィージーなどの帝国主義論者と一致する。しかし帝国主義論とちがって、新重商主義論は国家を企業の道具とは考えない。むしろ国家の利益が優先して、必要ならば企業の利益は犠牲にされることもある。

ギルピンは第一章で扱った国家主義者と同様、そもそも国家の第一の目標は、自国の文化的価値や領土・国民の防衛という安全保障だと考える。もちろん、軍事力が経済力や工業力に依存する近代世界では、軍事力と経済力を分離することはできないが、経済的な富の蓄積はあくまでも軍事的な安全保障の手段なのであり、安全保障上必要ならば、経済的には不利な行動も正当化される。例えば、アメリカ合衆国は、第二次大戦後自国の経済力ひいては軍事力の増進のために、GATTとIMFに代表される自由主義的な世界経済秩序の創始者となったが、共産圏に対抗するという安全保障上の必要から、ヨーロッパ諸国には特恵関税地域の設立を認めたし、日本に対してもアメリカからの輸入や直接投資に対する制限を長い間黙認した。このようなアメリカ国家の行動は、アメリカ企業の経済力を弱める作用を果したと言う［前掲書、三五―三七、九九―一〇六、一四三頁］。

天然資源部門へのアメリカ企業の海外直接投資を研究したクラズナーも、アメリカの国家（彼の場合大統領府と国務省）が、国家利益を優先させて、多国籍企業の利益に反する行動をとったことがあると論じている。クラズナーによれば、天然資源に関するアメリカの国家利益とは、資源供給の確保、独占回避による消費者保護、反共・自由主義世界の維持などであり、このうち、後二者がしばしば企業の意向と衝突したという [Krasner 1978, pp. 13-14, 17]。

このように、アメリカの国家が、自国の企業の利益を十分擁護しなかったことを一因として、ヘゲモニー国としてのアメリカ合衆国の力が落ちて、自由主義的世界経済秩序を維持できなくなった。その結果世界経済は、重商主義的競争、経済地域主義、部門別保護主義によって特徴づけられる新しい時代に入ったという [Gilpin 1987, pp. 394-403]。

発展途上国に関して、新重商主義論は、帝国主義論のように多国籍企業が常に搾取による余剰の流出をもたらすとは考えない。多国籍企業が発展途上国に技術、資本、世界市場への接近などプラスの要素を提供し得る存在であることを認める点で [Gilpin 1975, p. 53]、新重商主義論は脱国家主義論と共通する。多国籍企業がもたらすかもしれないマイナス要素も、特にヘゲモニー国家による統制が緩んだ時代には、受入国国家の重商主義的政策によって克服することが可能だとみる [Gilpin 1987, pp. 251, 303]。

4　多国籍企業－国家関係をめぐる三視点のまとめ

右に見てきた多国籍企業と国家の関係をめぐる三つの視点を、中心となる行為者、国家の地位、先進

表 3-1　多国籍企業－国家関係についての三視点

	帝国主義論	脱国家主義論	新重商主義論
中心的行為者	多国籍企業	多国籍企業	国家
国家の地位	多国籍企業に従属	多国籍企業から自立しかし影響力下降	多国籍企業から自立しかも企業の行動範囲を制約
多国籍企業の先進工業国へのインパクト	列強間の競争・戦争	各国の経済発展と相互協調	ヘゲモニー国があれば安定，なければ競争・戦争，経済発展は国家の政策次第
多国籍企業の発展途上国へのインパクト	低開発と強権体制	資本・技術などの伝播と経済発展	経済発展は国家の政策次第

工業国へのインパクト、発展途上国へのインパクトについてまとめたのが表３－１である。

この表からも明らかなように、脱国家主義論は、個別国家を超越する多国籍企業を、世界的規模で安定と均衡と発展をもたらすものとして評価するのに対して、帝国主義論は、多国籍企業がその利潤を求める貪欲な姿勢によって、「第三世界」には低開発と強権体制を、先進工業国には相互の紛争（時には戦争）をもたらすものと考える。それに対して新重商主義論は、多国籍企業に対して国家の力が優越すると考え、したがって、列強間の関係や発展途上国へのインパクトは、諸国家の力の分布と政策次第だと主張する。

このような三つの立場の間の論争は、企業がそもそもなぜ多国籍化するのかという点と密接に関連している。例えば、企業の多国籍化が先進工業国の経済にどのような影響を与えるのか、また列強間の関係を競争的なものにするのか協調的なものにするのかは、企業がなぜ、どのような形で海外進出するのかを問うことなしには理解することはできない。また、発展途上国の経済発展にとって多国籍企業の浸透がどのような効果をもたらすかという問題は、多国籍企業が何を求めて「第三世界」に進出するのかを見ることなしに答えることはできない。新重商主義論にとっては国家の動きが最も重要な要因であるとはいえ、国家が多国籍企業と衝突したり交渉したりする場合、企業の基本的目標を知ることは、衝突や交渉の結果を理解したり、予測したりする上で、不可欠の作業である。

そこで、企業の多国籍化の要因を検討するにあたって、まず多国籍化の実態はどのようなものなのかを、アメリカ企業と日本企業による海外直接投資を例として見てみよう。

三　アメリカ企業と日本企業の多国籍化

1　日米海外直接投資の比較

国境を越えた投資活動という点で先駆者となったのは一八―一九世紀の覇権国イギリスであった。しかしイギリスの海外投資の大部分が証券投資だったのに対して、経営支配をともなう直接投資で世界をリードしたのはアメリカ合衆国である。一九〇一年にあるイギリス人は、電話、カメラ、電蓄、タイプライター、路面電車など、過去一五年間に開発された新産業のほとんどすべてがアメリカ企業の掌中にあると嘆いたし、同じ時期ヨーロッパ各地で「アメリカの侵入（invasion）」が話題となった［Wilkins 1970, pp. 70–71, 215–17］。

しかしアメリカ合衆国の直接投資全体から見ると、表3-2にあるように、一九一四年の製造業投資

表 3-2　アメリカ合衆国の海外直接投資残高およびその産業別・地域別比率

		投資残高 (10億ドル)	産業別比率 (%)							
			全産業	製造業	商業	石油業	鉱業	公益事業[1)]	農業	銀行・保険業
1914	全地域	2.7	100.0	18.0	6.4	12.9	27.1	5.0	13.4	n.a.
	カナダ		23.3	8.3	1.0	0.9	6.0	0.3	3.8	n.a.
	ヨーロッパ		21.6	7.5	3.2	5.2	0.2	0.4	0.0	n.a.
	中南米		48.3	1.4	1.3	5.0	20.7	3.7	9.2	n.a.
	アジア		4.5	0.4	0.6	1.5	0.1	0.6	0.5	n.a.
1929	全地域	7.5	100.0	24.0	4.8	17.8	16.2	17.7	13.1	n.a.
	カナダ		21.9	10.9	0.5	0.7	4.2	4.2	0.4	n.a.
	ヨーロッパ		17.7	8.4	1.8	3.2	0.5	1.8	0.0	n.a.
	中南米		49.1	3.0	1.6	10.4	10.6	10.7	11.7	n.a.
	アジア		5.9	1.0	0.5	2.0	0.1	0.9	0.8	n.a.
1950	全地域	11.8	100.0	32.5	6.4	28.8	9.6	12.0	n.a.	n.a.
	カナダ		30.4	16.1	2.0	3.6	2.8	2.4	n.a.	n.a.
	ヨーロッパ		14.7	7.9	1.6	3.6	0.3	0.3	n.a.	n.a.
	中南米		38.9	6.6	2.0	11.1	5.7	8.0	n.a.	n.a.
	アジア		8.5	0.5	0.4	6.6	0.2	0.4	n.a.	n.a.
1960	全地域	31.8	100.0	34.7	7.5	33.9	9.3	8.0	n.a.	n.a.
	カナダ		35.1	15.2	2.0	8.4	4.1	2.0	n.a.	n.a.
	ヨーロッパ		21.0	12.0	2.3	5.5	0.2	0.2	n.a.	n.a.
	中南米		26.1	4.8	2.5	9.8	4.0	3.7	n.a.	n.a.
	アジア		7.8	0.9	0.4	5.2	0.1	0.3	n.a.	n.a.
1970	全地域	78.2	100.0	41.3	8.4	27.8	7.9	3.7	n.a.	n.a.
	カナダ		29.2	12.9	1.7	6.2	3.8	0.9	n.a.	n.a.
	ヨーロッパ		31.4	17.5	3.6	7.0	0.1	0.1	n.a.	n.a.
	中南米		18.9	5.9	2.0	5.0	2.6	0.8	n.a.	n.a.
	アジア		7.1	1.9	0.6	3.9	0.1	0.2	n.a.	n.a.
1980	全地域	215.4	100.0	41.4	12.0	22.1	3.1	n.a.	n.a.	16.4
	カナダ		20.9	8.8	1.8	5.0	1.4	n.a.	n.a.	2.8
	ヨーロッパ		44.8	21.0	6.5	9.4	0.0	n.a.	n.a.	6.2
	中南米		18.0	6.7	1.8	2.0	0.8	n.a.	n.a.	5.8
	日本		2.9	1.4	0.5	0.7	0.0	n.a.	n.a.	0.1
	アジア		3.8	1.2	0.5	1.3	n.a.	n.a.	n.a.	0.6
1988	全地域	326.9	100.0	40.9	10.5	18.2	n.a.	n.a.	n.a.	23.5
	カナダ		18.7	8.6	1.2	3.6	n.a.	n.a.	n.a.	3.4
	ヨーロッパ		46.6	20.8	6.0	6.5	n.a.	n.a.	n.a.	11.4
	中南米		15.1	5.5	0.9	1.5	n.a.	n.a.	n.a.	5.9
	日本		5.2	2.4	1.1	1.1	n.a.	n.a.	n.a.	0.5
	アジア		5.4	1.9	0.8	1.6	n.a.	n.a.	n.a.	1.1

出所：1929-1970 は ［Wilkins 1974, Table 8. 2, 13. 2］, 1980-1988 は *Survey of Current Business*, August 1982, August 1989 より計算.

注：1）鉄道業を含む.

は一八％にすぎず、中心は鉱業、石油開発、農業といった資源開発部門であった。地域的に見ると、資源開発部門が集中する中南米が最大で、アメリカの全直接投資の半分近くを占めていた。それに対してヨーロッパ、カナダはアメリカ製造業投資のほとんどを受け入れていたとはいえ、投資残高の合計額で中南米に及ばなかった。

その後、鉱業と農業の比重が急速に落ちたのに対して、製造業と石油業の重要性が増大した。その傾向は第二次大戦後も続き、一九七〇年には製造業部門への投資だけで、アメリカ合衆国の全投資残高の四割に達した。地域別に見るとヨーロッパ、カナダという先進国が製造業投資のほとんどを受け入れる傾向は変らず、全産業で見ても中南米が二割をわったのに対してヨーロッパ、カナダがアメリカ直接投資の六割以上を占めるようになった。ヨーロッパで「アメリカの挑戦」が再び喧伝されたのは一九六〇年代のことである。

以上のようなアメリカの直接投資に対して、第二次大戦後の日本の直接投資は一九六〇年代まで低調であった。それは国際収支への悪影響を恐れる日本政府が、外為法（外国為替及び外国貿易管理法）によって資本の流出を厳密に統制していたからである。大蔵省による認可は、輸出振興や自然資源開発に役立つこと、本国産業の競争相手にならないこと、本国政府の金融政策の妨げにならないことなどを基準におこなわれた［Ozawa 1979, p. 13］。

ところが、六〇年代末に経常収支が恒常的な黒字に転じたことから、海外投資規制の緩和が始まり、一九七二年までにほとんどすべての直接投資が自由化され、一九八〇年には許可制から届出制に変った。

表3-3　主要国の海外直接投資残高（10億ドル）

	1914[1]	1960	1970	1980	1985	1988
アメリカ合衆国	3.5	31.8	78.2	215.4	230.3	326.9
イギリス	18.3	n.a.	23.3	80.7	107.2	183.6
西ドイツ(当時)	5.6[2]	n.a.	9.5	26.7	36.4	71.8
日本	n.a.	0.2	3.3	21.3	46.8	110.8

出所：1914は［Wilkins 1970, Table x. 1］．その他は日本銀行調査統計局『国際比較統計』1987, 1989, 1990年版から計算．ただしアメリカ合衆国の1960, 1970は［Wilkins 1974, Table 13.2］，日本の1960は『大蔵省財政金融統計月報』129号（1962年7月），1970, 80, 85は［小宮1988, 225頁］．

注：1）証券投資を含む．
　　2）ドイツ．

その上、一九七一年以降の円の度重なる切上げが、海外投資のための外貨調達をいっそう容易にした。その結果、表3－3に見られるように、一九七〇年には日本の直接投資残高はまだ三三億ドル、アメリカの四・二％にすぎなかったが、七〇年代と八〇年代に急速に伸びて、一九八八年には一一〇八億ドル、アメリカの三三・九％に達した。

日本の直接投資残高は八〇年代に西ドイツを抜き、アメリカ合衆国、イギリスについで世界第三位になった。しかし投資残高の対GNP比や製造業企業の海外生産比率を見ると（表3－4）、日本は八八年の段階でまだアメリカ合衆国やイギリスはもちろんのこと、西ドイツの水準にも達していなかった。日本では海外での企業活動と比べて国内生産活動が活発だったということであり、日本の労働組合がアメリカ合衆国の労働組合ほど自国企業の海外進出に神経質でなかった［佐々木一九八六、第七章］のは、ここに一つの原因が見出せる。

日本の海外投資累計額の産業別・地域別分布を表3－5に見ると、一九七一年の段階で北米とヨーロッパを合わせた対先進国投資が約四割で、これはアメリカ企業の海外投資の歴史では一九二九年頃の水準である（表3－2参照）。ただし両国の対発展途上地域投資を見てみ

表 3-4　主要国の対外直接投資残高の対 GNP 比（1）と製造業企業の海外生産比率（2）（%）

	日本		アメリカ合衆国		西ドイツ[1]		イギリス	
	(1)	(2)	(1)	(2)	(1)	(2)	(1)	(2)
1975	1.67	n.a.	7.76	n.a.	2.26	n.a.	9.80	n.a.
1980	1.85	2.9	7.88	n.a.	3.28	14.7	15.02	n.a.
1985	3.31	3.0	5.74	18.1	5.85	19.2	20.81	n.a.
1988	3.86	4.9	6.72	21.9[2]	5.94	n.a.	21.95	n.a.

出所：(1) 日本銀行調査統計局『国際比較統計』1987, 1989, 1990 年版から計算.
(2) [通産省 1990].
注：1) 当時.
2) 1987 年の数字.

ると、一九二九年のアメリカ合衆国が専ら中南米に投資していたのに対して、一九七一年の日本資本は中南米とアジアに分散していた。しかもアメリカ企業の対中南米投資が主に資源開発に向けられていたのに対して、日本の企業は鉱業と並んで製造業にも重点を置いていた。日本の北米・ヨーロッパへの製造業投資はわずかで、アジア・中南米への投資より小さかった。これは、アメリカ合衆国の海外製造業への投資が、早くから先進工業国に集中していたのと著しい対照をなす現象である。北米・ヨーロッパにおける日本の投資は主に商業とサービス業等に向けられていた。

以上の傾向は一九八〇年になっても変らなかったが、八〇年代に入って大きな変化が生じた。一つはアメリカ合衆国への製造業投資が激増したことで、一九八八年までに日本の製造業投資の受入国として、アメリカ合衆国はアジアから首位の座を奪った。金融・保険およびサービス業等においても対米投資の急増が見られ、その結果対米投資総額は、日本の海外投資全体の四割近くに達した。ヨーロッパへの投資を加えた対先進国投資は一九八〇年の水準から一八ポイント上がって、全体の五六・五%と、過半数を越えた。

表3-5　日本の海外投資累計額とその産業別・地域別比率

	投資累計額(10億ドル)	産業別比率（%）						
		全産業	製造業	商業	鉱業	農林水産業	金融・保険	サービス業等[1)]
1961								
全地域	0.5	100.0	n.a.	n.a.	n.a.	n.a.	n.a.	n.a.
北米[2)]		22.4	n.a.	n.a.	n.a.	n.a.	n.a.	n.a.
ヨーロッパ		1.9	n.a.	n.a.	n.a.	n.a.	n.a.	n.a.
中南米		27.2	n.a.	n.a.	n.a.	n.a.	n.a.	n.a.
アジア		18.3	n.a.	n.a.	n.a.	n.a.	n.a.	n.a.
中近東		29.6	n.a.	n.a.	n.a.	n.a.	n.a.	n.a.
1971								
全地域	4.5	100.0	28.0	12.2	30.2	2.4	8.8	17.5
北米[2)]		25.1	6.0	9.2	4.3	0.2	3.2	2.1
ヨーロッパ		16.0	1.3	1.0	0.1	0.0	1.5	12.0
中南米		15.7	7.4	0.5	3.5	0.4	1.8	1.6
アジア		22.6	10.3	0.7	7.1	1.4	1.6	1.3
中近東		8.3	0.1	0.0	8.1	0.0	0.0	0.0
1980								
全地域	35.0	100.0	34.8	14.5	19.7	2.5	6.4	15.8
北米[2)]		26.4	6.7	9.4	1.4	0.7	2.4	3.8
ヨーロッパ		12.1	2.2	2.1	2.5	0.0	2.2	2.7
中南米		17.0	7.8	1.2	3.4	0.6	0.8	2.7
アジア		27.3	12.7	1.1	8.5	0.8	0.7	3.0
中近東		6.2	3.0	0.0	0.1	0.0	0.1	0.2
1988								
全地域	186.4	100.0	26.8	10.7	7.5	0.9	22.5	28.5
北米[2)]		40.3	12.9	6.3	0.9	0.3	6.6	12.4
ヨーロッパ		16.2	2.6	1.2	0.6	0.0	8.0	2.2
中南米		17.0	2.9	0.8	0.8	0.2	5.9	6.2
アジア		17.3	6.6	1.0	3.7	0.2	1.3	3.8

出所：[通産省 1973],『大蔵省財政金融統計月報』244号（1972年6月）および『大蔵省国際金融局年報』1981，1989年版より計算．

注：1）サービス業，運輸業，不動産業，その他を含む．
2）北米向け投資残高の90%以上はアメリカ合衆国向け．

表 3-6　アメリカ合衆国の海外製造業投資の分野別・地域別内訳（%）

	全分野	食品加工等[1]	化学	金属加工	非電気機械	電気・電子機器	輸送機械	その他
1980								
全地域	100.0	9.3	21.2	7.1	18.1	8.1	13.9	22.4
先進工業国[2]	80.1	7.1	16.2	5.2	16.2	6.1	11.6	17.7
中南米	16.3	1.9	4.0	1.5	1.6	1.1	2.1	4.0
中南米以外の第三世界	3.6	0.3	0.9	0.3	0.3	0.9	0.2	0.7
1988								
全地域	100.0	9.8	22.8	5.8	19.1	7.9	13.2	21.4
先進工業国[2]	81.3	8.2	18.4	4.7	17.0	4.8	10.9	17.5
中南米	13.3	1.3	3.1	1.0	1.6	0.8	2.1	3.5
中南米以外の第三世界	5.3	0.3	1.3	0.2	0.6	2.3	0.1	0.4

出所：[Wilkins 1974, Table 13.3] および *Survey of Current Business*, August 1982, August 1989 より計算.

注：1）食品加工および類似の軽工業.

2）カナダ，ヨーロッパ，日本，オセアニア，南アフリカ.

八〇年代におけるもう一つの変化は、金融・保険およびサービス業等、第三次産業への投資が激増して、製造業の相対的地位を下落させたことである。この現象は同じ時期にアメリカ合衆国の直接投資に生じた変化と共通している。

2　日米両国の海外製造業投資の特徴

地域的に見ると、アメリカ合衆国の製造業投資が最初から先進工業国に集中していたのに対して、日本のそれが、最初は発展途上地域（特にアジア）に、八〇年代になって急速に北米に向ったことは、既に述べたが、製造業の分野別・地域別投資を表3－6、表3－7で詳しく見てみると、アメリカ合衆国の場合、一九八〇年には化学産業と機械産業（非電気、輸送、電気・電子）が中心で、全体の六割を占めている。しかもそのほとんどは先進工業国への投資であった。食品加工等の軽工業への投資は一割にも満たない。この傾

表 3-7　日本の海外製造業投資の分野別・地域別内訳（%）

	全分野	食糧	繊維	木材・パルプ	化学	鉄・非鉄	一般機械	電気機械	輸送機械	その他
1971										
全地域	100.0	6.4	20.3	20.9	6.1	15.0	7.3	7.8	9.2	7.0
北米	21.5	0.7	0.6	16.6	0.9	0.1	0.8	0.3	1.2	0.3
ヨーロッパ	4.6	0.5	0.1	0.0	1.4	0.7	1.1	0.1	0.3	0.2
中南米	26.6	0.9	5.4	0.0	0.7	7.8	3.6	1.9	5.9	0.5
アジア	36.8	2.9	12.8	1.4	2.9	3.2	1.6	5.2	1.1	5.7
1980										
全地域	100.0	4.7	13.0	6.1	21.1	20.9	7.2	12.2	7.6	7.2
北米	19.1	1.7	1.4	2.7	1.9	2.9	1.8	5.0	0.7	0.9
ヨーロッパ	6.4	0.3	1.1	0.0	0.8	1.2	1.0	0.7	0.5	0.8
中南米	22.3	1.1	2.9	1.5	4.1	5.9	2.0	1.7	2.5	0.6
アジア	36.5	1.2	7.3	1.1	5.7	8.2	2.2	4.4	2.2	4.2
1988										
全地域	100.0	3.9	5.3	4.2	13.1	15.4	9.5	20.5	14.0	14.1
北米	48.0	1.9	1.0	2.8	4.6	5.1	5.2	11.9	6.1	9.4
ヨーロッパ	9.7	0.3	0.6	0.0	1.2	0.7	1.3	2.5	1.8	1.3
中南米	10.9	0.4	0.9	0.4	1.2	3.9	0.8	1.0	2.1	0.3
アジア	24.8	1.0	2.8	0.8	3.6	4.6	2.1	4.8	2.4	2.8

出所：［通産省 1973］および『大蔵省国際金融局年報』1981，1989 年版より計算．

向は一九八八年にも同様に見られるが、唯一の変化として電気・電子機器におけるアジアの比重が若干あがっていることが指摘できる。

日本の場合にも一九八〇年には化学産業と機械産業を合わせて五割近くに達していたが、食糧、繊維などの軽工業や金属加工（鉄・非鉄）も大きな比重を占めていた。ただし一九七一年に比べると、軽工業の比重は急速に下がって、化学と機械が伸長したことがわかる。この傾向は八〇年代にも続くが、電気、輸送を中心とする機械産業の比率が著しい増加を見せたところが、アメリカの場合と大きく異なる。

アメリカ合衆国の直接投資とのもう一つの違いは、日本の場合軽工業はもちろん、化学、機械産業においても、一九八〇年までは中南米・アジアといった発展途上地域中心だったことである。先進工業国への投資としてはわずかに北米の電気機械産業への投資が増加傾向を見せていたにすぎない。この傾向は八〇年代に大きく変り、いまや北米が化学、機械両産業で日本企業の第一の受入国になった。一九八〇年には日本の海外製造業投資の六割近くがアジア・中南米に向けられ、対北米投資は二割弱にすぎなかったが、八年後には前者の比重が三五％に下がったのに対して、対北米投資は全体の五割近くに急増した。八〇年代に入ってから大きな変化があったことがわかる。

なお一九七〇年代に日本の化学、金属加工産業の海外進出が急速に進んだこと、その進出先が主にアジア・中南米であったことが表3－7によってわかる。これは七〇年代初めまでに公害問題や立地コストの問題が深刻化したため、国内経済を重化学工業から知識集約型産業中心に転換すべきだとした通産省の産業構造審議会の答申にそった結果となっている。アジアを中心に、日本企業による「公害の輸出」が問題になるのはこの頃からである。

3　日米海外投資企業の特徴

一般に日本の海外投資企業の規模はアメリカ合衆国のそれと比べて小さいと言われる［Yoshino 1976, p. 68; Ozawa 1979, pp. 25-28; 小宮一九八八、二五三―五五頁］が、この主張がどの程度妥当なものか、表3－8、表3－9によって見てみよう。ただしここで使う日本側のデータは、通産省が毎年おこなっているアンケート調査に基づいたもので、回答率が五〇％以下の場合が多いという限界がある。

表3-8　日米海外投資企業（本社）の一社当り総資産・売上高・従業員数

		総資産（百万ドル）	売上高（百万ドル）	従業員数（人）
アメリカ企業[1]	1977	450.6	411.9	5,508
	1982	1,268.2	1,086.3	8,652
	1988	2,170.2	1,409.4	8,941
日本企業[2]	1977	n.a.	n.a.	1,762
	1980	383.0	694.4	1,776
	1983	545.5	843.8	2,302
	1986	1,043.4	1,438.9	2,306
	1988	n.a.	1,423.8	n.a.

出所：［通産省 1979, 1983, 1986, 1989, 1990］，［U. S. Department of Commerce 1981, 1985, 1990］より計算．

注：1)　アメリカ企業のサンプルは銀行を含まない．本社回答率は不明．

2)　日本企業のサンプルは金融・保険業，不動産業，公益事業を含まない．本社回答率は1977年が50.1%，1980年が43.1%，1983年が38.3%，1986年が33.4%，1988年が50.2%．

表3-9　日米海外子会社の一社当り総資産・売上高・従業員数

		総資産（百万ドル）	売上高（百万ドル）	従業員数（人）
アメリカ企業[1]	1977	20.7	27.4	304
	1982	43.7	54.4	386
	1988	71.0	70.4	377
日本企業[2]	1977	15.8	28.4	214
	1983	26.9	52.0	179
	1986	65.2	72.6	210
	1988	n.a.	68.1	176

出所：［通産省 1979, 1986, 1989, 1990］，［U. S. Department of Commerce 1981, 1985, 1990］より計算．

注：1)　非銀行親会社の非銀行子会社のみ．回答率は1977年が68.7%，1982年が53.4%，1988年は不明．

2)　日本企業のサンプルは孫会社を含む．また金融・保険業，不動産業，公益事業を含まない．本社を通して回答があった分のみ．本社回答率は1977年が50.1%，1983年が38.3%，1986年が33.4%，1988年が50.2%．

データが入手できる年も両国で異なるので、正確な比較は困難だが、全体的に見て本社、海外子会社とも、日本企業のほうが総資産、従業員数でアメリカ企業より小規模であることがわかる。ただし売上高だけは日本企業も遜色ない成績をあげている。

出資比率面でも日米海外子会社の間に大きな違いがあることが表3－10によってわかる。一九七七年

表 3-10　日米海外子会社出資比率別分布（%）

	25%未満	25%-50%未満	50%-100%未満	100%
アメリカ企業[1] 1977	4.2	8.3	16.7	70.7
日本企業[2] 1977	8.3	23.2	28.0	40.5
日本企業[2] 1988				
全地域	3.6	15.6	23.0	57.9
北米	2.4	3.9	15.0	78.8
ヨーロッパ	1.6	6.6	19.5	72.3
中南米	4.2	12.9	23.2	59.7
アジア	5.1	30.0	31.7	33.2

出所：[通産省 1979, 1990] および *Survey of Current Business*, October 1981 より計算.
注：1) アメリカ企業には銀行を含まない.
2) 日本企業のサンプルは，本社を通して回答があった子会社分のみ（孫会社を含まない）．本社回答率は 1977 年が 50.1%，1988 年が 50.2%．また金融・保険業，不動産業，公益事業を含まない.

にアメリカ企業海外子会社の七割が株式の一〇〇％を本社によって支配されていたが、日本企業は四割にすぎなかった。逆に出資比率五〇％未満の企業は、日本の三二・五％に対してアメリカは一二・五％にすぎなかった。しかし表３－10の一九八八年の数字は、この差が急速に縮まりつつあることを示している。その原因は、アジア・中南米での日本企業の出資比率が低いのに対して、近年急増している先進工業国での出資比率が著しく高いからである。

次に日米海外子会社の行動様式を製品の販路によって見てみると、表３－11によって日本企業のほうが売上高中の本国向け輸出の比率が大きいことがわかる。その分、現地市場での販売額が小さいが、日本企業も一九八八年にはアメリカとＮＩＥＳでの現地販売がふえた結果、アメリカ型の現地市場中心に近づいた。ヨーロッパに進出している企業の第三国向け輸出の多くがヨーロッパ域内向けであることを考慮すれば、現地販売の比重は日米ともももっと高くなる。

日本企業の場合、本国向け輸出の比率は一九七七年と八八

表 3-11　日米企業の海外子会社の売上高の地域別・販路別シェア（%）

日本企業[1]				アメリカ企業[2]			
	現地販売	日本向け輸出	第三国向け輸出		現地販売	アメリカ向け輸出	第三国向け輸出
1977				1977			
全地域	50.7	31.2	18.1	全地域	61.8	18.5	19.8
北米	46.3	39.7	14.0	カナダ	78.4	17.3	4.3
ヨーロッパ	52.0	15.0	33.0	ヨーロッパ	66.1	3.5	30.3
中南米	60.5	12.2	27.3	中南米	63.2	19.1	17.7
アジア	61.3	17.3	21.4	日本	92.8	2.8	4.4
				アジア	39.1	34.4	26.5
1983				1982			
全地域	59.4	23.5	17.1	全地域	65.5	10.5	24.0
アメリカ	64.0	22.1	13.9	カナダ	76.7	19.3	4.0
ヨーロッパ	57.9	10.0	32.1	ヨーロッパ	62.7	4.5	32.7
中南米	64.4	22.3	13.3	中南米	59.6	15.8	24.6
ASEAN[3]	68.6	14.2	17.1	日本	91.3	3.3	5.4
NIES[4]	39.4	32.0	28.6	アジア	40.5	24.7	34.9
1988				1988			
全地域	63.3	15.4	21.3	全地域	65.4	10.9	23.7
アメリカ	72.7	13.8	13.6	カナダ	71.9	24.5	3.6
ヨーロッパ	53.4	8.5	38.1	ヨーロッパ	61.8	5.0	33.2
中南米	53.1	29.3	17.7	中南米	63.4	19.1	17.5
ASEAN[3]	66.9	10.5	22.5	日本	87.2	5.8	7.1
NIES[4]	53.0	17.6	29.4	アジア	43.4	23.2	33.5

出所：[通産省 1979, 1986, 1990]，[U. S. Department of Commerce 1981, 1985, 1990] より計算.

注：1) 日本企業のサンプルは，本社を通して回答があった子会社分のみ（孫会社を含まない）．本社回答率は 1977年 が 50.1%，1983 年が 38.3%，1988 年が 50.2%．また金融・保険業，不動産業，公益事業を含まない．

2) 非銀行親会社が 50%以上所有する非銀行子会社のみ．

3) ASEAN とは，マレーシア，フィリピン，タイ，インドネシア．

4) NIES とは，韓国，台湾，香港，シンガポール．

年の間に半減した。特に一九八三年と一九八八年の間に、アメリカとＮＩＥＳから日本への輸出比は激減した。この頃になると北米・ヨーロッパなど先進工業国に進出した日本企業による売上の七割以上が現地でなされるようになったが、これはアメリカ企業のヨーロッパ、カナダ、日本における行動様式と酷似している。

なおNIES（アメリカ企業の場合アジア）に進出した日米企業は、本国もしくは第三国向け輸出を多くおこなっているが、これはNIESを輸出基地として利用しているためである。ただし日本企業の場合、近年NIESでの現地販売を増やしていることは、前述の通りである。アメリカ企業も、近年アジアにおける現地販売を増やしているが、日本と比べると、本国や第三国への輸出の比率が相変らず高い。

アメリカ企業に比べて日本企業の対本国輸出が多いことは既に述べたが、日本企業の場合は本国からの輸入も多いことが表3-12に見て取れる。日本企業の場合、ほとんどの地域において、本国への輸出額よりも本国からの輸入額のほうがかなり大きい。日本の海外投資が本国からの輸出を助けるための

表 3-12　日米企業海外子会社の対本国貿易（本国からの輸入 = 100.0）

日本企業[1]			アメリカ企業[2]		
投資先	輸出	輸入	投資先	輸出	輸入
1983			1982		
全地域	88.2	100.0	全地域	90.6	100.0
アメリカ	78.9	100.0	カナダ	109.7	100.0
ヨーロッパ	27.2	100.0	ヨーロッパ	33.8	100.0
中南米	80.1	100.0	中南米	102.2	100.0
ASEAN	69.5	100.0	日本	156.4	100.0
他のアジア	157.4	100.0	アジア	145.7	100.0
1988			1988		
全地域	44.4	100.0	全地域	91.7	100.0
アメリカ	33.8	100.0	カナダ	96.5	100.0
ヨーロッパ	26.4	100.0	ヨーロッパ	50.6	100.0
中南米	146.5	100.0	中南米	107.3	100.0
ASEAN	41.4	100.0	日本	149.4	100.0
NIES	71.3	100.0	アジア[3]	154.6	100.0

出所：[通産省 1986, 1990]，[U. S. Department of Commerce 1985, 1990] より計算.

注：1）日本企業のサンプルは，本社を通して回答があった子会社分のみ（孫会社を含まない）．本社回答率は 1983 年が 38.3%，1988 年が 50.2%．また金融・保険業，不動産業，公益事業を含まない．

2）アメリカ企業のサンプルは非銀行親会社の非銀行子会社のみ．

3）タイを除く．

ものだと主張される［Yoshino 1976, pp. 68, 96–97］所以である。

4　日米企業の多国籍化の特徴

以上の議論から、日米企業の多国籍化の特徴を次のようにまとめることができよう。

⑴　アメリカの直接投資は初期には中南米の鉱業、石油開発、農業を中心におこなわれたが、第二次大戦後は先進工業国の製造業と石油業に重点が移った。それに対して日本の場合も、初期には中近東・アジアの鉱業（石油開発を含む）への開発投資が大きかったが、それと並んでアジア・中南米といった第三世界の製造業への投資が多かったのが特徴である。

⑵　しかし、日本企業も八〇年代になって、北米への製造業投資を増やした結果、先進工業国の製造業を中心とするアメリカ合衆国の直接投資パターンと近似してきている。金融・保険業やサービス業等への投資が激増していることも、アメリカ合衆国の直接投資と似ている。

⑶　製造業投資の内訳を見ると、アメリカ企業が化学・機械中心なのに対して、日本企業は、六〇年代までは食糧・繊維などの軽工業もかなりの比重を占めていた。ただ七〇年代に化学産業、八〇年代に機械産業への投資が激増した結果、最近ではアメリカの製造業投資とパターンが変らなくなっている。

⑷　海外投資企業（本社）と海外子会社の規模は、総資産と従業員数の平均で見ると、日本企業のほうがアメリカ企業より小さい。

⑸　従来アメリカ企業の海外子会社の出資比率は日本企業に比べて著しく高かったが、日本企業も主

な投資先を第三世界から北米に移すにつれ、出資比率がアメリカ企業のレベルに近づいてきている。

(6)　日本企業の海外子会社は、アメリカ企業のそれと比べて輸出実績が高い。特に本国向け輸出が大きいが、日本の海外子会社は日本からの輸入額が、対日輸出額に増して大きい所に特徴がある。日米企業とも、第三世界では本国や第三国への輸出、先進工業国では現地販売が多いという傾向があるので、日本の先進国投資が増えるにつれ日本企業海外子会社の現地販売比率が増して、ここでもアメリカ企業のパターンに近づいている。

四　企業多国籍化の要因

1　利潤と資源

企業が貿易活動にあきたらず、なぜ国境を越えた事業活動に乗り出すのかについては、より高い利潤や資源供給の独占を求めるという企業の積極的・攻撃的性格を強調する見方から、競争に押されてやむを得ず海外投資に乗り出すという受動的・防衛的性格を強調する立場までさまざまである。

既に第二節で述べたように、レーニンは、企業がより高い利潤率を求めて、資本の希少な後進地域に進出すると考えたが、この議論では、実際には直接投資が後進地域に向うよりも、利潤率が低いはずの先進工業国間で相互におこなわれることの方が多くなっているという事実（第三節）を説明できない。

そこで同じ帝国主義論者のマグドフは、短期的な利潤動機よりも、できるだけ多くの地域を資源供給地や製品市場として確保しておくことが、企業の直接投資活動の主要な動機だと主張した［Magdoff 1966,

Ch. 2]。

いずれにせよ、帝国主義論は企業の攻撃的な性格を強調するが、それに対して、ヴァーノンらハーバード大学多国籍企業研究プロジェクト・チームの研究者は、企業間の競争と、それに対処する企業の防衛的行為として、直接投資を説明する。

2　製品サイクル

ヴァーノンが提起したのは、有名な製品サイクル論である。この理論によれば、(1)新しい科学的知識は、一人当り国民所得が高く（したがって高価な新製品への需要が大きく）、また各種生産要素の相対的利用可能性の大きいアメリカ合衆国で、最初に製品化される。当初製品は標準化されておらず、投入財や製造過程も変化する可能性があるため、工場は顧客や原材料納入業者に近接した場所、つまりアメリカ合衆国内に立地される。当初製品は斬新で市場は独占的であるので、価格を、ひいてはコストを下げる必要性が薄いという点も、労働コストが高いにもかかわらずアメリカ合衆国に工場が設置される理由である。(2)ところが、製品技術や製造技術の標準化が進むと、一方では大量生産によるコスト減が可能となり、より所得の低い地域への輸出が増える。他方技術の標準化は、他の企業による新規参入を可能にする。(3)こうして次第に競争が激しくなり価格が下がると、輸出市場が拡大して、現地生産によっても十分な規模の経済が確保できるようになり、現地企業が新規参入して、アメリカ企業の輸出市場を脅かす。それは、現地企業は市場までの運輸コストが低く、安い労働賃金を利用できるからであるが、それ以外にも、例えば、現地政府による保護関税の設定というファクターが加わることもある。いずれにしても、競争圧力に押されたアメリカ企業は自ら現地生産に乗り出さざるをえなくなる。(4)現地での生産規模が一層拡大すると、運輸コストを勘案しても海外で生産して本国に輸出した方がコストが低くなるので、最初の技術革新者であるアメリカ企業は本国での生産をやめて、輸入に頼ることになる。こうして一つの製品は、アメリカ市場から見れば、生産—輸出—直接投資—輸入というサイクルを描くことになる。もちろんサイクルが一度きりならば、アメリカ合衆国は完全に脱工業化してしまうことになるが、実際には、一つの製品の生産がアメリカ国内での寿命を終えて他国に移った時には、既により付加価値の高い新しい製品が誕生しており、新たなサイクルを開始していると言う [Vernon 1966; Vernon 1971, pp. 65–77]。

ヴァーノンの製品サイクル論は、技術の標準化と、主にそれに由来する競争を、直接投資の中心的な説明要因にしているが、この「競争」による防衛的投資という点を一層強調したのがニッカーボッカーである。彼はアメリカ企業の海外進出が、短い期間に集中的に起る現象に着目して、それを、競争相手に新しい優位性を与えないために、一社が進出すると他社も追随することから起る、企業の防衛的行動の結果として理解した。もちろん海外への進出が優位性をもたらすかどうかは不確実であるが、規模の大きい寡占企業にとって、マーケティング方法や新製品の着想などの点で競争相手が優位性を獲得するようなことがあれば、他の市場や分野でも決定的に不利に陥る恐れがあるので、保険をかけるつもりで自分も海外進出をおこなうと言うのである [Knickerbocker 1973, pp. 26–27]。

直接投資に関するヴァーノンやニッカーボッカーの理論は、脱国家主義論に適合的な説明である。ヴァーノンも直接投資を促す一要因として、受入国国家による輸入制限をあげているが、より基本的には技術の標準化と競争という市場の力によって、地場企業の参入とアメリカ企業の多国籍化が起り、それにつれて産業の地理的移動が起ると考えている。もしそうであるとするならば、多国籍企業は直接的・間接的に地球上の各地にさまざまな産業を移植することによって、各地の経済発展に尽くすであろう。ヴァーノンによれば、当初は地場企業が存在しないか弱体かである天然資源産業のような産業においても、技術が標準化すれば受入国国家に対する多国籍企業の優位性が衰退（obsolesce）するので、多国籍企業は、国有化のような受入国国家の要求に妥協的にならざるをえないと言う［Vernon 1971, pp. 46–50］。

半ば新重商主義論に近づいたモランの場合、ヴァーノンの製品サイクル論と「衰退バーゲン・モデル」を受け入れた上で、さらに多国籍企業と交渉する受入国国家の側の能力をも重視する。つまり、多国籍企業のもたらす利益を受入国のものにできるかどうかは、市場条件だけではなく、受入国国家の官僚の能力や、国家に対する社会的支持によっても影響されると考えるのである［Moran 1974, Ch. 6］。

いずれにしても、直接投資がヴァーノンやニッカーボッカーの言うような防衛的理由でなされるなら、受入国の経済は多大の恩恵を受けるであろう。企業出身国のアメリカ合衆国にとっても、古い産業を失っても常に新しい産業を得られるので不利益はない。ただ一つ問題が残るとすれば、それは製品サイクルが常により付加価値の高い産業をアメリカ合衆国に割り当てることであろう。これでは、アメリカ合衆国と受入国との全体的な経済格差はいつまでたっても解消されないことになる。

製品サイクル論を初めて一九六六年に発表してから一三年後に出した論文の中でヴァーノンは、この間に起ったできごととして、ＥＣ諸国や日本の経済発展によってこれら地域の市場条件がアメリカのそれと同様になった点をあげている。したがって、いまや製品サイクルの起動源は、アメリカ合衆国内のアメリカ企業に限られず、ＥＣや日本の企業や、そこに進出しているアメリカ企業にも拡大して解釈されるべきだとした [Vernon 1979, pp. 255, 265]。この再解釈によって、先進工業国間の格差の縮小は説明できるようになったが、先進工業国と発展途上国との間の格差を埋めるための議論は用意されていない。

右記の論文の中で、ヴァーノンは製品サイクル論にもう一つの訂正を加えている。製品サイクル論は、海外投資が一産業の一貫生産体制のすべてを海外に移すことを前提としていたが、実際には開発・生産工程が細分化されて、世界各地に分散することがあると言うのである [*ibid*., p. 262]。これと同じ現象をフレーベルらは「新国際分業」と呼んでいる。それによれば、それぞれの地域のもつ比較優位に基づいて直接投資がなされるので、同一の産業の中で先進工業国には研究開発部門、発展途上国には労働集約的な生産部門が割り当てられるという [Fröbel et al. 1980, pp. 12-15]。より付加価値の低い部門しか持てない第三世界は相変らず不利ということになる。

それでも製品サイクル論は、基本的に市場にまかせておけば、第三世界を含む世界各地の経済の全体的な底上げは起ると考えたが、キンドルバーガーやハイマーはそれほど楽観的ではない。

3　寡占的優位性

キンドルバーガーによれば、意志決定センター（本社）から離れた地域での事業活動には、遠距離コミュニケーションにともなう時間や誤謬のコストがかかるので、もしも財および生産要素の完全競争が成立していれば、意志決定センターの近くで生産をおこなう国内企業が、外国企業に対して常に優位をもつので、直接投資は起りえないはずである。企業は、コミュニケーションの費用を補って余りある何らかの優位性を持っている場合にのみ、直接投資に乗り出すのである［Kindleberger 1969, 邦訳二六―二八頁］。ハイマーもまた、企業が製品の輸出や技術の貸与・販売にとどまらず、海外事業活動に乗り出すのは、その方が優位性を利用した報酬の掌握が確実だからだと言う［Hymer 1976, 邦訳三九―四〇頁］。

ここで言う優位性とは、例えば製品差異化とマーケティング技術に基づくブランド製品（医薬品、化粧品、清涼飲料水、食料品、自動車等）、特許に守られた技術、企業組織に組み込まれた経営者能力、豊富な資本市場への接近力、垂直統合による規模の外部経済（鉱業、石油、石油化学等）などを指す。こういった優位性は、企業の成長にともなって少数の企業の手元に蓄積されるものであり、これら寡占企業は、その優位性を市場で利用するか、直接投資で利用するかを選ぶことができる［Kindleberger 邦訳二九―四一頁］。

このような考え方からすれば、直接投資が主に先進工業国間でなされる現象をよく理解することができる。各国の企業が他国の企業にない優位性をもっていさえすれば、発展途上国市場よりも大きな先進国市場への相互進出のほうが報酬が大きいからである。

直接投資についてのキンドルバーガー／ハイマー理論は、製品サイクル論がもっぱら技術の初期優位と時間の経過による優位の「衰退」を強調したのに対して、技術だけでなく、それ以外の分野での優位性の存在と、企業はそういった優位性を独占し続けようとする傾向があることを指摘した点で際だっている。もしもそれが正しいとすれば、多国籍企業の世界的拡散は、受入国に製品サイクル論が言うほど速やかな技術や他の優位性の移転をもたらさないであろう。先進工業国の場合には、企業の相互浸透によって優位性が相互に保持されることも可能であるが、多国籍企業を一方的に受け入れる立場の発展途上国の場合には、多国籍企業進出による利益は一層小さいものになるはずである。実際ハイマーは、優位性を本社中枢に維持しておこうとする多国籍企業の行動は、先進工業国の大都市を中核として、世界の他の地域を一段と低い事業活動と所得のレベルに位置づける、ヒエラルキー的分業を生み出すと述べている。そこでは、中心から周辺に向って、所得も地位も権限も消費パターンも、放射状に低下していくと言う〔Hymer 邦訳二六一―六二頁〕。ここにいたってハイマーの議論は、従属論やウォラーステインの世界システム論〔Wallerstein 1974, p. 356; Wallerstein 1979, pp. 18–19; Wallerstein 1983, 邦訳三四―三五頁〕に限りなく近づくことになる。

含意として言えることは、ハイマーらの見方に立つ限り、企業活動の成果をより平等に分配するためには、市場にまかせておくだけでは不十分で、独占の弊害を正す国家の介入が必要だということであろう。ただハイマーは、多国籍企業の価格移転操作によって財政収入に困難が生じたり、受入国間の競争があったりして、発展途上国の国家の立場は必ずしも強くはないと見る〔Hymer 前掲邦訳二八七頁〕。

4　日本企業の多国籍化は特殊か？

直接投資についての以上の議論は、いずれも主としてアメリカ企業の海外事業活動の分析に基づくものであるが、日本企業の多国籍化を観察した著者達はそれとは異なった議論を展開している。

日本企業の海外投資の特殊性について、七〇年代の初め、最初に体系的な分析を加えたのは、小島清であろう［小島一九七一、小島一九八五、第一章、二章］。

小島は、アメリカ型直接投資は先端産業での海外進出によって特徴づけられるのに対して、日本企業の直接投資は、生産費の比較優位を失いかけた産業（資源・燃料・農林産材料・食料等の開発や労働集約財の製造）で多発する点に注目した。小島によれば、アメリカ型の直接投資は、個別企業の利益を専ら増進するもので、アメリカにとっても進出先の国にとっても、マクロ経済的な恩恵をもたらすものではない。というのは、先端産業の海外立地は本国産業の空洞化をもたらす一方、進出先には非能率な小規模産業をもたらすだけで、輸出拡大にも役立たない。対照的に日本型直接投資は、本来進出先の国が潜在的比較優位をもつ産業で起るので、日本企業の進出は効率的で輸出競争力のある産業を現地に育成することになる。進出先の国が経済発展すれば日本本国にとっても輸出を増やす効果が生じる。つまり日本の直接投資は「貿易志向型」である。

小島によれば、アメリカ企業が海外子会社の完全所有をめざす傾向が強いのに対して、日本企業はそれにこだわらず、少数株式所有や長期購買契約・融資買鉱・ターンキイ方式らの非出資形態を受け入れるのも、直接投資が比較優位産業で起るか（アメリカ型）、比較劣位産業で起るか（日本型）の違いによるとする。つまり、比較優位産業では、個別企業特有の優位性（小島の言葉では優位能力）を生かして最大の利潤をあげるために、取引コスト引下げによる「内部化利益」をめざすことになるが、この内部化利益を確実にするためには、子会社の完全な支配が必要となる。それに対して、比較劣位産業の場合は、本来進出先の国が比較優位をもっている分野なので、子会社の完全支配をめざす意味がない。

以上のような小島の議論が、前節で明らかとなった一九七〇年代初め頃までの日本の直接投資の経験——(1)第三世界諸国への資源・燃料開発投資と軽工業部門製造業投資が多かった、(2)海外投資企業の規模が小さく、出資比率も低かった、(3)海外子会社の販売額に占める日本や第三国への輸出の比率が、アメリカ企業の場合より大きく、日本からの輸入も多い、つまり貿易促進型だった——に基づいていることは言うまでもない。

現地企業の参入が容易な比較劣位産業において、なぜ直接投資が起るのかという点について、小島は受入国がその潜在的な比較優位を発揮するためには、技術・資本・経営技術が足りないので、それを外国企業が提供するのだと言う。しかし、この技術・資本・経営技術が、比較優位産業で働くとされる企業特有の優位能力とどう区別されるのかは必ずしも明らかではない。この点を一歩進めて説明しようとしたのがヨシノとオザワである。

ヨシノとオザワは小島と同じように、日本の直接投資の特徴として、中小企業による、しかも技術的に標準化された競争的産業分野（軽工業や単純電気機器）での対発展途上国投資が多いことに着目して、これを二つの要因で説明しようとする。第一に、日本企業は長い間先端技術の開発者というよりは、技術の模倣者にすぎなかったが、日本企業が、自国市場向けに手直し（例えば小型化）した製品が、第三世界市場にも適合的だったために、一定の優位性が生まれたという。第二に、個々の中小企業は優位性に欠けるかもしれないが、企業グループ（特に商社）と日本政府による援助がそれを補っていると考える。企業グループは市場、クレディット、新技術情報などを提供するし、日本政府はいわゆるヒモつき援助、輸出入銀行などによる低利融資、海外投資損失留保制による免税等の形で資金面での優位性を企業に与える［Yoshino 1976, pp. 70-71, 86-87; Ozawa 1979, pp. 30-37, 44-45, 50-51, 61］。

オザワは、そもそも日本において、海外事業には向かない競争的産業の中小企業まで直接投資に乗り出した根本的理由は、アメリカのように個別企業の成長の延長として直接投資が起るのではなく、マクロ経済的要因で、全経済的規模で直接投資が促されたからだと言う。ここでいうマクロ経済的要因とは、(1)経済発展による労働力不足と労働賃金の上昇（これが中小企業の海外進出を促した）、(2)公害や環境破壊問題による新規の重化学工業立地の困難さ、(3)燃料・原料の安定供給の必要性の増加、(4)輸出増加による貿易摩擦等のことであり、これらは六〇年代の後半に集中して起ったため、個々の企業の対応というよりは、全経済的な対応として直接投資が必要になったことが、日本の特徴だと言うのである［Ozawa, pp. 3, 8-10］。

他方小宮隆太郎は、キンドルバーガーの優位性論を、中小企業による海外投資が比較的多いという日本の経験に合致するよう、再解釈する議論を展開した。小宮によれば、直接投資は、特定の企業の成長にともなって蓄積された経営資源――「企業を効率的に経営するために必要な経営、技術、販売、組織に関するノウハウと専門的能力」――が、市場では容易には調達できず、かつそういった経営資源を持つ企業が、市場を通じてするよりは、企業の内部組織ないし準内部組織を通じて経営資源を活用したほうが、効率がよいと判断した時に起るとする〔小宮一九八八、二六四頁〕。この見方は、「直接投資」を株式所有の有無や多少と関わりなく考えている点を除けば、キンドルバーガーによる直接投資の説明と非常によく似ている。ただキンドルバーガーが「優位性」と言うところを、小宮は「経営資源」と呼ぶ。

小宮がキンドルバーガーらと異なる点は、後者が優位性の保持者を専ら寡占大企業だと考えたのに対して、小宮は、技術水準や資本水準のきわめて低い中小企業でも独自の経営資源があれば、直接投資に乗り出して成功するとしていることであろう。小宮の見解が、前節で触れた日本の直接投資の特徴を基盤にしていることは言うまでもない。小宮は、独自の経営資源をもつ中小企業の直接投資の例として、地下足袋の「力王」という企業の海外事業をあげている〔前掲書、二六六―六七頁〕。

ただし、発展途上地域（特にアジアと中南米）の競争的産業への中小企業投資が多かったのは、六〇年代までで、それ以後化学・機械など寡占産業での先進国向け投資が増えていることは、前節のまとめの(2)、(3)で触れた通りである。また同じまとめの(5)、(6)で述べたように、近年日本企業の投資の規模や出資比率が急速に拡大し、かつ海外子会社の現地販売が増えて輸出比率が減った分だけ、「貿易志向」が弱まっている。色々な面で日本企業の直接投資のパターンは、アメリカ企業のそれに似てきていると言えよう。

五　多国籍企業と国家

製品サイクル論や日本型直接投資論が示唆するように、技術が標準化され、規模も比較的小さい分野（軽工業、金属加工工業、単純電子電気機器製造業など）では、後発工業国の企業でも参入することは比較的容易であろう。しかし、ヨシノとオザワが言うように、日本の企業が、企業グループや本国政府によって優位性を実際以上に保証されているとしたならば、受入国企業も自国国家の補助なしに、日本企業と競争することは難しいであろう。また製品サイクルが働いたとしても、多国籍企業の無条件の進出を許していては、受入国の新興企業が競争で勝ち抜いていくことは容易でないだろう。ましてや寡占的優位を維持したまま進出してくる多国籍企業に対しては、受入国企業が単独で立ち向かうことは不可能である。

もちろんベッカーが言うように、多国籍企業が受入国に定住化して、受入国での再投資と技術開発を進めてくれれば、後発工業国も産業構造の高度化をはかり、ついには製品サイクルの起動国になることも可能であろう。しかし、多国籍企業は独自の世界戦略をもって活動しているのであり、受入国の都合を常に考慮するとはかぎらない。受入国の国内市場目当てに進出した多国籍企業は、現地子会社が国際競争力を高めることには熱心でないであろうし、オフショア生産をめざして進出した多国籍企業は、現地生産比率（ローカル・コンテンツ）の向上には関心を向けないだろう。

受入国の国家が、民族企業の振興を図るのは、民族主義的な感情によるばかりでなく、多国籍化の遅れている自国企業のほうが、自国内での投資・再投資に熱心であると考えるからである。したがって外国にある経営資源のうち経営と資金・技術が切り離せるものならば、戦後日本の国家がしたように、後者のみを取り入れて前者を排除する政策をとるであろう。

つまり後発工業国が先進工業国に追いつこうとするのならば、市場の力に任せておくだけでは不十分であり、カルドーゾ派の従属論者やモランら脱国家主義修正論者が示唆するように、受入国の国家が多国籍企業との交渉を通して、後者の支配するさまざまな経営資源が受入国での再投資や技術開発に向けられるようにしなければならないのである。

他方、企業多国籍化の先進工業国における影響については、一つの産業の一貫生産体制のすべてが失われないかぎり、直接投資が輸出需要を生み出して、国内産業を活性化させる可能性がある。第三節で触れた日本の経験はそれを如実に示している。一つの産業について自国企業のもつ優位性がすべて失われたとしても、新しい優位性をもつ別の産業や企業が次々に生まれ、しかもさまざまな生産要素（特に労働力）が旧産業（企業）から新産業（企業）へスムーズに移動し得るメカニズムが整備されていれば、多国籍企業は脱工業化や雇用輸出の元凶として非難をうけることもないであろう。

しかし、こういった条件が失われれば、事業機会を失う納入業者や職を失う労働者は、自国の国家に保護を要求するであろう。この現象は既に、企業の多国籍化がいちばん進んだアメリカ合衆国で広範に観察される。日本では企業が労働力不足や労働コスト上昇を、労働者の多能工化、組立工程の自動化、在庫極小化（ジャストインタイム）などによって補う工夫をしたために、第三節でも指摘したように、製造業部門の海外流出はアメリカ合衆国ほどは進まず、海外への投資も日本からの輸出を伸ばすのに役立った。

しかし、日本起源の多国籍企業の行動様式が、年々アメリカ企業のそれと似てきていることも第三節で見た通りである。それに加えて、八五年以降進んだ急速な円の切上げによって、日本企業の国際競争力は、右記のような工夫によっても補えないほど低下し、企業の海外進出がいっそう進んだ結果、九〇年代に入って日本でも脱工業化が深刻な問題として語られるようになった。

後発工業国である韓国や台湾の企業の中にも、先進工業国との貿易摩擦を避けたり、後発国の追い上げに対抗したりするために、積極的に多国籍化を進める企業が出始めている。

脱工業化が深まり、自国国家に保護を求める労働者や中小企業の動きが活発化すれば、多国籍企業を自国内に引き留めたり誘致したりする政策は、後発工業国ばかりでなく先進工業国にも広がるであろう。しかしＧＡＴＴのＷＴＯ（世界貿易機構）への発展的解消に象徴される経済自由化が世界的に進展している現在、モノや資本の流れを国境で管理することが難しくなっている。このままの事態が続けば、各国の国家は、企業を誘致するために、自国内で租税・社会保障・労働賃金などの企業負担を引き下げざるをえないであろう。終章でも再度触れるように、企業がフットルーズになりつつあるのに対して、投資条件に関する国家間の調整が進んでいないので、国家の企業に対する交渉力は低下せざるをえない。

七〇年代には国境を越えて活動する企業の動きに、国家が「逆襲」する余地があった。しかし企業多国籍化のいっそうの進展と世界的な経済自由化によって、その余地は狭まりつつある。事態は脱国家主義論の予想した方向に進みつつあるかのように見える。しかし企業の国境を越えた自由な活動が全世界に便益をもたらすという脱国家主義論の楽観的見方とは逆に、社会保障面などでの国家の役割の縮小は、市場の敗者の生活条件を悪化させ、社会の統合を弱体化させる可能性がある。

企業の多国籍化の進展は、国家を完全に衰退させてはいないが、経済の運営に関わる国家の仕事を、以前より困難にしたことは間違いない。以下の章では、これまでの理論的・歴史的検討を踏まえて、各国における企業－国家関係の諸相を分析するが、そこでは企業の多国籍化の影響にも注意が払われるであろう。

第四章　日本における企業－国家関係

一　二つの争点

戦後日本における企業と国家の関係については、日本の政治体制や政策形成過程（政策過程）の特徴を考察しようとする視点から、あるいは日本の経済的成功を説明しようとする視点から、さまざまに論じられてきた。その過程で、本書の第一章で検討したマルクス主義、国家主義、自由主義に近似的な議論が出され、それぞれの間で論争がおこなわれてきた。

この論争は、日本政治研究で使われてきた用語と概念に即してまとめると、主に二つの争点をめぐってなされてきたと言える。

1　政策形成の中心的推進役

一つは、政策形成過程における中心的行為者ないし推進役は誰かという問題である。これは、戦後日本の経済的成功の功績が主に誰の元に帰せられるべきかという問題と重なる。この中心的推進役は、ほとんどの場合、国家官僚機構、政党（主に自由民主党）、大企業の三者の中から選ばれる。

このうち国家官僚機構が、序章で定義した統治機構としての国家の一部であることは言うまでもないが、政党（自由民主党）の場合は、日本が議院内閣制度をとっているために、社会のさまざまな利益や意見を政策形成過程に流し込む役割と同時に、行政府（内閣）を握って国家官僚機構を統括する役割を二重に負っているところに特徴がある（図4－1参照）。自由民主党は一九五五年の結党以来九三年まで、長期にわたって国会（衆議院）議席の過半数を占める優越政党であったため、この役割の二重性が一層目立っている。

図4-1　日本における国家官僚機構・政党・企業関係

大企業は本書でいう「企業」の一部にすぎないが、国家官僚機構や自由民主党と並んで政策形成過程の中心を占め、また日本の経済発展をリードした行為者として通常あげられるのは大企業であり、中小企業、農民、自営業主ら、その他の「企業」については、「日本の経済的成功は国民の努力の賜」という言い方で抽象的に扱われる以外、政策形成や経済発展の推進役として見られることはほとんどない。

こういった大企業以外の企業は、単独では政治的影響力が弱いので、団体組織を作って行動するのが普通である。日本政治研究の文脈では、これらの組織は圧力団体とか利益集団とかの名で呼ばれる。もちろん大企業の場合も、単独で動くだけでなく、財界とか業界という利益集団を構成する。

政策形成や経済発展の中心的推進役として国家官僚機構を重視する見方が、

表4-1　日本の政策形成過程をめぐる諸見解の分類

政策形成の中心となる行為者 ＼ 大企業への影響力の集中度	高い	中間	低い
国家官僚機構	国家主義 ←------------------------------		
政党（自民党）	国家主義またはマルクス主義 ←------------------------------		→ 自由主義
大企業	マルクス主義 ←------------------------------		→ 自由主義

国家主義に近似的であることは言うまでもない。ただし後で述べるように、官僚機構の内部での政策形成に社会勢力が介入することは可能であり、官僚機構に対してどの社会勢力がどのくらいの影響力をもっているかという点で、国家官僚機構の役割を重視する論者の中に大きな見解の相違が存在する。

他方大企業の役割を重視する見方は、大企業以外の社会勢力の影響力の評価いかんで、マルクス主義に近似的である場合と自由主義に近似的である場合に分かれる。大企業以外の勢力の影響力を低く見る見方はマルクス主義に近く、逆にそれを高く評価する見方は自由主義に近づく。

政党を重視する見解は、右で述べた日本における政党の二重機能のうちどちらを重視するかで、国家主義・マルクス主義に近づくか、自由主義に近づくかが決まる。社会の利益・意見の代弁者としての役割を重視すれば、企業を含むさまざまな社会勢力が国家の政策を支配するという自由主義的な見方に結びつくし、国家官僚機構に対する統括者としての役割を重視すれば、国家主義ないしマルクス主義に近づく。内閣を構成する自由民主党有力者がもっぱら専門家としての官僚の意見に耳を傾けて政策決定にあたると見れば、それは国家主義になるし、財界の意向を最大限取り入れてその実行を官僚にさせていると考えるならば、それはマルクス主義的な見方になる（表４－１参照）。

もちろん社会の利益・意見の代弁者としての政党の役割を重視する場合でも、社会勢力の中で特に大企業の影響力が強いと考えれば、マルクス主義的な見解になるが、日本政治研究においては、大企業以外の企業や利益集団が、通常自民党の一般国会議員、特に族議員と呼ばれる人々や、野党の一部に働きかけるのに対して、財界に代表される大企業は大臣や自民党上層部に直接接近するルートを保証されていると考えるのが普通である。この見解は後に触れるエリート論者〔田口富久治一九六九、一四三―四四頁〕だけでなく、多元論者によっても支持されている。例えば大嶽秀夫〔一九七九、九六頁〕は、財界が経済全体に関わる政策領域（イシュー）について、政府・自民党首脳との個人的つきあいを通して影響力を行使するのに対して、業界（彼の場合具体的には繊維業界）は具体的な生産・金融問題について、関係官庁や自民党部会に働きかけるとする。

2　政治的影響力の集中度

既に右の議論の中で触れたように、日本政治研究における第二の争点は、社会勢力の政治的影響力がどの程度集中しているかという問題である。日本における社会勢力としては、既に述べた企業や利益集団以外に、労働組合、市民運動、やや特殊なものとしてマスコミなどがあげられるが、ここでの主な論争点は、こういった社会勢力のなかで特に大企業に大きな影響力の集中が認められるかどうかという点である。

社会勢力のなかでは大企業に影響力が集中しているとする見解は、「エリート論」の名で呼ばれてきたものである。この用語は、福井治弘［Fukui 1977］が日本の政策決定過程の特徴づけに関する二つの典型的な見解として、「多元論」との対比で使い始めたものであるが、必ずしもマルクス主義とは一致しない。エリート論は「三位一体論」と呼ばれることからもわかるように、大企業が、国家官僚機構および自民党と一体となって日本を支配するとする見方である。代表的なエリート論者の一人としてしばしば引用される石田雄［一九六一、七四、七六―七八、八二―八三頁］によれば、中小企業や農民のように経済的に弱い勢力は、官僚機構に依存したり自民党に系列化される度合いが強いという。それに比べて財界は、直接自民党首脳に影響力を及ぼすことができる「強い」圧力団体である。

ただし三位一体論は、三者の中で自民党の役割は比較的小さいと考える。この議論は、それが一九五〇年代後半から六〇年代初めにかけて出されたものであることを反映して、まだ結成後日の浅い戦後日本の政党は組織として弱体であるという見解を前提としていた。実際それぞれ複数の党派の合同によって自由民主党と日本社会党が結成されたのは一九五五年のことである。したがって自民党の中で政策形成にとって重要な役割を果すのは、内閣を構成する、あるいはそれに近い上層部の有力者だけであり、一般議員は経済的に劣位にある圧力団体による官僚機構や自民党上層部への陳情の取次ぎ役にすぎないと見られていた。

自民党がそのようなものであったとするなら、自民党は上層部有力者が特に強い独自の利益・意見をもっているのでない限り、国家官僚機構や大企業と並ぶ独立した行為者として扱われる意味が薄れる。

結局それは、官僚機構の判断に従うか、主に大企業の利益を代弁するかのいずれかになってしまうからである。

現実に三位一体論者の中には、自民党が政策形成の中心的推進者だと主張する論者はいない。しかし官僚機構と大企業のどちらに優位を認めるかという点で、三位一体論者の中に力点の置き方に若干の相違がある。辻清明［一九六九、二七〇―八一頁］は、⑴戦後アメリカ占領軍が日本に間接統治を敷いたために官僚機構だけがほとんど無傷で残った、⑵国民意識の中に、官僚機構は不偏不党だという明治期以来の信仰が残っていた、⑶政党組織が未発達だった、という三つの理由で、国家官僚機構の優位が確立されたと見る。

それに対して田口富久治［一九六九、一四一頁］は、「保守党、とくにその首脳部は、高級官僚をその統制下におくことによって、ぼう大な国家機構と国家行・財政を、基本的には、全体としてのあるいは個別的な独占資本のために運用する」という指摘に表れているように、国家官僚機構よりも大企業に優位性を認める立場をとった。また渡辺治［一九九一、二一〇、二一九頁］は、日本の「六〜七〇年代型国家」の二重の脆弱性として、アメリカ合衆国への従属と大企業に対する自律性の下降をあげ、後者について「国家が企業に全面的に摑まれる事態」になったと主張している。

以上のように、社会勢力の中で大企業に影響力が集中しているとするエリート論は、官僚機構に政策形成の推進役を見る見解と、大企業自身の役割を重視する見解に分かれる（表4－2参照）。

三位一体論ないしエリート論に対して、多元論は社会勢力の政治的影響力は、大企業に集中せず、よ

表4-2　日本の政策形成過程をめぐる諸見解の典型例

大企業への影響力の集中度／政策形成の中心となる行為者	高い	中間	低い
国家官僚機構	辻清明	T.J.ペンペル／恒川恵市	猪口孝
政党（自民党）			村松岐夫／E.クラウス
大企業	田口富久治 渡辺治		小宮隆太郎他 R.サミュエルス K.カルダー

り広い範囲に分散しているとする見方で、日本政治研究者の間では七〇年代の末以降有力になった。ただし多元論者の中でも、政策形成や経済発展において誰が中心的推進役になったかについて、重点の置き方に若干の違いが認められる。

例えば猪口孝［一九八三、一一一八、一三九頁］は、日本の政治体制は、官僚主導でありながら、社会的利益を広く官僚機構の内部で代表させようとするという意味で「官僚的大衆包括型多元主義」だと主張する。すなわち日本では明治期以来政策形成の主導権をとってきたのは国家官僚であったが、明治の指導者達が自己の社会的出自の低さからくる正統性の欠如に悩み、天皇の前にすべての臣民を平等に置いて以来、日本の国家官僚は「公平無私」の官僚制を前面に立て、かつ自らの内に社会的利益を代表させることによってしか、社会の支持を調達しえなかったと言うのである。この「大衆包括」は、一九世紀地主層・旧武士層の抱き込みから始まって、一九七〇年代の福祉政策・環境政策を通しての「支持なし層」抱き込みまで続く日本政治の一大特徴をなす。ただし政策形成のイニシアティブはあくまでも国家官僚機構にあり、かつ官僚機構の管轄範囲ごとに、関与しうる社会勢力が長期間固定化されているという意味で、流動性の高い通常の多元主義よりは、はるかに限定された多元主義だという。

基本的な政策形成が官僚機構の内部でなされることから、日本の政党は選挙対策のために経済政策を左右することが困難であり、したがって自民党は選挙のために経済政策をいじるのではなく、経済状態の良い時期に選挙を設定する「政治的波乗り」行動をとりがちだという〔前掲書、一二九―三〇頁〕。ただし猪口は、一九七〇年代以降「族議員」現象に象徴される政党の自律化が起こり、民間企業の成長と相まって影響力の多元化をもたらしていると考える。それは一つには経済成長率が大幅に鈍化して緊縮財政をとらざるを得なくなり、官僚機構内部の利害対立を大きくしたこと、さらに官庁間の棲み分けが困難な複合的な政策領域が増大して、官僚の縄張り争いを激化させたことなどの事情から、官僚機構内部での自己調整がむずかしくなり、自民党による調整にゲタをあずけることが多くなったからである〔猪口・岩井一九八七、二一頁〕。ただ猪口は、族議員同士の調整が必ずしもうまくいくとは限らないことを認めているし、低成長と国際化の中で不確定性が増すにつれ、国家官僚機構が情報管理と国益（法と秩序の維持、効率性、安全保障）をテコに自己再強化をはかっているとも見ている。すなわち猪口によれば、トレンドとして政党優位の方向に向いているとはいえ、政党優位が完全に確立されたというには時期尚早である〔前掲書、三〇、二八〇頁〕。

それに対して村松岐夫とエリス・クラウス〔Muramatsu & Krauss 1987, pp. 537–43〕は、政党が政策形成過程において果す役割は、日本において通常言われるよりずっと大きいと主張した。もちろん政策形成の中心が議会委員会であるアメリカ合衆国と比べて、日本では最終的な立法化以前には官庁が中心的な場になるという意味で、国家官僚機構の役割は大きいし、政策領域ごとに特定の官庁と政党と利益集団が固定的な「下部政府（subgovernments）」を形成しているという点で、日本の多元主義は「定型化」されている。しかし戦後日本の「保守本流」は、野党や反体制派との決定的対立を避けて政治的安定を確保するために、伝統的価値へのアピールの代りに民主主義と経済的向上を正統性の根拠としたことから、農民からはじまって新中間大衆にいたるまで、さまざまな利益集団や社会勢力の要求を受け入れざるを得なくなった。特に、既存の利益集団が官僚機構と直接接触することが多いのに対して、新しい社会的利益は政党を通して政策立案を求める傾向が強い［*ibid.*, pp. 520–34, p. 539］。

なお村松は高級官僚、国会議員、および利益集団指導者との面接調査を元にした著書の中でも、高級官僚自身が政党や国会の役割を高く評価している点［村松一九八一、二七、一八二頁］、また社会的次元の大企業優位の構造が、野党も含めた政党の再分配機能によって補正されてきた点を指摘し、「政党システムに媒介されて日本の多元主義は本物になった」と結論づけている［村松・伊藤・辻中一九八六、二七七頁］。

以上のような見解に対して、政策形成過程や経済発展において民間企業のイニシアティブが果した役割を強調する見方が、近年経済学者や一部の政治学者の間に出ている。例えば、通産省を中心とする国家官僚機構が日本の経済発展に果した役割を検討した小宮隆太郎は、産業政策の効果に強い疑問を投げかける。カメラ、時計、磁気テープ、電卓、ＮＣ工作機械、セラミクスなど輸出産業の多くは、さして国家の保護育成策に依存せずに発展したし、過当競争を抑えることで企業の体質を強化しようとした通産省の産業再編成の試みも、石油化学、自動車などの重要産業において失敗した。にもかかわらず日本の企業が世界市場で成功したのは、市場競争に勝ち抜いてきた企業自身の活力による［小宮隆太郎他一九八四、八―九、一五頁］。小宮らが編集した著書に寄稿した経済学者達の間には、産業政策の効果について若干の意見の相違が見られるが、「産業政策は……市場機構を基礎としたダイナミックな経済発展を側面から支援してきただけ」という植草益の結論［前掲書、一〇一頁］についてはほぼ合意があるように思われる。この見解はヒュー・パトリックらの結論とも一致する［Patrick & Rosovsky 1976, 邦訳四五―四六頁］。

日本の経済発展に果した国家官僚機構の役割をほとんど評価しない点で、デイヴィッド・フリードマンの意見は小宮らの見解に一致する。日本の工作機械産業の発展を扱ったフリードマンは、通産省の政策はほとんどが業界の提供したデータと計画を元に立案されたものである上に、業界の再編・合併をめざした通産省独自の政策は、業界の抵抗でことごとく失敗したと見る。フリードマンによれば、むしろ統合と大規模化をめざす通産省の政策が失敗したことが、日本の工作機械産業の成功を可能にしたと言う。なぜならば日本の工作機械産業が本国市場でも海外市場でも成功をおさめるようになるのは、アメリカ合衆国でと同じような標準製品大量生産方式によってではなく、中小企業を主な担い手とする多品種少量生産（フレキシブル・マニュファクチャリング）方式によるからである［Friedman 1988, p. 2, p. 20, p. 72］。そして小型数値制御機械を使った諸産業での多品種少量生産が、市場の多様な需要への迅速な対応を可能にし、それが日本企業の競争力の基礎になったと言うのである。

フリードマンは日本の経済的成功が、誰の意図によるものでもないことを強調するが、結局の所、官僚機構による財政的・金融的補助を自らのイニシアティブで利用しながら、数値制御機械とそれによる多品種少量生産方式の開発を成し遂げた企業、特に中小企業に日本の経済的成功の功績が帰せられることになる。この点で、大企業の役割を重視し、中小企業をそれに従属するものとして扱う一般的見解とは異なる結論に達している。

同じＭＩＴ出身のリチャード・サミュエルスも、日本のエネルギー産業を研究した結果、国家官僚機構に対して企業のもつ影響力がきわめて大きいという結論に達した。サミュエルスによれば、日本においても企業と国家の力関係は固定化されておらず、常に両者の間で交渉が繰り返され、相互同意（reciprocal consent）によって国家介入の性格と程度が決められるという点で、欧米諸国と何らかかわりはない。ここでサミュエルスは、一見国家を企業と同等の力をもって交渉する主体として扱っているかのように見えるが、実際には彼の著書の大半は、いかに日本の国家（戦前の商工省・軍部、戦後の通産省）の政策が民間企業の抵抗でねじ曲げられてきたかの叙述にあてられている。本来の国家目標（例えば石油産業における民族系メジャーの育成）は全く達成されないまま、国家は破産しかけた企業を国庫金で救済したり、企業の借入金の肩代りをしたり、価格差補塡をしたり、カルテルを合法化したり、資源開発に低利資金を提供したりするだけに利用されてきたと言うのである。サミュエルス自身の言葉によれば、「国家の目標が民間企業を通して実現されるというよりも、民間企業の目標が国家を通して実現されることのほうがずっと多い」[Samuels 1987, p. 261]。

産業への長期投資資金の流れを研究したケント・カルダーも、内部の分裂や外部からの政治的圧力にさらされた官僚機構は現状維持的になりがちであり、家電・自動車からサービス業まで、その時々の先端産業にいち早く長期投資資金を流す働きをしたのは、企業系列集団や長期信用銀行のような民間組織であったと結論づけた。カルダーによれば、日本の資本主義は「企業主導の戦略的資本主義」である[Calder 1993, pp. 247–51]。

以上のような見解は国家に対する企業の優位を認める点でマルクス主義に近いように見えるが、フリードマンは大企業だけでなく、中小企業や労働者の影響力を高く評価する点で、またサミュエルスは、全く論証はしていないものの、労働者も企業を通して支配同盟に参画していると主張する [Samuels, p. 283] 点で、社会における影響力の分布を広くとらえる多元論の系譜に属する。カルダーも別の著作 [Calder 1988] の中で、農民・中小企業から一般消費者にいたるまで、広い範囲の社会勢力に利益分配政治における影響力を認めている。

政策形成の中心的推進役としては国家官僚機構を重視し、日本社会における政治的影響力の分配に関してはエリート論と多元論の中間に位置するのが、ペンペルと筆者（恒川）である。我々は、明治期以来日本の国家官僚機構が、先進国への産業化での追いつきと対外脆弱性の克服を独自の目標として掲げ、産業別・分野別に組織化された社会勢力との（国会を通さない）直接的折衝によって、主要な政策形成をおこなってきたと考えた。このパターンは、西欧で「コーポラティズム（集団協調主義）」と呼ばれるものに近い。特に国内市場・世界市場での力の弱い社会勢力（農民、中小企業）の中や、市場力の弱まった時期（例えば戦後から一九五〇年代まで）に、コーポラティズムへの衝動が国家と社会勢力の双方で強まること、従って日本の大企業が経済力を強めた七〇年代以降は、大企業の国家からの自立化の傾向が強まったことを指摘した。

ここで我々は大企業ばかりでなく、農民や中小企業にも国政レベルでの政治的影響力を認める点で、エリート論者よりも多元主義的であるが、ヨーロッパではコーポラティズムの柱の一つになっている組織労働者の日本での影響力をきわめて低く評価する点で、日本の多元主義は不完全で限定されているという見方に立っている。すなわち明治期以来日本の国家を支配してきた保守勢力は、労働組合を意識的に国政の場から遠ざけてきたこと、日本の労働組織は企業別組合の寄せ集めであって、個別組合員の忠誠が組合の中央組織よりも企業に向いがちであること、また労働組合が支持する野党が一度も単独で政権をとったことがないこと、などの事情が重なった結果、労働組合の政治的影響力は低いままに維持されてきたと考えるのである［Pempel & Tsunekawa 1979］。

労働組合についてのこのような見方に対して、例えばより多元的な見方に立つ村松も一九八一年の著書で、高級官僚と政治家の双方が労働組合の影響力を低く見ていることを認め、また利益集団間に影響力の差があるとも書いている［村松一九八一、二九、三一九頁］。ところが一九八六年に他の二人とともに著した本の中では、国家官僚機構や政権党との安定的関係という点で、労働団体と他の経済団体との間に大きな差があることを認める一方で、影響力の自己認知の点では団体間に差がない、官僚機構は労働団体とも頻繁に接触している、また「大企業労使連合」が社会的に優位な存在として登場するに至っている等の叙述［村松・伊藤・辻中一九八六、一六九、二一〇、二四一、二六八頁］をしていることから明らかなように、ペンペル・恒川よりも組織労働者の政治的影響力を高く評価している。

また第五節で詳述するように、近年多元論者の中に、組織労働者が七〇年代半ば以降、政策形成の中心舞台に躍り出たと主張する者が出ている。

二　国家主義的解釈と自由主義的解釈の問題点

1　国家主義的解釈の問題点

政策形成の中心的な推進役として国家官僚機構を重視する見方は、日本の政治体制の国家主義的な解釈としてまとめることができる。前節で述べたように、官僚機構に対する影響力が大企業に集中しているか、より広い社会勢力間に分散しているかで、論者に大きな意見の相違があるとはいえ（表4－2参照）、国家官僚機構が独自の目標を持ち、社会勢力を誘導しながら政策形成を進めると見る点で、彼らの見解は一致する。

日本における企業と国家との関係を国家主義的に解釈したものとして、多元論者によってしばしば引き合いに出され、激しい批判を受けているものとして、アメリカ商務省の研究［Kaplan 1972］とチャーマーズ・ジョンソンのそれ［Johnson 1982］をあげることができる。その批判の内容は、日本を官僚機構を頂点とした一枚岩の国として扱い、官僚機構の内部にすら確執があることを無視している、官僚が作る政策の内容だけに注意を払い、その実際の効果（がない点）を調べようとしない、「天下り」が自動的に官僚の優位を保証するものだと考え、逆に企業による官僚への影響力行使の手段となる可能性を考えない、戦前と戦後の連続性ばかりを強調して、戦後は政党や議会の役割が増大したことを考慮しない、などというものである〔村松一九八五、二〇七頁、Friedman, p. 4〕。

しかしアメリカ商務省の研究もジョンソンの研究も、一般に言われているほど日本の社会を一枚岩として扱っているわけでも、官僚の作った政策を万能のものと見ているわけでもない。例えば「日本株式会社」という言葉を流布させたことで知られるアメリカ商務省の研究は、官僚機構内部や官僚と企業の間にしばしば対立が生じること、自動車メーカー・自動車部品メーカーの合併・系列化の失敗のように、官僚のめざした政策の挫折例が少なくないこと、一九六三年の特定産業振興臨時措置法廃案の際に見られたように、政党指導者が官僚の提案を拒否したり、独自の立法をめざしたりする場合もあることを認めている〔Kaplan, pp. 32, 45, 80-81, 88-89〕。ジョンソンも、経済自由化にあたって企業体質を強化する目的で通産省が推進しようとした企業合併が多くの場合成功しなかったこと、戦後一般的になった「市場調和的」な国家介入ないし官民協調方式そのものが、官僚と企業の争いの中から現れてきたこと、その市場調和的介入ですら容易でなかったことを認めている〔Johnson 邦訳三〇六、三五一、三五八―五九頁〕。

以上のような官僚の力の限界にもかかわらず、日本の経済運営にあたって国家官僚機構が中心的な役割を果したというアメリカ商務省やジョンソンの結論が変るわけではない。商務省によれば、国家官僚と企業は合意した目標に向って動く共同経営者の関係にあるが、経済優先順位を決めて、指示的計画に従って企業を誘導するのは、官僚機構の仕事である［Kaplan, pp. 31-35］。ジョンソンの場合、国家官僚の優位についての立場はもっとはっきりしている。彼の言葉に従えば、「圧力団体や政治家に影響されはするが、日本のエリート官僚は、ほとんどの主要な意志決定をおこない、ほとんどすべての法案を立案し、国家予算を管理するとともに、体制の中におけるすべての主要な政策革新の源泉ともなっている」［Johnson 邦訳二四頁］。八〇年代半ばになってテレコミュニケーション部門での産業政策を検討したジョンソンは、七〇年代以降政策形成過程への自民党の介入が強まった結果、政策決定が以前より煩雑で非効率なものになったと見るが、それでも彼は、日本の政治体制は官僚のイニシアティブと官僚による専門知識の独占によって特徴づけられたままだと主張している［Johnson 1989, pp. 205-06］。

しかし国家官僚機構の優位を唱える国家主義的解釈には重大な欠陥がある。すなわち国家主義においては、個々の社会勢力の目標からは自立した、国家官僚機構独自の目標の存在が第一の要件となるが、アメリカ商務省もジョンソンも、その他の国家主義的見解も、日本の国家目標について十分な議論を展開していないのである。

通常言われるのは、一九世紀に産業化に出遅れ、第二次大戦による国土疲弊で再び出遅れた日本が、欧米先進国に産業面で「追いつく」ことが、日本の官僚機構をはじめ企業・国民一般が合意した目標であったということである［村上泰亮一九八四、九八―九九、一二三頁］。アメリカ商務省の研究は、「日本という国家のために……最大限の利潤を生み出すように」産業構造を高度化し、国際競争力を育成することを日本の国家目標としてあげている［Kaplan, pp. 30-31］。この点はジョンソンによっても支持されている。彼はアメリカの国家が「規制志向」であるのに対して、日本の国家は「発展志向」であるという。すなわちアメリカの国家は経済競争の一般的ルールを施行するだけなのに対して、日本の国家は産業化の推進を目的として、国内産業構造そのものを改変するために行動する。根本的動機は産業文明へ参加することによって世界の中で十分な地位を獲得したいという欲求であるが、資源が乏しく国際収支上の困難に見舞われやすい日本の場合、国際競争力を高める産業構造の形成が最優先されたと言う［Johnson 邦訳二二一―二四、二九一―三〇頁］。

アメリカ商務省の研究とジョンソンのそれは、日本の国家目標が産業構造の高度化によって先進工業国に追いつくことだったと見る点で一致しているが、実際に国家官僚機構の動きを追ってみると、重要な目標がこれ一つだけであったとはとうてい考えられない。かつてペンペルと筆者は、国際政治や世界経済の中での日本の脆弱性への対応が国家の重要な任務であったことを指摘した［Pempel & Tsunekawa, pp. 263, 266–68, 277］が、特に戦後は経済面での対外依存を極力減らすことが、日本の国家官僚の重大な関心事の一つであったように思われる。この目標を達成するために、国家官僚は長い間外国企業の進出を抑え、民族企業による重要資源や生産技術への接近を確保しようとし、また基礎食料の自給にこだわり続けたのである。

三番目の国家目標として、筆者は健全財政主義をあげたい。健全財政主義が戦争直後の混乱とインフレの経験を通じて、確固とした目標として確立されたのはドッジライン期であったと考えられる。この目標は財政赤字が拡大した六〇年代半ばから七〇年代にかけて放棄されたかに見えたが、後述するように、大蔵省は政治的圧力の下で財政赤字が急速に膨脹しつつあった七〇年代半ばに、既に健全な財政にもどる方策について省内での研究を開始していた。他省も、自省の予算削減には反対するが、国家財政の健全化という目標自体に反対であったようには見えない。財政健全化をめざす動きは、八〇年代に入って予算のゼロ・シーリング、マイナス・シーリング、あるいは消費税導入の形で政策化されることになる。

産業構造の高度化、対外経済依存の引下げ、健全財政主義とならんで、八〇年代になって、日本の国家目標として顕著になってきたのが、一般に「国際貢献」と呼ばれているものである。これは言うまでもなく日本の経済力の向上とアメリカ合衆国の力の衰えを背景とした目標であり、経済援助の増額、自由主義経済秩序維持のための行動、国連平和維持活動への人員派遣等さまざまな形をとっている。それ以外に、ここでは防衛負担の増額も広い意味での「国際貢献」に含めて考える。

最後の点を除いて、戦後日本の国家目標はほとんど経済事項に限られているところに特徴がある。通常国家主義の考える国家目標とは、国内治安の維持と対外防衛であり、明治初期の日本の場合には、敵対的国際国家システムの中で国内を統一し、欧米列強から身を守るための手段として、富国強兵が唱えられたという意味で、典型的に国家主義的だったと言える。それに加えて、工業化タイミングの遅れに由来する国家の経済的機能の拡大と旧体制から受け継いだ天皇制と官僚主義の伝統が、明治期日本の国家主義の基礎となった。

戦後の日本では天皇制の効力は失われたが、官僚主義の伝統は残ったし、再び工業化の遅れを取り戻すことが国家目標となりえた。しかし村松とクラウスが論じたように、戦後日本では軍事力・警察力に頼って秩序維持をはかることが、イデオロギー的、制度的に困難になったために、経済的に人々を満足させる以外に方法がなかった。また対外防衛についても、国の内外の世論によって独自の軍事オプションを制約されたために、アメリカ合衆国への依存が常態化した。

治安や防衛という誰でも一致しやすい目標から切り離された場合、経済力の充実という目標は、経済運営についての複数の目標に分裂する可能性がある。その場合には、アメリカ商務省の研究やジョンソンの著作が前提としたのとは異なり、日本の官僚が必ずしも単一の方向に向って行動するとは限らなくなる。目標が多ければ多いほど、目標間に矛盾が生じる可能性が増えるからである。例えば産業構造の高度化のために国家資金を使おうとする通産省の動きは、健全財政主義を唱える大蔵省の方針によって牽制されてきたし、食料の対外依存を増やすべきではないとする農林水産省の見解は、(自由貿易体制維持という) 国際貢献のためにコメの輸入自由化を急ぐべきだと考える外務省や通産省の意向と衝突した。目標の間に矛盾が生じれば、官僚による政策形成と実施に支障が生じるのは当然である。ジョンソンらは日本の国家目標を単一と考えることによって、この点を見逃した。

2　自由主義的解釈の問題点

以上のような国家主義的解釈の弱点とくらべて、近年有力となった自由主義的な解釈（多元論）にも問題点が多い。日本の政治体制が多元主義的だと主張する論者達も、ほとんどは日本の多元主義がアメリカ型多元主義モデルとはかなり異なった特徴を持っていることを認める。それを彼らは「多元主義」という言葉にさまざまな形容語をつけることで表してきた。村松とクラウスが「定型化された多元主義」について語ったことは前節で述べたが、佐藤誠三郎と松崎哲久は「自民＝官庁混合体によって枠づけられた仕切られた多元主義」といういささか長めの特徴づけをおこなった。しかし佐藤と松崎の言わんとするところは、村松・クラウスよりも官僚の役割を高めに評価する以外は、後者とほぼ同じである。つまりアメリカ型多元主義モデルが競争的・流動的な集団間関係と議会を中心とした政策形成を内容としているのに対して、日本では官庁の役割がアメリカより大きく、しかも各省庁部局と自民党の政務調査会部会・族議員と関連利益集団が、密接で長期安定的な共生関係を築き上げたので、政策形成に関与する集団間の関係がアメリカよりずっと非競争的で協調的だと言うのである［佐藤誠三郎・松崎哲久一九八六、一六五、一七〇―七一頁］。

しかしこのような日本型多元主義の見方は、二つの重大な問題点を含んでいる。第一に、もしも官僚機構が社会的利益・意見の単なる実現者、政党と議会が決めた政策の単なる実行者ではないことを認めるのならば、官僚機構が持つ独自の目標とは何なのか、また官僚機構と政党と利益集団は、政策形成にそれぞれどのような影響を及ぼすのかを、明確に論じるべきである。ところが多くの多元論では、七〇年代まで有力だった国家主義的解釈への反論の形で議論が展開されるので、いかに政党や利益集団の役割が大きかったかという点に焦点があてられ、官僚の役割についての具体的な検討が軽視されている。官僚機構のもつ目標と役割についての十分な分析がないという点で、多元論は国家主義論と共通している。

官僚機構・政党・利益集団それぞれの役割と力関係を理解する一つの方法は、時期によってそれらが変化すると見ることである。実際日本型多元主義を唱える人々も、政党や利益集団の役割が戦後初期から大きかったと主張しているわけではなく、多くは七〇年代の前半に分水嶺があったと考える。つまりこの時期を境にして、官僚が政策形成の中心となる体制から、政党や利益集団が官僚以上にあるいは官僚と並んで政策に影響を及ぼす体制に変化したと言うのである。そういった変化をもたらした要因としては、経済自由化による官僚の政策手段（為替管理・技術輸入規制など）の減少、自民党長期政権下で専門知識を蓄積した自民党代議士の増加、国会・地方自治体における野党勢力拡大による政党政治の重要性の上昇などがあげられる［Allison 1993, pp. 28–31; Pempel 1987, p. 279］。

時期によって官僚の影響力に変化があると見る点では、国家主義的解釈に近い著者達も一致している。前節で述べたように、猪口は官僚機構の力と比べて近年自民党族議員の力が伸びてきていると見ているし、「労働なきコーポラティズム」論のペンペル・恒川も、七〇年代以降官僚が大企業の行動を左右する力が減ったと考えた。

一九七〇年代を境として、政策形成における官僚機構の比重が軽くなったという点については、以上のように広い意見の一致があるように思われる。しかしこの議論は大ざっぱな趨勢を指摘しているだけで、より具体的な官僚の役割についての分析には役立たない。例えば七〇年代以降重要政策のすべてにおいて官僚の力は落ちたと言ってよいのかという問題、逆に七〇年代以前官僚はすべての重要政策において万能だったのかという問題が残る。前節で触れたように、サミュエルス、フリードマンら企業の役割を重視する論者達は、七〇年代以前はおろか、戦前ですら日本の官僚は無力に近かったと主張しているのである。

そこで、時期別アプローチに代って政策領域アプローチが登場する。これは政策領域によって関与する組織・個人とその内的な力関係が異なるとする見方で、日本政治については福井治弘の仕事〔一九七四〕を嚆矢とする。福井は政策決定過程を「非常時型」と「日常型」に分け、前者は日米安保条約締結・改訂、日ソ国交回復、沖縄返還交渉など、主に日本が重大な外交問題に直面した時に現出するパターンで、政党、圧力団体、マスコミ、市民グループなどが広く一般的な論争に巻き込まれる一方、直接政策決定に参与するのは首相と少数の政治家・高級官僚らに限られると言う。それに対して「日常型」の場合は、官僚機構が中心となり、標準化された事務処理手続きに従って漸進的・稟議制的な政策決定がなされる。

村松岐夫〔一九八一、二九〇—九五頁〕も福井の仕事を念頭に置きながら、日本の政治過程を「イデオロギー過程」と「政策過程」に分ける。ただ村松の「イデオロギー過程」が福井の「非常時型」にほぼ対応するのに対して、「政策過程」は福井の「日常型」よりずっと多元主義的な状況をイメージしている。すなわち「政策過程」とは、既存の政治体制の枠内で価値の配分をおこなおうとするもので、自民党、官僚、利益集団が広く情報交換、説得、交渉、取引に従事する過程としてとらえられる。そこでは特に官僚機構が中心的役割を果すものとはとらえられていない。

いずれにしても前述した日本の国家官僚機構の経済主義的な目標は、「非常時型」よりは「日常型」に、「イデオロギー過程」よりは「政策過程」にもっぱら関わる目標である。したがって「日常型」や「政策過程」をさらに分類することなしには、官僚機構、自民党、利益集団の三者関係を具体的に分析することができない。

この三者関係のあり方を政策領域の分類に直接使ったものとして画期的な仕事は、ダニエル・オキモトによってなされた。オキモトは日本の政策過程を「利益誘導（Clientelistic Linkages）型」「相互もたれ合い（Reciprocal Patronage）型」「一括支持（Generalized Support）型」「一般選挙民（Public Policy Feedback）型」の四つに分類した［Okimoto 1989, pp. 193-202］。

「利益誘導型」は、農民、漁民、中小企業、医者、特定郵便局長、退役軍人など古くからの保守支持基盤と保守党・官僚機構とのルーティン化された関係によって特徴づけられる政策過程をさす。そこでは（選挙の際の）票と引換えに自民党の族議員が担当官庁に働きかけて、社会集団に利益誘導をおこなう。ここでは利益集団と自民党の影響力がきわめて大きいと見られている。官僚機構として関与するのは主に農水省、中小企業庁、郵政省、厚生省である。

「相互もたれ合い型」政策過程は、自民党議員が政府調達・公共事業契約・補助金・緩い行政規制などの面で便宜をはかるのと引換えに、利益集団が主に金銭面で自民党議員を支援するというもので、「利益誘導型」ほど利益集団・自民党・官僚の関係がルーティン化してはいないものの、内実は「利益誘導型」に近い。関与する利益集団としては建設業、地方開発業、不動産業、運輸業、防衛産業、タバコ産業、電力業、電気通信業などの業界が、関与する官僚機構としては建設省、運輸省、厚生省、郵政省、資源エネルギー庁が主なものと考えられる。

「利益誘導型」「相互もたれ合い型」が選挙政治の必要から来る自民党の行政への介入を内容とするのに対して、「一括支持型」は、自民党の介入が軽微で、国家官僚機構と大企業（製造業、金融業）の関係を主としているところに特徴がある。ここでは大企業の自民党への献金は、安定したビジネス環境の維持を期待しておこなわれ、特定の政策要求と関連しておこなわれることは希である。したがってこの分野の主な担当官庁である通産省と大蔵省は、政治的干渉から自由に、自己の目標の実現に向けて合理的な行動をとることが可能となる。

最後に「一般選挙民型」政策過程は、事務職サラリーマン、主婦、都市の若者、自営業者など、利益集団に組織化されてはいないが、選挙の動向に重要な影響を及ぼすようになった浮動票層の支持を得るために、自民党が一般的景気動向、環境保護、社会福祉などの分野の公共政策を実施しようとするもので、恒常的に関与する利益集団や官僚機構を特定できないところに特徴がある。

オキモトの四分類の中で、国家官僚機構の基本的目標と一番関連が深いのは「一括支持型」であるが、この中で通産省と大企業の関係について、オキモトは関連する産業の製品サイクルに従って、通産省の関与の程度に差があると主張した。すなわちある産業が幼稚産業である間は、研究開発援助、需要振興、金融・財政援助などの形で官庁の援助が与えられるが、当該産業が成熟してくると通産省は手を引き、企業の自主活動に任せる。しかし産業が比較優位を失い、衰退段階に達すると、再び通産省の介入が強まるという。オキモトは政策（特に行政指導）の前提として、官庁と業界の間に事前の協議と合意があることを重視するが、古い産業の合理化・事業転換を含む産業構造の高度化を成功裡に進めてきた主な功績は、企業ではなく通産省に帰せられる［*ibid.*, pp. 50–51, 93–94, 106］。

オキモトの仕事は日本の政策過程を四つに分類することで、官僚機構・自民党・利益集団の関係の分析をやりやすくした点で高く評価できるが、逆にそのように分類することによって日本の政治体制の全体構造が見えにくくなったきらいがある。オキモトは「一括支持型」政策過程においては自民党の政治的介入が軽いために政策の合理性が保てたと主張するが、産業間の調整については十分な論証をおこなっていない。また「利益誘導型」「相互もたれ合い型」「一般選挙民型」の政策過程に見られる自民党の行政への介入が、なぜ「一括支持型」政策過程の結果おこるとされる産業構造の高度化を妨げることがなかったのかの説明がない。自民党の介入の結果、衰退産業や非製造業部門に対する国家援助が拡大すれば、マクロ経済の健全性を損なったり、先端産業の財政負担を増やしたりすることで、日本の経済発展を阻害する可能性が理論的には存在した。もしもそうならなかったのならば、それはなぜなのかを問うことこそが、日本の政治体制の本質を問うことにつながる。

この点は多元論の含む第二の問題点に関連している。日本的多元主義の考え方は、政策領域ごとに特定の官庁、自民党議員、利益集団の間に固定的で長期的な関係（村松・クラウスの「下部政府」）ができていることを認めるが、「下部政府」間の調整についての分析がない。佐藤と松崎も、官僚機構のセクショナリズムと自民党における政務調査会部会・族議員への権力の拡散のために、官僚機構と自民党の双方における総合調整能力は低いと見る。ただ佐藤らは自民党の有力議員と党税務調査会のような調査会には調整能力があると主張する〔佐藤・松崎、一五九—六一頁〕。しかし佐藤らも、非効率部門からの圧力にもかかわらず、日本経済が五〇年代から七〇年代初めにかけて高度成長を遂げることができたのはなぜなのか、七〇年代以降の低成長の時代に、日本が他の先進工業国に先駆けて景気回復に成功したのはなぜなのか、全時期を通して日本の政治体制が高い統治能力(ガバナビリティー)を発揮できたのはなぜなのか、といった基本的な問題との関連で自民党有力議員や調査会の調整能力を議論しているわけではない。

この点における多元論の弱さは、戦後日本における利益誘導政治の研究をしたケント・カルダーの仕事にも現れている。カルダーは、保守党の内外の危機が重なった時期に利益誘導が強まるとして、農業、地域行政、中小企業、社会福祉、土地利用という五つの政策領域について詳細な研究をし、政党政治が果した役割を強調した。そしてカルダーは、このような利益誘導による危機乗り切りと政治的安定の維持は、高借金・高リスクの経営を続ける大企業にとっても必要であったため、大企業も利益誘導のための出費を受け入れたという〔Calder 1988, pp. 39, 51, 443, 465-66〕。しかしカルダーの説明でも、カルダー自身「顕著なる浪費」と呼ぶ利益誘導が日本経済の健全さを損なわない範囲に収まった理由が明らかではない。

戦後日本で利益誘導政治が広くみられたにもかかわらず、マクロ経済の均衡をこわさず、産業構造の高度化を妨げることもなかったのはなぜかという問いに対しては、高度成長によって生じた富がそれを可能にしたという見解がある（例えば〔村上一九八四、六九—七〇頁〕および〔Calder 1988, pp. 52-53〕）。しかしこの見解は二つの問題を含んでいる。第一に、分配すべき富を生んだ一九五〇年代から六〇年代にかけての経済成長はそもそもいかにして可能になったかという点が明らかでない。第二に、この議論では六〇年代から七〇年代初めにかけての事態は一応説明できるものの、七〇年代後半以降八〇年代までの日本経済の成功を説明できない。

フリードマンのように通産省の政策の失敗こそが日本の経済的成功をもたらしたと考えれば、利益誘導政治と日本産業の成功との間の矛盾は回避できる。自民党政権や官僚がどのような政策をとろうと、結局は民間企業の活力が日本経済の成功の元だからである。しかしフリードマンの言うように産業政策には効力がなかったと仮定しても、金融・財政政策がマクロ経済や個々の産業分野に及ぼす影響まで無視することはできない。フリードマン自身、中小企業金融制度整備の重要性に触れている［Friedman, p. 161］。

以上の議論は、日本の政治体制の本質を理解するためには、個別の政策領域の検討にとどまらず、全体構造を見ることとの必要性を示している。先端産業に対する政策と衰退産業に対する政策の間の関連、製造業部門に対する政策と農業・小売業・建設業部門や一般消費者に対する政策の間の関連を見ていく必要がある。その際特に国家官僚機構のもつ基本的な目標（産業構造の高度化、対外経済依存の削減、健全財政主義、国際貢献）が、政党や社会集団とのかかわり合いの中で、どの程度実現されたかを検討することが、官僚機構・政党・社会集団間の関係、つまり日本の政治体制の特質を明らかにする上で役立つであろう。

3　全体構造の研究

全体構造の分析を意識的に試みたものとしては、樋渡展洋の業績［一九九一］をあげることができる。樋渡は産業の高度化の結果必然的におこる社会構造的対立軸として、先端産業と伝統産業（農業を含む）の対立、労働と資本の対立、産業化勢力と脱産業化勢力（新中間層）の対立の三つをあげ、この対立がどのような形で調整されるかによって、各国の政治体制の形態が特徴づけられると考えた。樋渡によれば、日本ではドッジライン以降五〇年代を通して、こういった対立が彼自身「組織された市場」と呼ぶ私的領域で調整される仕組みができあがった。

例えば製造業部門の先端産業と伝統産業（中小企業が多い）との間には系列化が進み、両者の利害関係が系列という「組織された市場」の中で調整されるようになった結果、伝統産業の政治的動員力は低下した。同じく労使間の関係も、企業別組合と春闘という「組織された市場」の中で解決されるようになり、公務員部門を除けば労使紛争が党派間闘争に反映されることが少なくなった。つまりここでは社会勢力間の対立が市場の内部で調整されると見られるために、官僚機構も政党も脇役しか与えられないことになる。かといって民間企業が自由市場のなかで発揮した活力を重視するわけでもない。あくまでも中心になるのは市場の構造そのもの、つまり「組織された市場」である。

樋渡の仕事は先端産業から中小企業、労働者、農民と広い範囲の社会勢力を政治体制の全体構造の中に位置づけようとした点で高く評価されうるが、問題点も多い。例えば、樋渡の言う「系列化」は下請関係が中心となっているが、これで同一業種内の調整は説明できても、異業種間の調整（例えば、一九五〇年代の石炭産業・繊維産業といった衰退産業への補助と電子電気産業・自動車産業といった先端産業への助成のバランスといった問題）を説明できない。樋渡は、機能的な業界分割と仕切られた業界内部での寡占的競争を、もう一つの「組織された市場」に見立てているが、仕切られた業界間の利害調整を誰がどうするのかについては触れていない。「仕切られた業界内での寡占的競争」によって説明できるのは、設備投資の大きさや新規参入についての一業界内部での利害調整であって、業界間のそれではない。

さらに樋渡は、大企業と下請関係に入る企業を中小企業の代表のように書いているが、実際には個人商店のような零細企業も含めて、下請に入らない中小企業も多数存在する。百貨店・スーパーと個人商店のような、下請関係にない企業間関係は樋渡の「組織された市場」によっては説明できない。

最後に、都市の利益（商工業企業と労働者）と農村の利益の調整も「組織された市場」では理解しにくい。樋渡は農協そのものを農業部門における「組織された市場」の一部と見ているようだが、樋渡が農協の活動によって説明したのは、農業の近代化・構造改革を妨害することで、潜在的に生産性の高い農家と低い農家の間の利害不一致が拡大しないよう調整したということであって、都市と農村の利害調整ではない。都市と農村の間の利害調整は、むしろ米価の生産者価格と消費者価格を切り離すことで可能となった。つまり食糧庁が農民からは高値で米穀を購入し、消費市場には安値で放出することで、都市住民と農家双方の利益を満たしたのである。その結果生じる「逆ざや」は国庫金から、つまり広く納税者の懐から補填された。

生産者米価と消費者米価の切り離しが都市と農村の利益調整にとって枢要な条件であったことは樋渡も認めている［前掲書、一七〇頁］。しかし、二つの米価の切り離しは、諸政党の支持を背景とした食糧庁という国家官僚機構の継続的な介入によって維持されたのであり、「組織された市場」という私的領域での利害調整としてとらえることはできない。

このように見てくると、樋渡の言う「組織された市場」で説明できるのは、労使間の利害調整と、系列関係にある大企業と一部の中小企業の間の利害調整だけで、多くの分野が未説明のまま残されてしまう。私的領域にすべてをまかせて、国家官僚機構と政党を脇役に置く方法には無理がある。

さらに大企業が「仕切られた業界内での寡占的競争」に従事するようになるにあたって、通産省の果した役割——業界を原局単位で仕切り、外資系企業排除を含め、個々の業界への参入と新規設備投資を管理しようとした通産省の行動——を無視することはできない［Murakami 1987, pp. 49–50］。七〇年代以降通産省による参入・投資規制は目立たなくなったが、金融業界を機能別に仕切る大蔵省の権限はごく最近まで維持されていた。また企業別組合が根付くにあたっても、警察という別の国家官僚機構が、労使協調を唱える「第二組合」を側面援助している。これらはすべて樋渡も認めている点である。「組織された市場」の形成と維持にあたって国家官僚機構の役割が無視できないとすれば、「組織された市場」を純粋に「私的領域」として扱うことには無理がある。

それでは日本の政治体制の全体構造をいかにして把握するのか。

一つの方法は、産業構造の転換・高度化にあたって大企業同士、大企業と中小企業、商工業企業と農家の間の利害調整がいかにしてなされてきたかを見ることである。ここで言う産業構造の転換・高度化とは、第一に経済発展とともに競争力を失った産業種から先端産業へ生産要素が移転することを意味するが、それだけでなく、商工業内の成熟・衰退部門と農業における規模の拡大、多角化、転業など、競争力回復の努力をも指す。ただ衰退産業の復興は順調にいかないことも多く、その場合官僚機構による補助は生産性向上を伴わない所得保障になり、国際価格より高い原材料・製品を買わされたり、税金を提供したりする先端産業や一般国民との間に利害の調整が必要となる。

産業構造の転換・高度化を見る方法の利点は、その過程で、以上のようにさまざまな社会勢力間の関係を検討できるだけでなく、産業構造の高度化が日本の国家官僚機構の基本的目標の一つであって、官僚機構の役割を見る上で枢要な分野だということである。また国家官僚機構の目標のうち「対外経済依存の軽減」と「国際貢献」の一部（自由主義世界経済を維持・拡大するための経済自由化）も、産業構造転換と深く関連する課題である。

全体構造を見る第二の方法は、財政政策を検討することである。上で述べた衰退部門への所得保障は国庫金によってなされることが多いので、衰退部門と先端部門の利害調整が誰によっていかになされるかを見るためには、財政政策の推移を検討しなければならないのである。言うまでもなく国家官僚機構のもう一つの目標と考えられる健全財政主義が、この利害調整の過程でどの程度貫徹されたのかを見ることは、日本の政治体制における官僚機構の相対的比重を計る上で、やはり避けては通れない問題である。財政政策はまた対外経済援助や防衛費の増額という「国際貢献」目標にも関連している。

三　産業構造の高度化

1　官僚統制から民間資金動員へ

産業構造の高度化に果した官僚機構の役割について、研究者の間に大きな意見の食い違いがあることは、既に触れた通りである。チャーマーズ・ジョンソンが通産省の役割を高く評価するのに対して、小宮隆太郎他の経済学者グループやフリードマン、カルダーらは政府よりも民間企業や民間組織の力を重視する。

ただし戦後ドッジラインまでの時期については、政府が経済運営に決定的な役割を果したという点で広い合意がある。戦争による生産設備の破壊・老朽化に加えて、財閥解体や過度経済力集中排除法、さらに軍需補償打切り等によって企業の体力は著しく衰えていたのに対して、占領当局が統治の手足として利用した官僚機構は、軍部関係部局と内務省を除けば、ほとんど手つかずのまま温存された。そればかりか一九四六年八月に設置された経済安定本部は、臨時物資需給調整法によって資材・物資の割当・配給をおこない、かつ価格を統制する広範な権限を与えられた。金融面でも、日本銀行と四七年一月設置の復興金融金庫が、事実上資金の流れを支配した。銀行業は占領政策の影響の最も少なかった業種と言われるが［橋本寿朗・武田晴人編一九九二、二二六頁］、それでも戦後間もなくの時期には、日銀の融資、融資斡旋、手形割引に大きく依存していたし［Hamada & Horiuchi 1987, pp. 238-39］、いわゆる傾斜生産方式による石炭、鉄鋼、肥料産業への資金の集中的投入には、復興金融金庫が中心的な役割を果した。

しかしこのような政府統制型の経済運営は、激しいインフレを前に、占領当局が市場経済メカニズムを重視する「ドッジライン」導入を命じたことで一大転機を迎える。一九四九年以降の「超均衡予算」は復興金融金庫による政府資金の大量投入を不可能にしたし、資材・物資の割当・配給や価格統制も多くの物資について自由化されていった。政府はまだ郵便貯金を原資とする投融資資金を持ち、外国為替及び外国貿易管理法（一九四九年一二月）によって企業活動に不可欠の外貨を管理する権限を与えられていたが、ドッジライン以降の経済発展にとっては、いかに民間資金と民間の経営資源を動員するかが中心的課題になった。実際、産業資金貸付に占める政府部門の比率は、一九五五年には一七・二％であったが、六〇年までに一〇％弱に落ちたし、産業設備資金貸付に占める比率も、五五年の三一％から六〇年には二〇％弱へ減っている（表４－３、表４－４）。全体として見ると、五〇年代以降の日本経済の発展を可能にした資金の大半は、民間部門によって提供されたのである。

このドッジラインは、戦後日本で産業振興という目標と健全財政という目標が衝突した最初の事件であったが、戦後の激しいインフレの経験から、産業振興を重視する官僚の多くも、インフレ克服が枢要であるという点について異論はなかった。ドッジラインのさなかに商工省と貿易庁を合併する形で設置された通産省は、以後健全財政の枠内で産業振興をはかり、対外経済依存の軽減をめざすという目標を追求することになる。

ドッジラインによってデフレに陥った日本経済は、折からの朝鮮戦争特需によって息を吹き返し、さ

表 4-3　金融機関による産業資金貸付（増減）の貸付元別分布（%）

	民間部門				政府部門			
	民間合計	全国銀行	中小企業向け金融機関[1)]	保険会社	政府合計	日本開発銀行／日本輸出入銀行	他の政府金融機関[2)]	融資特別会計[3)]
1955	82.8				17.2			
60	90.5				9.5			
65	90.1	58.7	26.3	5.1	9.9	3.8	4.5	1.6
70	91.0	52.2	31.2	7.6	9.0	3.9	4.2	0.9
75	86.4	48.6	32.0	5.8	13.6	5.2	6.7	1.7
80	85.9	43.0	36.7	6.1	14.1	1.6	9.9	2.6
85	95.7	76.7	16.6	2.3	4.3	0.6	1.8	1.9
89	89.7	55.3	26.0	8.4	10.3	1.4	4.0	4.9

出所：[Johnson 1982, 邦訳 231 頁],『日本統計年鑑』1989 および 1990 年版, 表 12-23, 表 12-24.

注：1）相互銀行, 信用金庫, 信用組合, 商工中央金庫, 農林中央金庫, 農業協同組合, 漁業協同組合等.

2）中小企業金融公庫, 国民金融公庫, 農林漁業金融公庫, 環境衛生金融公庫, 北海道東北開発公庫, 沖縄振興開発金融公庫等.

3）資金運用部, 産業投資特別会計, 簡易生命保険・郵便年金特別会計等.

表 4-4　産業設備資金新規貸付の貸付元別分布（%）

	民間部門				政府部門			
	民間合計	全国銀行	中小企業向け金融機関[1)]	保険会社	政府合計	日本開発銀行	他の政府金融機関[2)]	融資特別会計[3)]
1955	69.1	40.0			30.9	10.5	12.7	7.7
60	81.1	42.5			18.9	4.3	10.3	4.3
65	82.4	54.3	18.8	9.3	17.6	5.6	10.0	2.0
70	84.0	55.3	18.1	10.6	16.0	4.0	10.2	1.8
75	80.9	54.9	17.5	8.5	19.1	5.3	10.9	2.9
80	80.6	52.6	20.6	7.4	19.3	3.5	13.0	2.8
85	84.6	57.8	21.5	5.3	15.4	4.3	8.0	3.1
89	87.9	70.6	13.8	3.2	12.1	2.9	5.6	3.6

出所：表 4-3 と同じ.

注：表 4-3 と同じ.

まざまな産業で機械設備の近代化・拡張をおこなおうとする民間企業の意欲が高まった。以後日本経済は五〇年代前半の最後の「復興期」を経て、産業構造の高度化を推進力とする経済発展の時期に入るが、その際鍵になるのは、誰がいかにして産業発展のための長期資金動員を可能にしたかという点である。特に、上記のようにドッジライン以降は民間資金の動向が枢要な要素になっていたので、民間資金を長期の産業投資に動員するための環境がいかに整備されたかが重要なポイントになる。より具体的に言えば、先行き不安な時期に長期投資するにあたっては、資本、技術、労働など生産要素の将来の供給について、また当該産業の生産物の需要について予測可能性が高く、不確実性が低いことが、投資のリスクを引き下げるのに役立つ［Murakami 1987, p. 43］。産業政策に意味があったか否かは、主にこういった観点から見直されるべきであろう。

2　需要の予測可能性

右記の要因中、需要に関しては、国内産業に十分な需要を確保する上で政府が大きな役割を果したことについて、論者の間に大きな異論はないように思われる。関税その他の障壁や外資規制によって外国製品や外国企業を締め出すことで、国内企業のために国内市場を確保した政策が第一にあげられる。例えば乗用車については、日本独自の自動車産業を育成することについて、当初は消極的な意見も少なくなく、ユーザーからの圧力もあって、一九五二年七月には外車輸入規制が一時緩和されたが、小型乗用車生産振興を五一年中に決定していた通産省は、輸入制限を主張し続けた。その結果、当時はまだ貿易赤字が深刻な問題として残っていたことにも助けられて、乗用車は一九六五年に至るまできびしく輸入を制限されることになった〔小宮他、二八二―八三頁〕。外資規制についても、一九五二年八月に経済安定本部から技術輸入や合弁事業に関する許認可権を受け継いだ通産省は、国産自動車メーカーの外国企業との技術提携を積極的に支援する一方、外国企業の参入については、これを認めない方針をとった〔井上隆一郎他一九九〇、一八七―八八頁〕。自動車産業への外資進出が許可されるのは一九七一年になってからである。

結局、輸入については一九六一年以降七〇年代初めまでに、外資導入も六七年以降七六年までにほとんどの産業について自由化されたが、その間通産省は、国際競争力が不十分と判断する業種については、自由化時期を後にずらすなど、国内市場を国内企業のために確保すべく最大限の努力をしたことが知られている〔小宮他、三二八頁、井上他、一三〇―三一、一九一頁〕。

国内企業のために需要を確保する政策としては、そのほかに政府関係機関に特定の国内製品の使用を奨励したり、政府調達を国内企業に限ったりする政策がある。早い時期の例としては、一九五三年に合成繊維産業育成計画で打ち出された合繊使用の推進〔井上他、三五頁〕、六〇年代から七〇年代にかけては国産コンピューター、最近では電気自動車の政府機関購入がある〔小宮他、三〇二頁〕。

政府が直接資金援助することによって民間需要を作り上げた例としては「計画造船」がある。これは公営の日本開発銀行が国内の海運会社に船舶建造発注資金を貸付けるもので、五〇年代から七〇年代初めにかけて日本の造船業を振興する上で枢要な役割を果した。また企業に共同購入・リース会社を作らせることで、新製品の需要を確保する政策として有名なのが、一九六一年八月にコンピューター・メーカー七社が日本開発銀行の融資を得て発足させた日本電子計算機会社（ＪＥＣＣ）である［井上他、一二八―一二九頁］。この政策は同時期にＦＯＮＴＡＣプロジェクトなど研究開発に対しておこなわれた政府支援と相まって、日本におけるコンピューター産業確立に重要な役割を演じた。さらに一九八〇年には中小企業向けにロボットをリースする日本ロボット・リース会社（ＪＡＲＯＬ）が、中小企業金融公庫からの融資を得て設立されている。また民間需要の喚起策として、ロボット、ＮＣ工作機械、流れ作業自動化装置など、いわゆるメカトロニクス機械を購入した企業に対して購入費の一三％を特別減税する政策がとられたこともあった［Okimoto 1989, pp. 101-103］。

通産省の支持を得て実施されたカルテルないしそれに準ずる企業の共同行為も、市場の分け合いを通して既存の企業に需要を確保することを狙ったものであった。この種の共同行為には、大きく分けて新興業種におけるそれと、成熟産業・衰退産業におけるそれがある。

前者は、設備投資を調整しあうことで一社当りの生産規模を高め、それによって国際競争力を向上させることを目標とした行為で、民間産業自身というよりは、通産省のイニシアティブで追求されるのが普通であった。実際六〇年代を通して通産省は、貿易・直接投資自由化による競争激化に対処するためには国内企業の体質強化が必要であるとの立場から、合成繊維、石油化学、自動車、工作機械、コンピューター、石油精製等の産業において、企業の参入規制をしたり、合併・業務提携・分野調整を誘導したりしようとした。しかし有望な先端産業に参入しようとする企業間の競争は激しく、後に触れるように、企業集団や融資系列といった民間組織が、政府とは独立に企業が必要とする資金を調達するのを助けたため、通産省の指導は、一部自動車会社の合併およびコンピューター会社の提携を除いて、ほとんど効果がなかった [Samuels, pp. 196–220; Friedman, pp. 108–14; 小宮他、七一―七四、三〇九―一〇、四二二―二三、四三七―三八頁]。それでもこういった産業で大規模な倒産が発生しなかったのは、七〇年代初めまでは国内需要が通産省の予想より急速に成長したからである [小宮他、六一頁]。

製品の標準化が進み、かつ市場がほぼ飽和状態に達した成熟産業や、構造的不況に直面した衰退産業におけるカルテル的行為は、企業自身が生死をかけた激烈な競争よりも、市場の分け合いによる生存の道を選ぶのが普通だったので、先端産業におけるカルテル的行為よりもうまくいくことが多かった。成熟産業におけるカルテル的行為は、一時的に供給過剰に陥った業界に、工場合理化や製品差異化の時間的・資金的余裕を与えることで、製品サイクルの引き延ばしに役立つ場合もあったが、衰退産業の場合は再生の見込みが薄いので、通常官僚機構はカルテル的行為の導入に消極的であり、業界の意向を受けた政治家の介入を待ってはじめて実現されることが多かった。繊維産業や石炭産業における生産・設備調整はその好例である。過剰設備の計画的処理や指示カルテルを定めた一九七八年の特定不況産業安定臨時措置法の場合も、不況に陥った業界や不況産業への貸付金の回収をねらう金融界が自民党に圧力をかけた結果実現されたもので、通産省の担当官は最後までこの法律の効果に懐疑的だったという [Boyd & Nagamori 1991, pp. 187–93]。

以上のような需要確保政策は、全体として新興産業に将来の需要を保証する一方、成熟産業の各企業に市場を分け与えることで、これら産業の投資リスクを引き下げるのに役立った。しかし六〇年代半ば以降貿易と外資導入の自由化が進み、外国製品や外国企業を国内市場から締め出しておくことが次第に困難になっていったし、七〇年代半ば以降は日米経済摩擦の深刻化にともない、政府調達を国産品や国内企業に限る政策も徐々に修正していかざるをえなくなった。日本の経済発展にともなって、自由主義世界経済の維持に日本も積極的に貢献することを求められた結果であり、「産業構造の高度化」という目標が「国際貢献」という新しい目標と抵触するようになった一つの表れと見てよいであろう。

3　技術供給の予測可能性

他方、生産要素の中で「労働」供給条件の予測可能性を高めた政策に関しては、節を改めて論じることにして、ここでは「技術」と「資本」について見てみよう。

技術については、官僚機構が振興したいと考える産業のほとんどについて、戦後少なくとも六〇年代までは模範とすべき外国技術が存在した。官僚機構がしたことは、自動車産業で典型的に見られたように、外国企業の進出は極力抑えながら、外国技術導入についてはこれを積極的に支援することであった。一九五一年には租税特別措置令の改正がおこなわれ、「重要機械」について割増償却が認められたほか、五二年には企業合理化促進法による特別償却が付加された［小宮他、一一一頁］。さらに重要外国技術の輸入については外貨割当が優先的におこなわれた。

ところが、既存技術の導入と改良による高度経済成長を終えた七〇年代以降になると、技術供給の予測可能性は低下せざるをえなかった。マイクロエレクトロニクス、新素材、バイオテクノロジー、代替エネルギーといった真の先端産業においては、技術が確立・標準化していないか、特許権が新しいためにすぐには使えないので、日本の企業は独自に技術開発を進めなければならなくなったのである。政府は七〇年代に研究開発への補助金を増やしたり、工業技術院や電電公社（現NTT）の研究施設や研究員を企業との共同研究に参加させたりして、民間部門の技術開発を援助しようとした。その結果、第四世代以降のコンピューターや基本ソフトウェア（OS）、バイオテクノロジーなどの開発援助は期待されたほどの成果を生まなかったものの、いわゆる三・七五世代コンピューターや超大規模集積回路（VLSI）など、開発援助が比較的うまくいった部門も多かった。技術的には十分な成果を生まなかったプロジェクトにおいても、技術者間での情報の交換・拡散、企業の技術能力の平準化による競争の強化、投資リスクの軽減などを通じて、個別企業によるその後の技術開発に間接的に貢献したと指摘する著者もいる［Okimoto, p. 72; 井上他、一二七頁］。

政府による開発援助が必ずしも成功しなかったのは、一つには企業間の競争が激しくて、十分な共同研究体制が確立できなかったからであるが、いま一つ重要な原因は官僚機構内部の不一致であった。すなわち既存の産業については、戦後早い時期に担当官庁を割り振ることができたが、新しい産業については担当官庁が決まっていなかったために、開発援助政策を作ったり、参入規制をおこなったりしようとする試みが、しばしば官僚機構内の縄張り争いを誘発したのである。たとえばバイオテクノロジーでは、省庁間の争いのために研究開発支援体制を一本化できず、通産省、厚生省、農水省、科学技術庁入り乱れての援助合戦になったし［Howells & Neary 1991, pp. 94-97］、付加価値通信網（VAN）の事業認可問題に関しては、通産省と郵政省が激しく争った。こうした場合、官僚機構は産業政策形成のイニシアティブを貫徹することができず、VAN紛争の場合も自民党幹部の裁定に任せざるをえなくなった［村松一九八八、猪口・岩井、二二二―二二四頁］。

4　資本供給の予測可能性

産業政策の効果をめぐる論争の中で、最も問題とされてきたのは、資本供給における政府部門の役割に関してであろう。既に述べたようにドッジライン以降の産業資金供給の多くは民間部門によって担われたが、問題は官僚機構の政策が民間部門の資本動員をどの程度左右したかということである。政策の内容としては、まず免税、補助金、低利融資など将来有望な業種へ直接与えられた財政補助があり、これらは企業合理化促進法（一九五二年）や産業ごとの各種計画・振興法などに基づいて提供された。産業別振興策としては小型乗用車対策（一九五一年）、一次から三次にわたる鉄鋼合理化計画（五一―六五年）、合成繊維五カ年計画（五三―五八年）、「石油化学工業の育成対策」（五五年）、機械工業振興臨時措置法（機振法、五六年）、電子工業振興臨時措置法（電振法、五七年）、特定電子工業及び特定機械工業振興臨時措置法（機電法、七一年）、特定機械情報産業振興臨時措置法（機情法、七八年）などがある。

しかし問題は、同様の財政補助が産業構造高度化の先端を担う業種ばかりでなく、国際競争力を失うか、ほぼ恒常的な供給超過で危機に陥った産業にも与えられていることである。既に五〇年代のうちに、天然繊維を原料とする繊維産業（紡績、織布）は慢性的な供給過剰になり、六〇年代以降はそれに加えて輸出市場で（七〇年代以降は国内市場でも）発展途上国製品の競争に晒されるようになった〔小宮他、三四八—四九頁〕。また国内産の石炭も、一九六〇年頃までに輸入原油に対して価格競争力を失ったことが明らかになった。石炭産業と繊維産業に共通する政策としては、非効率鉱山や過剰設備の政府買上げや設備近代化融資がある。石炭産業の場合は、それに加えて電力産業や鉄鋼産業など石炭のユーザーに国際価格を上回る価格で一定量の国内炭を購入することを義務づけ、ユーザーには国際価格との差額を政府が一部補給する政策までとられた〔Samuels, pp. 114-16〕。こういった諸措置のための費用は、繊維産業の場合は開銀、中小企業金融公庫や中小企業振興事業団を通して貸し出される財政投融資資金や一般会計補助金によって、石炭の場合は主に石炭特別会計に繰り入れられた重油輸入関税によって賄われた〔井上他、三八—四二頁、Lesbirel 1991, p. 1081〕。

それでも高度経済成長期には、石炭・繊維といった構造不況業種は例外であった。ところが、一九七三年のオイルショック後は構造不況業種の範囲は造船、合成繊維、鉄鋼（平・電炉）など一時は高度成長を担った業種にまで広がった。政府は一九七八年に特定不況産業安定臨時措置法（特安法）を制定して、これら産業の救済に乗りだしたが、その時使われた政策手段も石炭・繊維の場合と似ている。例えば造船業の場合、政府・民間ほぼ折半で過剰設備買上げ・廃棄のための協会を作り、この組織が開銀と市中銀行からの融資を受けて、個別企業から過剰設備や土地を買上げることになった。ただ石炭・繊維との違いは、政府資金による一方的援助ではなく、自己負担で借入金を返済する形になっていたことである。造船業の場合、借入金償還には土地の売却代金と残存造船企業の新造船受注への賦課金があてられた［小宮他、三八二頁］。

特安法は不況産業をとりあえず救済する内容のものであったが、一九八三年に特安法を引き継ぐ形で制定された特定産業構造改善臨時措置法は、設備処理に加えて生産性向上のための設備投資と技術開発に税制上の優遇措置や補助金を与えたり、企業間の業務提携を促したりすることを内容としていた［Peck, Levin & Goto 1988, pp. 230-32］。通産省としては単なる不況業種の救済ではなく、再活性化を目標にしていたと言える。石炭産業や繊維産業の場合にも、設備廃棄援助のような後ろ向きの政策がとられる一方、設備近代化や業界再編による再活性化が少なくとも表向きの目標として掲げられていた。

しかしこのような政策努力にもかかわらず、構造不況業種の中で長期的に再活性化に成功した例はごく限られているように思われる。そこで問題になるのは、官僚機構が成長産業と衰退産業双方に財政援助を与えたことが、産業資本供給面での予測可能性にどのような影響を与えたかということである。

一九五五年から七三年までと七四年から九〇年までの時期について、一三業種における政府の政策（開銀融資、補助金、租税特別措置、関税）と部門別成長率の関係を調べたビーソンとワインスティンは、日本の官僚機構がその時々の成長産業に資金を集中しようとした形跡は全くなく、むしろ日本の産業政策は自動車、電気機械、一般機械などの高成長産業から繊維、鉱業、基礎金属のような低成長産業へ資金を移行させる傾向があると結論づけている［Beason & Weinstein 1993, p. 14］。ケント・カルダーも、日本の官僚機構は、通産省と大蔵省の間での権限の分散、官僚機構における十分な人員の欠如、政治家の介入などによって制約されて、現状維持志向が強くなっており、先端産業よりも衰退産業への資金割当に積極的だったと指摘している［Calder 1993, pp. 15, 45, 63–71, 96, 109, 247］。

実際、通産省内部で産業資金の流れを調整する機能を果したとされる産業合理化審議会（後に産業構造審議会）産業資金部会による年間投資ガイドラインと実際の産業別投資額を比較した浜田宏一と堀内昭義［Hamada & Horiuchi 1987, pp. 240–41］は、その両者が相当食い違っていることを指摘しているし、カルダーも、ガイドラインでは先端産業への投資額を実際より低めに、衰退産業への投資額を高めに勧告する内容になっていたと結論づけている。さらにカルダーは、政府金融機関間の資金配分について、主に先端産業助成をめざした日本開発銀行と日本輸出入銀行から、住宅取得助成、中小企業助成や地域振興をめざした雑多な公庫に重点が移ってきたことを明らかにしている［Calder 1993, pp. 59–61, 130–33］。

産業資金の流れを調整したとされるもう一つのメカニズムである日銀の都市銀行や長期信用銀行に対する窓口指導についても、浜田と堀内［Hamada & Horiuchi, p. 242 & p. 245］は、成長よりも安定志向が強く、金融引締期に融資抑制を指導することが主な機能であったと指摘している。また中小企業の業種別近代化・集約化に金融・財政上の助成を与えることをうたった中小企業近代化促進法（一九六三年）の効果について、横倉尚［小宮他、四六二―六三頁］は、六三年から八〇年までの間に助成指定業種になった産業は二〇〇にのぼり、総花的でとうてい産業選択的とは言えないと主張している。政府補助金については、小椋正立と吉野直行［前掲書、一〇六―一〇七頁］が、農林水産業・石炭産業・繊維産業など競争力の弱い部門に圧倒的な比重があったことを明らかにしている。

官僚機構の目標が全体として産業構造の高度化による経済成長の達成であったにもかかわらず、政府資金を先端産業に集中できなかった理由として、多くの場合指摘されるのは、政治的圧力の存在である。例えばカルダー [Calder 1993, p. 108 & p. 111] は、当初は戦略産業として政府の手厚い保護を受けた産業ほど、衰退局面に入った時、地域に培った政治基盤や政府機関との人的ネットワークを通して、保護継続の圧力を有効に使うことができると論じている。カルダーは別の著作の中でも、自民党が内外の挑戦を受けて危機に直面した時ほど、政府は農民や中小企業からの利益配分を求める圧力に弱くなるとの指摘をしている [Calder 1988, Ch. 4]。他方、中小企業近代化促進法の効果が総花的になった理由として、横倉 [小宮他、四六三頁] は与野党の強い圧力をあげている。競争力を失ったことが一九六〇年までに明らかになっていたにもかかわらず、石炭産業への政府助成が今日にいたるまで続いている理由に関して、サミュエルス [Samuels, p. 121] は自民党を通じての業界からの圧力を、レスバレル [Lesbirel, pp. 1083-84] も業界、労働者、地域社会を打って一丸とした政治力をあげている。

このように見てくると、産業資金の流れを調整しようとする政策が、戦後すべての時期にわたり、体系的に成長産業に資金を集中する効果をもったと結論づけることは不可能である。しかしこのことは、少なくとも一九五〇年代までの時期に、政府融資が成長産業への資金の流れを作る上で重要な役割を演じたことを否定することにはならないし、衰退産業や中小企業への助成が、必ずしも先端部門への民間資金の流れを阻害するものだったとは限らない。

カルダー［Calder 1993, Ch. 5］は開銀融資の産業別配分を分析する中で、開銀が電力・海運・石炭といった成熟産業や衰退産業への融資にこだわり続けたのに対して、自動車・電気機械といった新興の有望産業への融資は企業系列の金融機関や長期信用銀行など民間部門が中心になったことを明らかにし、そこから戦後日本の経済成長の真の推進役は民間組織だったと結論づけている。確かに開銀融資の内訳を見ると、五〇年代を通して電力・海運・石炭の三産業だけで全融資の七割から八割を占めていた。それぞれの産業における設備投資全体に占める開銀融資の比率も、この三産業の場合は二〇%から三〇%に上っていた。六〇年代に入るとさすがに三産業への融資比率は下降するが、それでも開銀の全融資の五割があてられていた。それに対して、鉄鋼産業への開銀融資は、第一次鉄鋼合理化計画が実行された五〇年代前半には当該産業への全設備投資の一二%であったが、第二次計画がおこなわれた五〇年代後半になると一・五%に急減している。自動車メーカーにおける設備投資に占める開銀融資の比率にいたっては、一九五一年から五六年にかけての「小型乗用車対策」期に四%、六六年から七一年にかけての「体制整備」期には〇・九%にすぎず、五七年から六五年にかけては融資実績ゼロであった。先端の各種機械産業に対する開銀融資は、一九五六年から七〇年にかけては「国際競争力強化」融資の一環として、一九六六年以降は「技術振興」融資としておこなわれたが、それぞれ全体の一割にすぎなかった［小宮他、一二一、二五九、二八三、二八五頁、Johnson 邦訳二三二頁］。

5　カルダーの問題点

しかしカルダーの議論は三つの点で不正確であり、そのために官僚機構が産業資金の流れに与えた影響を過小評価する結果になっている。

第一に、電力・海運・石炭の三産業は五〇年代にはまだ日本の経済にとって戦略的産業と見られており、これらに政府資金が集中したことをもって、日本の官僚機構が日本経済の先端部門を軽視した証左とすることには無理がある。電力はすべての産業の基礎エネルギーであるし、海運業への融資は造船業の拡大を通して五〇年代から六〇年代にかけての高度経済成長に貢献したし、石炭も五〇年代後半まで日本の産業発展を支える中心的エネルギー源と考えられていた。

ローラ・ハイン［Hein 1990, pp. 285-89 & pp. 299-302］によれば、五〇年代半ば過ぎまで世界のエネルギー業界では、地球上の石油供給量の見通しについて悲観的な意見が多かったため、日本でも主要なエネルギー源として石油が石炭にとって代ると考える者は少なかった。その上、国際収支上輸入拡大を抑える必要があり、かつ安全保障上エネルギー自給（対外経済依存の軽減）が重視されたこともあって、国産石炭が合理化によってエネルギー源を供給し続けることが、本気で期待されていたのである。石油精製や重油発電における技術革新や中東での大量の埋蔵原油の確認によって、石炭から石油への転換が現実味をもって議論され始めるのは五〇年代末であった。

もちろん六〇年代になって通産省の石炭政策は、前述のように業界、労働組合、政治家からの圧力の下で衰退産業救済の色彩を強めるが、石炭産業に関連する無利子融資や補助金が全て無駄に使われたわけではなく、債権をもっていた銀行の資金回収を助けたり、炭鉱離職者の転職を補助したり、旧炭鉱地域に工場用地造成の資金を提供したりすることを通して、新しい産業への転換にも一部貢献したのである。また七〇年代以降は、補助金の推移に現れているように、石炭産業への財政補助は減少していった［小宮他、一〇六、三三二頁］。その間競争力を失った石炭産業が急速に縮小したという意味で、通産省の石炭産業政策は市場動向に沿ったものであった。

第二にカルダーは、有望な先端産業には民間部門が自発的に投資するので政府資金は必要とされず、結果として政府融資機関が先端部門を軽視しているように見えるという可能性を無視している。五〇年代後半以降の長期信用銀行や市中銀行による鉄鋼、石油化学、自動車、電気・電子産業に対する融資がその好例である。六〇年代以降は高度経済成長にともなって民間部門の資本蓄積がいっそう進むので、また七〇年代半ば以降は外国金融市場での資金調達が容易となったこともあって［Rosenbluth 1993, p. 112］、マイクロエレクトロニクスの一部や新エネルギー開発など技術開発の見込みが不確実でリスクの大きい分野を除いて、先端部門への政府資金の必要性はさらに薄れていった。時代があとになるほど衰退産業や中小企業への政府融資が目立つようになるのは、この意味で当然である。

前に触れたビーソンとワインスティンの論文も、政府融資と民間金融の分業という側面を無視している他、自動車と船舶、石油と石炭を区別せずに同じ範疇に入れて計算するという無理を犯している。

第三に、カルダーは農業・商業も含めた衰退産業への政府援助が保守党の政権維持を助け、民間部門の経済活動に好意的で安定した環境を長期にわたって保証することで、民間部門の産業投資のリスクを引き下げる働きをした点は指摘しているが、そういった衰退部門への援助が先端産業の発展を阻害しない範囲内におさまった理由については分析していない［Calder 1988, p. 51 & pp. 465-67; Calder 1993, p. 262］。

衰退産業の保護は、政府財政を通して、あるいは直接市場を通して、他の産業や社会集団に影響を与える。例えば繊維産業補助は低利融資や補助金が中心なので、政府財政への負担が問題となるが、石炭産業への援助は、原油輸入税を原資としているので、石油を原料とする商品の価格や電力料金の上昇を通じて、他の産業と消費者一般に悪影響を与える。

他方、国家財政に支えられた生産者米価の高値維持は、他の産業・集団の財政負担を増すと同時に、消費者米価の上昇を通して、先端部門労働者を含む勤労者の生活費ひいては賃金に影響を与える。非能率な零細小売商店の保護は、流通合理化を妨げることで、消費者価格引下げの可能性を奪う。また国民金融公庫の無担保融資など、生産性拡大につながる見込みの薄い中小企業・自営業への補助が拡大して財政赤字を悪化させるといった事態になれば、インフレなど経済を不安定化させて、民間部門の産業投資を妨げる可能性もある。

政府財政を通しての影響は次節で扱うことにして、ここでは市場を通じての影響について考えてみると、例えば原油輸入税は、産業一般に広く浅く負担をかけるものであり、しかも各産業とも最終的な負担は消費者へ転嫁することが可能だったので、日本の経済成長を妨げることはなかったと言ってよい。米価については、表4 - 5に見られるように、生産者米価引上げが労働賃金増加率を上回ったことは一

表 4-5　物価・賃金の上昇率（%）

	消費者物価[1]	うるち米価格[1]	生産者米価	労働賃金[2]
1955-60	10.6	−10.8	2.4	32.2
60-65	34.6	14.0	57.4	62.8
65-70	30.7	11.1	26.3	89.8
70-75	70.5	78.4	88.2	136.1
75-80	38.5	45.7	13.5	46.4
80-85	15.7	60.6	5.6	20.0
85-90	8.4	2.8	−11.6	18.2

出所：『日本統計年鑑』1989 年版，表 3-26，［矢野恒太記念会 1991，表 7-6，表 7-7］，［辻琢也 1994］.

注：1）東京地区.
　　2）30 人以上雇用事業所の常用労働者の名目賃金.

度もないし、消費者米価（うるち米価格）引上げが労働賃金増加率を上回るのも、政府が財政再建を本格化させた八〇年代前半だけであった。

一般に選挙への影響を常に考慮しなければならない政党が、衰退部門保護に熱心なのに対して、官僚機構は全体として経済合理性を尊重し、産業構造高度化にもとづく経済発展を主要な目標としていたように思われる［Campbell 1984, p. 301］。既に述べたように、繊維産業や石炭産業に対する援助も、あくまで大義名分は合理化を促すことであった。一九七三年に自民党の圧力の下で、小規模小売店保護をめざす大規模小売店舗法（大店法）が制定された時も、通産省は国会の圧力が再度高まるまで、数年にわたって大規模小売店の出店に好意的な立場をとり続けた［Patrick & Rohlen 1987, pp. 369–71］。

また農政については、鳩山内閣の河野農相時代に最初の総合的政策が出されたが、その内容は農業の近代化・多角化・規模拡大を図ろうというものであった［樋渡、一七一—七三頁］。これは農業における産業構造高度化を唱ったものであり、一九六〇年に制定された農業基本法の精神としても受け継がれた。つまり農業関係の支出はしばしば無駄な出費の典型としてとりあげられるが、農林省にとって公式にはあくまでも構造改善の手段としての予算だったのである。農林省の目標はしばしば農協と自民党の介入で実現されず、「構造改善事業は農村への無差別な補助金配分事業へと変質させられた」〔前掲書、一六三頁〕が、表向き掲げる目標が構造改善だったからこそ、その失敗があまりにも明らかとなった七〇年代後半以降、農林省は急速な予算縮小を甘受せざるをえなくなるのである。

政治家の介入によって、産業合理化・高度化の目標はしばしば後景に退かざるをえなかったが、単なる所得補償としての個別産業保護が官僚機構の中で正統性をもたなかったことは明らかである。こうした官僚機構の態度が、政治家の求める衰退部門への補助に下方圧力をかけ続けたと考えることができる。しかも政治家の圧力によって、経済合理性に反する保護政策を実施しなければならなくなった時、通常その負担を負うのは一般消費者であり、先端産業への資金の流れが阻害されることはなかった。

以上から、日本の官僚機構が先端産業やそれを支える産業への資金の流れを経済的・政治的に保障し、非競争的産業への保護はこれをできるだけ抑えようとすることで、産業構造高度化に重要な役割を果した点を、カルダーらが見逃したことは明らかであろう。

ただしカルダーが強調したように、長期信用銀行や企業系列など民間企業組織が産業資金調達に果した役割も十分に考慮されるべきである。例えば社長会に象徴される旧財閥系の企業集団は、株式の相互持ち合いを通して、また集団内の銀行・保険会社・投資信託会社・商社による優先的融資を通して、集団内の先端製造業企業が投資計画を長期的視野で実施するのを助けた。また旧財閥系ではない長期信用銀行などのいわゆる融資系列も同じ機能を果した。合成繊維産業、石油精製産業、自動車産業、電気・電子産業等の民間企業が、企業合併や提携を通じての集約化をめざす通産省の「行政指導」に抵抗することができた一つの理由は、このように投資資金を保障する民間組織があったことである。企業集団はまた資金提供や離職労働者の受入れなどによって、衰退産業の再活性化や事業転換に寄与したとする指摘もある［橋本・武田編一九九二、二八八―九二頁、Lesbirel, p. 1082 & p. 1090］。

樋渡の言う「組織された市場」の典型である下請系列と企業別組合も、企業の投資資金確保に重要な機能を果す民間組織と見ることができる。中小の部品・材料製造業者は親会社から資金援助を受けただけでなく、有力な親会社をもつ中小企業は、系列外の銀行や政府系金融機関からの資金調達も比較的容易であった。企業別組合について詳しくは節を改めて議論するが、企業別組合の存在は、経営者をして労働賃金を投資資金に影響しない範囲に抑え、企業内における労働配置の融通性を確保するのに、大きな役割を果した。

6　ま と め

以上、産業政策の分析を通して言えることは、⑴ドッジライン以降「産業構造の高度化」「対外経済依存の軽減」という目標と「健全財政」という目標を両立させるために、日本の官僚機構は民間資金を動員しての工業化を追求したこと、⑵五〇年代には政府部門が先端産業や基幹産業の資金調達に直接的に貢献したし、新興産業の需要喚起や技術導入・開発という面では、最近まで官僚機構が重要な役割を演じてきたこと、(3)六〇年代以降は民間部門の資本蓄積にともない、ハイテク高リスク部門を除けば、先端産業への資金は大半が民間部門自身によって調達される一方、官僚機構は政治家を通しての圧力の下で、先端産業の活動を阻害しない範囲で、農業・小売業を含む衰退産業への援助をおこない、長期投資のための政治的安定確保を助けたこと、(4)そのためのコストは消費者一般に広く分散化されたこと、(5)産業構造高度化に向けての長期投資に関しては、企業集団、融資系列、下請系列、企業別労働組合など民間の組織も重要な役割を果したことである。

四　国家財政の動向

1　日本の予算政治の特徴

日本の政治体制の全体構造を見るもう一つの方法は、さまざまな社会的・政治的利害の調整が、国家財政の中でいかになされてきたかを調べることである。

戦後日本の財政について一般的な見方は、自民党国会議員・利益集団・所管官庁部局が一体となった複数の「下部政府」が、予算獲得競争を展開し、健全財政をめざす大蔵省や大企業と対立したというものであろう。「下部政府」を構成する三者の中では、榊原英資と野口悠紀雄は自民党を重視する。彼らによれば、六〇年代に自民党議員が予算編成のテクニックとノウハウを蓄積するにつれ、予算過程に対する自民党による侵食が進んだという〔榊原英資・野口悠紀雄一九七七、一三〇頁〕。また小島昭〔一九七四、一一四頁〕は、既に一九五五年以降（自然増経費を除く）新規政策経費に関する政策決定のイニシアティブは、大蔵省から自民党に移行していたと主張する。カルダー［Calder 1988, p. 176 & p. 210］に至っては、保守党の危機を背景とする一般会計歳出の膨脹が戦後はじめて起ったのは五〇年代初めであったと見る。

それに対してキャンベル［Campbell 1977, 邦訳二一二頁］は、「下部政府」の中心は省庁で、自民党国会議員（特に政調会部会員）は省庁の「応援団」だったとする。

「下部政府」の中で誰がイニシアティブをとっていたかについて、このような違いがあるにもかかわらず、多数の「下部政府」が予算獲得のために競って予算過程に介入したという見方は、多くの識者に共通している。したがって予算過程は基本的に「多元的」であるという主張がなされる［小島、一一〇頁］。

もちろん、既に述べたように、戦後日本の経済体制が、共産主義国のように国家指令下の計画経済ではなく、あくまでも企業活動の多くを民間部門に頼る体制である限り、また戦後日本の政府が常に自由選挙の洗礼を受けなければならない存在である以上、大蔵省を主管官庁とする国家予算の決定過程が、国家官僚機構と、民間部門の意を体した政党との交渉によって影響されざるを得ないのは当然のことである。その意味で、産業政策の決定と施行にあたって民間企業の影響力が働いたのと同様、予算の決定に自民党を通しての利益集団等からの圧力が大いに働いたことは、少しも驚くべきことではない。むしろ問わねばならないのは、そのように年々強まる政治的圧力があったにもかかわらず、ドッジライン以降一九七〇年代の初めに至るまで、ほとんど国債に頼らない財政を維持できたのはなぜなのか、七〇年代に一度大幅に国債を増やしたが、その後膨張した赤字財政の惰性を八〇年代に一時抑え込むことができたのはなぜなのかという点である。

五〇年代半ばから七〇年代初めまでの高度成長期については、歳入が毎年大幅に増えて、さまざまな要求をほどほどに満たすことができたおかげで、多元的な政治過程と健全財政主義が両立できたという指摘がある［Campbell 1977，邦訳二三五頁］。しかしこの見解は、高度成長期について一応説明できても、五〇年代半ばまでの時期についてと、七〇年代に財政赤字が膨らんだ後、低成長下にもかかわらずそれが縮小していった時期について説明することができない。高度成長の時代についても、一九六五年に一五年ぶりに国債発行に頼った後、予算膨張に向けて政治的圧力が強まっていたにもかかわらず、国債発行の規模を歳出予算の五％前後に抑え込めた理由も説明を要する。

2　財政と産業政策

前節で述べたように、産業構造の転換・高度化を基礎とする六〇年代以降の日本の経済発展において財政政策が果した役割については、否定的な見解が多い。例えばジョン・キャンベル［前掲書、一三五―三六頁］は、一九七〇年のＯＥＣＤ日本経済調査報告に依拠しつつ、日本には経済発展の方向を意識的に左右しようという意味での財政政策は存在せず、その役割はもっぱら金融政策によって担われてきたと主張した。しかし戦後間もなくの時期については、傾斜生産方式に示されるように、財政が経済復興に果した絶大な役割を否定することはできない。榊原と野口［一二四頁］によれば、「ドッジ・ライン

表4-6　政府財政（決算）の対GNP比および国債依存度（%）

	一般会計歳出	財政投融資[1]	租税・印紙収入	国債発行	一般会計の国債依存度[2]	財投原資中の政府保証債・借入金比率
	(GNPに占める比率)					
1955	11.8	3.7	9.2	0.0	0.0	17.3
60	10.5	3.6	9.7	0.0	0.0	18.9
65	11.1	4.8	9.1	0.6	5.3	24.6
70	10.9	4.8	9.7	0.5	4.2	13.1
75	13.7	6.1	9.0	3.5	25.3	4.1
80	17.7	7.4	11.0	5.8	32.6	6.7
85	16.3	6.4	11.7	3.8	23.2	10.8
90	16.2	8.4	14.0	1.7	10.6	5.0[3]

出所：[矢野恒太記念会 1991, 表3-5, 7-5, 7-6, 7-13, 7-14, 7-20],『日本統計年鑑』1992年版.
注：1）当初予算.
　2）一般会計歳出に占める国債発行高の比率.
　3）財投原資実績見込額に占める比率.

以前の段階において、財政は、国民大衆に耐乏生活を強制し、その犠牲によって調達した巨額の資金を基幹産業に調達するための手段であり、パイプであった」。

もちろんドッジライン以前においては、傾斜生産を支えるために大幅な赤字財政が組まれており、健全財政は実現されていなかった。しかし表4‐6、表4‐7に見られるように、ドッジライン以後国債発行はゼロに抑えられ、既存の国債の償還も急速に進んだ。その一方で冷戦状況の中で防衛負担が求められ、防衛関係費は一九五五年に一般会計歳出の一三・一%を占めるまで膨脹した。アメリカ合衆国によって求められた初期の「国際貢献」の表れである。

さらに民間部門の資金力が不足していた五〇年代には、特に財政投融資資金の一部が基幹産業や輸出産業の発展に重要な役割を果した。五〇年代に財政投融資がGNPに占める比率は三・六―三・七%で、一般会計予算の一一%前後に比べれば小規模であったが、財政投融資の二〇%以上が、主に開発銀行や輸出入銀行を通じて「産業技術」および「貿易・経済

表 4-7　一般会計歳出（補正後予算額）の経費別配分比（%）

	1950	1955	1960	1965	1970	1975	1980	1985	1990
地方財政関係費	16.3	15.3	18.8	19.1	21.6	16.1	17.9	18.2	22.9
公共事業関係費[1]	15.5	13.3	16.0	17.3	14.9	13.9	13.5	11.3	8.8
中小企業対策費	−	−	0.1	0.6	0.6	0.6	0.6	0.4	0.3
食糧管理費	−	0.7	1.8	3.5	5.6	4.4	2.2	1.3	0.6
農業基盤整備費	−	2.3[2]	2.2	2.5	2.3	2.0	2.1	1.7	1.2
社会保障関係費	4.2	10.0	10.9	14.5	14.1	19.3	18.9	18.5	16.6
文教関係費	2.7[3]	11.8	12.7	13.2	11.7	12.9	10.5	9.2	7.7
防衛関係費	−	13.1	9.0	8.1	7.2	6.6	5.2	6.0	6.1
経済協力費[4]	−	−	0.3	0.3	1.1	0.8	0.9	1.1	1.1
国債費	12.5	4.4	1.5	0.3	3.5	5.3	12.6	19.1	20.7

出所：『財政統計』1993年版.

注：1）住宅対策費を含む．農業基盤整備費を含まない．

2）食糧増産対策事業費.

3）1951年.

4）1972年までは「貿易振興および経済協力費」.

表 4-8　財政投融資（当初計画額）の使途別配分比（%）

	1955	1960	1965	1970	1975	1980	1985	1990[1]
道路／運輸通信／地域開発[2]	32.1	31.3	31.9	27.4	25.2	19.6	21.9	21.8
中小企業	8.1	12.8	12.6	15.4	15.6	18.7	18.0	15.7
農林漁業	8.9	7.1	7.2	5.0	4.1	4.9	4.3	3.2
厚生福祉	2.1	1.8	3.6	2.8	3.4	3.5	2.9	3.1
住宅	13.8	12.8	13.9	19.3	21.4	26.2	25.4	30.3
生活環境整備	7.7	9.3	12.4	11.6	16.7	14.1	15.7	15.3
産業技術	15.7	13.6	7.8	5.7	3.0	3.0	2.9	2.9
貿易・経済協力	7.0	7.9	7.5	10.6	7.7	5.6	5.3	5.8

出所：[矢野恒太記念会 1991，表7-20].

注：1）1987年以降設定された資金運用（郵便貯金，厚生年金・国民年金および簡保資金による有利運用のための事業）を除く.

2）国土保全災害復旧費を含む.

協力」のために出費された（表4－8参照）。その金額が決して小さなものではなかったことは、表4－4で見たように、日本開発銀行による産業設備投資貸付が、五〇年代半ばには全設備投資貸付の一〇％に達していたことからもわかる。

さらに表4－8の財政投融資中「道路」「運輸通信」「地域開発」に向けられた支出の多くは、産業インフラの整備にあてられ、産業の発展を間接的に補助したと考えられる。

また正確に数量化することは容易でないが、租税特別措置による特定産業に対する免税や加速減価償却措置、貸し倒れ金等の控除も、基幹産業や先端産業を含む諸産業の租税負担を軽くすることで、これら産業の発展に寄与したと見てよいであろう。時期は少し下るが、キャンベルによると［前掲書、二七二頁］、一九七〇年度の租税特別措置は三千億円にのぼった。これは同年度の租税・印紙収入の四・一％、法人税収入の一一・七％にもあたる額である。

榊原と野口［一二五頁］が「断片的・後追い的補助」と呼んだ、非成長部門への財政補助については、公共事業関係費も食糧管理費も五〇年代半ばまでは抑制されていた。日本の経済発展にとって産業構造の高度化が必要だという点については、大蔵省と通産省だけでなく、他の省庁にも合意があったのであり、それが合理性のない予算項目の要求を自制させていたと考えられる。

全体的に見て一九五〇年代の財政政策は、産業構造の高度化、健全財政主義、国際貢献という国家官僚機構の目標にきわめて適合的であった。五〇年代にはまだ、各省庁の概算要求作成にあたって最初から自民党政調会部会と相談する形にはなっておらず、財政に関する「意思決定権は、ほぼ完全に官僚の手中にあった」〔榊原・野口、一二八頁〕ことが、健全財政の維持とその他の目標の同時達成を可能にしていたものと考えられる。

六〇年代以降、産業の高度化に果す財政の役割が下降したことは、前節で指摘した通りである。ただし表4－8に見られる通り、中小企業に流れる財政投融資資金の規模は五〇年代の後半以降大きく増加した。その多くは政府系金融機関による低利融資の形をとったものと考えられるが、そのうちどれだけが中小企業部門の合理化・構造改善に使われ、どれだけが近代化に直接資さないという意味で「無駄な」出費だったのかを判定するのは困難である。ただ一部は大企業の下請中小企業に流れることによって、産業の高度化に役立ったことは間違いない。ただしそれはあくまでも民間資金の補助としてであった。

3　財政抑制

このように高度成長の時代、産業構造の高度化に果す財政の積極的役割は低下したが、財政については、それが民間部門の資金流通を阻害しなかったかどうかという、もう一つ重要な問題がある。もしも財政の規模が膨脹して法人税や物品税等の大幅な引上げが図られるようなことがあれば、民間企業による投資はそのぶん低下していたであろう。

実際六〇年代は自民党の予算過程への介入が激しくなり、大蔵省が「財政硬直化打開運動」を展開した時期であり、一九六五年以降は一般会計予算を支えるため国債が発行されるようにもなった。しかし

表4-6に見られるように、一九七〇年まではGNPに占める国債発行額の比率は〇・五%前後、一般会計の国債依存度も五%前後に抑えられていたし、財政投融資原資に占める政府保証債・借入金の比率も、郵便貯金や簡易保険の拡大を反映して、六〇年代後半以降急速に下降した。政治的圧力の増大にもかかわらず財政膨脹が一定規模内に抑えられた要因として、キャンベルは、赤字財政の回避を第一の目標とする大蔵省が、予算編成にあたってさまざまなテクニックを使ったことを明らかにしている。

(1)　例えば毎年翌年度の予算規模の見通しを発表する際、大蔵省は低めに予想したGNP成長率を元に、低めの当初推計をおこなった。各省の概算要求額を抑えると同時に、自民党の圧力をある程度吸収できる余地を残そうとしたのである [Campbell 1977, 邦訳一四〇―四一、一五〇―五二頁]。この方法は七〇年代の末以降予算項目の一部または全部にゼロ・シーリング、マイナス・シーリングを設定する政策に受け継がれ、各省の概算要求抑制に威力を発揮することになる。

(2)　省庁からの予算要求を抑える上で重要な要因になったのは、省庁間の相互牽制である。日本の省庁は相互出向による人事の交流があるとはいえ、独立性と縄張り意識が強い。従って、特に強い政治的介入か世論の後押しがない限り、大蔵省には予算配分にあたって特定の省庁を優遇する力が弱い。それがマイナス・シーリング下での一般事務経費や人員の全省庁一律削減といった非合理的な政策となって現れる。毎年予算規模が膨らんでいた時期についても、キャンベルは各省庁や予算項目への予算配分を前年度並に設定する傾向、つまり増分主義 (incrementalism) が見られることを発見した。キャンベルによれば、アメリカ合衆国と比べて日本では、予算配分パターンの変化も年々の変動もずっと小さい

表4-9　農水省予算総額と食糧管理費が一般会計歳出（補正後予算）に占める比率（%）

	農水省予算（A）	食糧管理費（B）	A－B
1955	8.8	0.7	8.1
60	8.6	1.8	6.8
65	9.8	3.5	6.3
70	11.3	5.6	5.7
75	10.2	4.4	5.8
80	7.8	2.2	5.6
85	5.7	1.3	4.4
90	3.8	0.6	3.2

出所：『財政統計』1992年版.

表4-10　厚生省予算総額と社会保険費が一般会計歳出（補正後予算）に占める比率（%）

	厚生省予算（A）	社会保険費（B）	A－B
1955	8.6	1.2	7.4
60	9.9	4.0	5.9
65	13.6	6.1	7.5
70	13.6	7.2	6.4
75	19.0	11.2	7.8
80	18.8	11.7	7.1
85	18.3	11.0	7.3
90	16.5	10.3	6.2

出所：『財政統計』1992年版.

[Campbell 前掲書、一五七、三六〇頁]。

(3)　政治的圧力の下で特定の予算項目を優遇せざるをえなくなった時も、大蔵省は極力主管省の他の予算を削減することで、その省への予算配分が突出することを避けようとした [Campbell 1975, p. 92]。表4-9は農水省予算を食糧管理費とその他の予算に分けて示したものであるが、食糧管理費は一九五五年から七〇年まで一貫して増大したのに対して、その他の農水省予算はそれを相殺する形で減少した。また表4-10によれば、厚生省予算についても、国民皆保険制度が整備された六〇年代前半と老人医療費免除・年金の物価スライド制が導入され、健康保険の扶養者給付率が引き上げられた七〇年代前半を例外として、社会保険費の増減とその他の厚生省予算の増減はほぼ反比例関係にあることがわかる。

(4)　予算規模を抑えるために大蔵省が使ったもう一つの方法としてキャンベルがあげているのは、一九六八年度予算策定過程で採用された「公開財源」方式である。それまで大蔵省は大蔵原案の国債費や大蔵省雑件費などに「隠し財源」を入れておいて、それを省庁や自民党との復活折衝で分配していたが、あまりにも各方面からの圧力が強くなりすぎたために、各省に自省内での配分をまかせる官房調整費と大臣折衝・自民党首脳折衝で配分する「政策調整費」を、最初から公然と計上するようにしたのである。これは予算の一部の細目決定権を省庁や自民党に渡す代りに、予算の全体規模を膨脹させる自民党や省庁からの圧力をかわそうとした措置であった［Campbell 1977, 邦訳二八七―八九頁］。

最後にキャンベルが触れなかった要因として、防衛予算縮小による財政への圧力の軽減がある。これは防衛分担を求めるアメリカ政府からの圧力が、朝鮮戦争中と比べて格段と弱まったこと、池田内閣以降野党とのイデオロギー的対立を避けようという保守本流の立場が確立されて、自衛隊拡充に対する政策上の優先度が下がったことの結果である。表4－7に見られるように、一般会計歳出に占める防衛関係費の比率は、五〇年代後半以降、日米貿易摩擦の中で日本の防衛分担が再度アメリカ側から問題にされるようになる八〇年代初めまで、一貫して下がり続けた。高度成長期から国債の累積する七〇年代にかけての時期には、「国際貢献」としての防衛費増額圧力がまだ弱かったために、防衛費は健全財政主義と矛盾する主要な要因とはならなかったと言ってよいであろう。

こうして高度経済成長の時代、大蔵省は、国会議員からの増大する圧力にもかかわらず、財政規模を民間部門の資金の流れを阻害しない範囲に収めることに成功した。

4　財政膨脹と財政再建

しかし一九七〇年代になって国債は爆発的に増加する。一般会計の国債依存度は七〇年代前半に一気に四・二%から二五・三%に上昇、七九年には三四%に達した。GNPに占める一般会計の比率も、それまでの一一%の線を越え、七〇年代前半に二・八ポイント、後半に四ポイント増えた（表4-6参照）。七〇年代末から八〇年代初めにかけて、酒税・物品税等が引き上げられた他、法人税の引上げも頻繁におこなわれるようになり、財界の恐れていた民間資金の流れへの影響が現実のものとなった。

このような赤字財政の膨脹は、低成長による歳入規模の低下だけによって起ったわけではない。国債の急速な膨脹は、低成長時代の始まる一九七四年以前から始まっていた。それは、七〇年代までに中央と地方双方における自民党の絶対多数体制が揺らいで、選挙基盤の立て直しのために国家予算を使おうとする自民党からの圧力を強めさせたことを主要な原因としている。大蔵省と政府税制調査会の反対を押し切って自民党が一九七二年度に導入した事業主報酬制度（青色申告する事業主に給与所得控除を認める制度）は、その象徴的な例である［木代泰之一九八五、四八頁］。この制度は、同じ時期に導入された国民金融公庫の無担保融資制度と同様、中小企業の間での共産党の影響力増大に対抗しようとする自民党のイニシアティブによって成立した［Calder 1988, p. 346］。

自民党はこの時期、中小企業主のような旧来の支持基盤の立て直しを図ると同時に、社会保障政策、公害政策、住宅建設政策を通して、都市の勤労者層や一般消費者の自民党批判感情を和らげようとした。それは財政の変化に明確に現れている。一般会計と財政投融資計画の経費別・使途別配分を表4-7と

表4-8で見てみると、財政投融資計画で七〇年代に比重の増加が見られるのは主に中小企業、厚生福祉、住宅、生活環境整備向けの支出、一般会計では社会保障関係費であった。

このように七〇年代の赤字財政の膨脹は、選挙政治の圧力の下で、大蔵省をはじめとする国家官僚機構に対する政党の攻勢が強まった結果と見てよいであろう。それに、一九七四年以降は経済成長率の低下が、一九七七年以降は内需拡大のための財政出動を求める国際的圧力という要因が加わって、財政赤字を一層ひどいものにしていった。この時期には「国際貢献」という目標と「健全財政主義」という目標の間の矛盾が表面化したのである。

ところが、財政の膨脹は八〇年代に入って止まり、一般会計の対GNP比は、一六・五%前後で落ち着いた。国債依存度も急速に下がり、一九九〇年までに特例国債発行をゼロにすることに成功した。新藤宗幸［一九八九、二四〇頁］が指摘するように、新規の特例国債の発行が止まったからといって、大量の累積国債や、引き続き発行される建設国債・借換え債の負担が短期間に消滅するわけではないという意味で、「財政再建」がこれで完成したと見ることはできない。また野口悠紀雄［Noguchi 1991, pp. 131-37］は、この間の「財政再建」は主に所得税の自然増収と、一般会計から地方政府・社会保険基金等への負担移転によっておこなわれ、歳出面での合理化はおこなわれなかったと指摘している。しかし、実際には次に見るように、公共事業費・食糧管理費を中心とした支出抑制の努力は無視し得ない。七〇年代に破綻した健全財政主義が八〇年代にある程度盛り返したことは間違いないと言えよう。

この間、産業構造高度化のための資金の大半は、引き続き民間部門によって供給されたが、財政規模の膨脹が停止し、縮小に向かったことは、民間部門の資金の流れを阻害する先端産業部門への課税強化の可能性が減ったことを意味する。実際、財界がこぞって第二次臨時行政調査会（第二臨調、一九八一年発足）による「増税なき財政再建」を支持した背景には、引き続く企業増税を回避したいという財界の狙いがあった〔新藤、七六―七七、九七頁〕。

他方表4－7は、内需を拡大したり、防衛分担・経済協力費を増やしたりするようにという強い国際的圧力に応えて、防衛関係費と経済協力費が、八〇年代前半の緊縮財政の下でも拡大したことを示している。この時期「国際貢献」の目標は、産業構造の高度化、健全財政主義とともに、一応は達成されたのである。

同じ表によると、一九八〇年代に防衛関係費・経済協力費と並んでシェアを伸ばしたのは地方財政関係費で、そのぶんシェアを減らされたのは公共事業関係費、中小企業対策費、食糧管理費・農業基盤整備費、社会保障関係費であった。公共事業関係費については特別会計や財政投融資による出費で補ったという指摘がある。表4－8によれば、確かに道路・運輸通信・地域開発に対する出費は八〇年代に増加している。しかしその配分比は六〇年代、七〇年代の水準にはとうてい及ばず、しかも道路・運輸通信・地域開発に対する支出の増加は、中小企業・農林漁業に対する支出の減少によって相殺されている。農林族・建設族・商工族といった自民党国会議員グループの活動にもかかわらず、第一次産業従事者や土木建築業者のような自営業的企業に対する財政出動による援助は明らかに縮小傾向にあった。この傾向が日本の国家官僚機構の主要目標である産業構造の高度化（非効率企業の整理を含む）と健全財政主義の双方に適合的な現象であることは言うまでもない。

七〇年代の予算膨脹期を経て、再び国家官僚機構の基本的目標が尊重されるに至った「功績」を誰に帰するべきであろうか。これが利益誘導を求めて競い合う自民党の一般議員に帰せられるべきものでないことには異論はあるまい。他方キャンベル［Campbell 1977, 邦訳六頁］は、大蔵省をはじめとする国家官僚機構にも、目標を絞った予算削減をする能力を認めておらず、結局それは政府外組織である第二臨調によって提供されたと見る。新藤は前述のように、財政再建が進んだと見ること自体に否定的だが、その方向へのイニシアティブが自民党でも官僚機構でもなく、財界の支持する臨調と中曽根首相の「私的諮問機関」から来たと見る点で、キャンベルと一致している［新藤、九〇―九九頁］。

財政支出抑制が、世論と財界の支持を背景とした中曽根首相とその公私諮問機関によって助けられたことは間違いない。しかし大蔵省を中心とする国家官僚機構による財政抑制の努力が、第二臨調が設置される数年前から始まっていたことを見逃すべきではない。

例えば財政赤字の三大元凶の一つと目されていた食糧管理費（他の二つは国民健康保険と国鉄）は、七〇年代に急速な縮小を開始していた（表4－7参照）。その内容を表4－5で詳しく見てみると、七〇年代の前半には、生産者米価の大幅な引上げを、やはり消費者米価（うるち米価格）の大幅引上げによってカバーしていたことがわかる。つまり消費者を犠牲にすることによって、国庫負担を減らしながら米作農民を守ったのである。ところが七〇年代後半になると、消費者米価引上げ幅は七〇年代前半と同様、消費者物価上昇率を大幅に上回ったのに、生産者米価は消費者物価の三分の一の引上げ幅にとどめられた。つまり今や消費者と農民双方の負担を増やすことで食糧管理費を圧縮したのである。八〇年代にはこの傾向が一層強まるが、食糧管理費を圧縮しようとする大蔵省と農水省の動きは、七〇年代後半には本格化していた点に注目すべきである。

農水省の場合、前述したように、農民に対する補助を純粋な所得補償として主張したわけではなく、あくまでも競争力の強化に向けて農業の構造改革を図る手段（競争力のある作物への転換、耕作地の改善・大規模化など）として主張してきたために、五〇年代に本格的な農政が始まってから二〇年を経ても競争力をつけることのできない農業を、もはや擁護することができなくなった。こうして農水省は七〇年代後半以降、食糧管理費ばかりか農水省予算全体の急激な減少をも甘受せざるをえなくなるのである（表４－９参照）。一部にはまだ「基礎食糧自給」を説く声も残っているが、この「対外経済依存の削減」目標は、「産業構造の高度化」や「健全財政主義」「国際貢献」といった他の目標と大きく矛盾するようになっており、後者の目標を生かすために放棄されつつあると言ってよいであろう。実際一九九三年一二月のＧＡＴＴウルグアイラウンド最終協定において、日本政府はコメ輸入禁止の原則を放棄して、一定期間を経て完全関税化することに同意した。

次に社会保障関係費は、七〇年代前半に急速にシェアを伸ばした予算項目であるが、その増加幅をできるだけ縮めようとする大蔵省の試みは、既に七〇年代後半に成果を見せ始めていた。表４－７に示されているように、八〇年代になってから社会保障関係費の比率はいっそう急速に下落した。

歳入の面でも、七〇年代の後半に財政再建のために新しい間接税を導入しようというイニシアティブをとったのは大蔵省であった。大蔵省の影響下にある政府税制調査会が「一般消費税」導入を中心とする増税の必要性について答申を出したのは、一九七七年一〇月のことであった。この間接税構想は、流通部門の利益集団と族議員を中心とする激しい反対運動のため、実現まで一一年半を要した上に、税額票を使わない、免税点を上げる、みなし仕入率を認めるなど、中小企業に大幅に譲歩した内容になった。この譲歩によって、給与所得者に不利な税制を改革するという当初の目標の一つは放棄されることになったが、新たな大型財源を確保することで健全財政主義の支えを得るという大蔵省の中心的目標は貫徹された。中曽根内閣の時、政府首脳は中小流通業者・サービス業者の反対を避けるために、製造業売上税（工場からの出荷にのみ課税）を構想したが、これは製造業大企業・財界と課税ベースが狭くなることを恐れる大蔵省が一体となった反対でつぶれ〔内田健三他一九八八、八六―九〇頁〕、結局中小企業に妥協した内容の一般消費税に落ち着いた。

このように、歳出の抑制という面でも、新たな財源の確保という面でも、臨調が設置されるより以前の七〇年代後半に、国家官僚機構のイニシアティブで健全財政主義に戻る努力が開始されていたのである。

5　まとめ

以上「産業の高度化」「健全財政主義」「対外経済依存の削減」「国際貢献」という国家官僚機構の基本的目標との関連で財政の動向を検討してみた。財政が産業の高度化に果す直接的役割は高度成長期に入って下降し、財政投融資資金の一部が先端産業の研究開発援助に向けられ、かつ公共事業費や中小企業向け支出の一部が、産業インフラの整備や下請企業の近代化を補助した以外は、産業構造高度化の資金はもっぱら民間部門が供給するようになった。対照的に財政は、農業部門や衰退産業・零細流通企業の合理化・転業・廃業を補助する「後ろ向き」の産業調整には積極的な動きを見せた。ただしこれは農業の近代化にはほとんど役立たず、農業人口は財政によってではなく、産業化による農民のサラリーマン化・兼業農家化によって、自然に減少した。衰退産業や零細流通企業の合理化についても、使った費用ほどには成果があったようには見えない。

しかし大蔵省を中心とする健全財政主義があったからこそ、選挙政治の必要に由来する自民党からの圧力で七〇年代に一時財政赤字が拡大したのを除けば、財政の膨脹が課税強化を通して民間部門の資金の流れを阻害することはなかった。その一方で八〇年代になって国際貢献を求める声が強まると、全般的な緊縮財政の中で防衛関係費と経済協力費の比重は増大した。反対に「対外経済依存の削減」目標は少なくとも農業については放棄された。

以上のように、全体的に見れば国家官僚機構の目標は、財政拡大を求める政党からの強い圧力にもかかわらず、貫徹されてきたと言ってよい。

もちろん、産業構造の高度化・健全財政主義・国際貢献という目標は、大企業によっても支持されてきた。大企業が産業構造の高度化を支持するのは当然として、健全財政は民間部門への租税負担を減らし、かつ官僚機構（政府系金融機関を含む）による経営への干渉を防ぐ意味で、大企業の歓迎するところであった。防衛負担・経済援助の増額や農産物自由化等の広い意味での国際貢献は、日本の大幅な貿易黒字を前にして欧米諸国が日本からの輸出（多くは大企業による）に対して報復措置に出るのを防ぐために、大企業にとっても死活的な課題となった。

こと財政に関する限り、国家官僚機構と大企業は目標を共有し、ほぼそれを達成してきたと言ってよいであろう。

対照的に、国家官僚機構の基本的目標以外の目標——例えば都市勤労者や一般消費者の福祉や「生活の質」の改善——については、首尾一貫した施策がとられてきたとは言いがたい。確かに一般会計の社会保障関係費は七〇年代前半に膨脹したし、財政投融資計画中の住宅費も六〇年代から八〇年代を通して増加してきた。しかし、その一方で財政赤字の規模を抑えるために、文教予算を削減したり、消費者米価を高値に維持したりしている。さらに消費税導入など税制改革はきわめて不徹底で、大蔵省に健全財政の基盤を与えはしたが、クロヨン（9・6・4）とかトーゴーサン（10・5・3）とか呼ばれる、中小企業や農民に有利で給与所得者に不利な実態には十分なメスが入れられなかった。

これは産業構造の高度化・健全財政主義・国際貢献に合致しない目標に対しては、たとえそれが政策として掲げられていても、国家官僚機構が必ずしも熱心でなかったことを示している。

五　組織労働者の影響力

企業と国家の関係を考えるにあたって労働者の影響力を見ることには二重の意味がある。一般に資本主義国家において、労働は資本と並ぶ社会的支柱の一つとして、国家の動向に多大の影響を与えると考えられている。西欧諸国におけるコーポラティズム（集団協調主義）が、もっぱら資本と労働の間の国家レベルでの利害調整として把握されるのは、このことを最も象徴的に示している。

さらに労働は重要な生産要素の一つであることから、第三節で述べたように、そのコストと配置の予測可能性いかんは、企業による長期産業投資の動向、ひいては経済全体の発展に大きな影響を与える。

このような観点から日本の労働者の影響力を見た場合、従来はその特徴として、国家レベルでの労働者の無力と企業レベルでの経営者への従属が指摘されるのが普通であった。戦後ごく短期間を除いて、企業を主な支持基盤とする保守党が長期にわたって政権を握り、労働組合を支持基盤とする政党がほとんど常にアウトサイダーであったことは、西欧の経験とは決定的に異なる点であり、日本の労働者の国家レベルでの無力の表れと考えられてきた。他方、日本では中央労働組織や産業別組織に比べて企業別組合が強く、これが労働者の経営者への従属を強める作用を果したと見られてきた。企業レベルでの弱さは、国家レベルでの発言力の制約にもつながる。

以上の見方は、第一節で触れた三位一体論にも「労働なきコーポラティズム」論にも共通する。ただし労働者の経営者への従属は、賃金や労働条件面での改善と矛盾しない。むしろ、一九四〇年代から五〇年代にかけての激しい労使紛争を経て、労働組合は、基本的経営方針や企業内での労働配置・賃金査定について経営側の支配権を認める見返りに、生産性上昇に見合った賃上げと長期雇用の保障を獲得したという点について、以下に述べる多元論者も含めて広く合意があるように思われる。

労働者の国家レベルでの影響力がきわめて限られているという議論に対して、最近多元論者の中から、少なくとも七〇年代半ば以降、労働組合の国家レベルでの影響力が強化されたとする議論が盛んになってきている。例えば島田晴雄［Shimada 1983］は、一九七三年のオイルショックを機に、金属・機械産業の労組指導者と政府高官、官僚、経営者団体リーダーとの公式・非公式の接触が深まり、その結果労働組合が賃上げ要求を自制するようになったことが、オイルショック後、欧米と比べた日本経済のパフォーマンスの良さにつながったと主張した。島田によれば、日本には欧州に見られるような公式のコーポラティズム制度は存在しないが、情報の交換・共有のネットワークが政労使の間に発達しており、それが労組は賃上げ要求を自制し、経営側は解雇を最小限にとどめるという妥協を可能にしたという意味で、日本には「機能的コーポラティズム」が存在する。

島田の議論を発展させた辻中豊［辻中一九八六、Tsujinaka 1993］は、日本には一九六〇年代半ば以来「浸透性ネットワーク」が発達し、労働組合もその中で次第に政策過程に参加するようになり、一九八七年に民間労組を糾合して結成された全日本労働組合連合（一九八九年に官公労を加えて日本労働組合総連合に発展解消）が、「浸透性ネットワークに基づくコーポラティズムの「最後の参加者」」になったと論じた。辻中によれば、連合やその先行組織である政策推進労組会議（政推会議、七六年）・全日本民間労働組合協議会（全民労協、八二年）は、その最小単位である企業別組合に対する公式の支配権をもたず、人員面・予算面での中央集権化も進んでいなかったが、企業別組合や産業別・目的別労働組織との間に、あるいは（産業労働懇話会・各種審議会などを通して）経営者・政治家・官僚との間に、密度の高いネットワークを張り巡らすことによって、大きな影響力を獲得するようになった。その結果、政推会議、全民労協、連合が国家レベルであげた成果として、辻中は、所得税減税、雇用保全のための一連の立法（一九七七―八七年）、男女雇用機会均等法（八五年）、高齢者雇用安定法（八六年）などをあげる。

七〇年代以降の組織労働者の政治的影響力の上昇とその背後にあるネットワークの拡大を指摘する点で、久米郁男［Kume 1988；久米一九九二、Kume 1995］も島田、辻中と共通するが、久米が特に強調する点は、オイルショック以前には企業レベルと春闘での交渉によって労組員の賃金・福利がほぼ決まっていたのに対し、オイルショック後のインフレと低成長の時代になると、国家レベルでの政策形成に参画することなしには、それが難しくなったということである。つまりオイルショックを契機とする厳しい不況は、個別企業の努力だけで雇用保全をはかることを難しくしたし、インフレ克服も企業レベルでの賃金抑制だけでは不十分だと考えられた。また高度成長期のような賃上げがもはや望めないのであれば、それに代る所得・福祉向上の方法が模索されなければならなかった。そこで金属・機械産業の労働組合を中心に、国家の政策や制度に影響を与えようとする行動が目立つようになり、雇用保険法改正（一九七四年）、特定不況業種離職者臨時措置法の立法（七七年）、所得税減税（七七年）、労働基準法改正による労働時間短縮（八七年）などの成果をあげたと見る。

久米の議論の特徴は、このような成果の背景として、単にネットワークの存在をあげるだけではなく、労働組合が置かれている「政治的機会構造」に着目していることである。つまり、日本の労働組合は西欧諸国の労組に比べて組織率など客観的な権力資源には恵まれていないが、資源を動員する際の政治的環境次第で、相当の影響力を行使しえたと考えるのである。特に一九七〇年代には、自民党の国会での絶対多数支配が揺らいだために、自民党は民間労働者の間に新しい支持基盤を求めるようになったし、労働省も失業保険積立金が余りすぎたために、新たな雇用政策のあり方を模索していた。それに加えて不況産業の保護と離職者対策の必要性については、経営側も労働側と一致した考えをもっていた。

以上の議論のうちネットワーク論については、一般にある政策行為者がネットワークの中にいることは、影響力をもつための必要条件ではあっても、十分条件とは言えない点に注意する必要がある。例えば通産省が産業政策に関わるネットワークの重要なメンバーであることに異論を挟む者はないであろうが、サミュエルスが指摘したように、管轄が広いことは、必ずしも支配力が強いことを意味しない[Samuels, p. 260]。

各種審議会は公式のネットワークの典型であり、参加者がそれぞれの立場を知り合ったり、政策立案後その実行をスムーズにしたりするのに役立つという議論がある一方[Schwartz 1993, pp. 231-32]、審議会での討議の方向は官庁側の提案や示唆によって左右されるという通産官僚の指摘もある[Wakiyama 1987, p. 217]。つまり審議会にもさまざまなタイプのものがあり、審議会ネットワークへの参加が自動的に影響力につながるわけではない。

さらに辻中の言うような密度の濃いネットワークが縦横に張り巡らせられた場合、ネットワーク同士の影響力の相殺が起きたり、政策決定上の非能率を招いたりする可能性も指摘されなければならない。

他方、久米の「政治的機会構造」論の問題点として、組織労働者そのものではなく、自民党・労働省・経営者らの動向を重視しすぎると、組織労働者自身がどこまで政策形成に影響を与えたかの判断ができなくなる恐れがある。ある政策は、組織労働者からのインプットがなかったとしても、自民党や労働省や経営者側の都合で十分実現されたかもしれないのである。

例えば久米が労働側の成果としてあげる一九七五―七六年のインフレ対策は、国民一般の不満を背景に、経営側、官僚機構、自民党、野党らがこぞって求めたものであり、労働側が賃金抑制と交換に要求した結果、実現したというものではない。また所得税減税も、物価上昇と経済成長による税額上昇を軽減するために、一九七四年までは頻繁に実施されており、七七年減税が特別だったわけではない。また七八年以降は八四年に至るまで所得税減税はいっさいなされておらず［Noguchi 1987, pp. 197-98］、労働組合が企業レベルでの賃金抑制と引換えに、国家レベルでの減税政策への発言力を高めたという久米の主張に合わない。

また辻中が労組の「政策制度闘争」の成果としてあげる男女雇用機会均等法について、篠田徹［一九八六］の詳しい分析によれば、一九八〇年に「国連婦人の一〇年」にあたって政府が女子差別撤廃条約に署名してしまった以上、自民党政府としては何らかの法整備を迫られていたし、労働省婦人少年局にとっては男女雇用機会均等法の成立は「悲願の達成」を意味した。それに対して労働側は、男女平等化が「女性保護」見直しとセットにされたこともあって及び腰であったという。結果としてできた法律も罰則規定を含まず、企業の努力を促すだけの内容におちついた。実際、一九九三年以降不況が深刻化した時には、男女雇用機会均等法の主旨に反して女性従業員の採用を中止ないし大幅に削減する企業が続出した。

おそらく久米や辻中が労働側の国政参加の成果としてあげる中で最も重要なのは、雇用保全に関する一連の立法であろう。これは企業内での従業員の配転・再訓練のための費用や一時帰休・出向などに要する賃金の一部について雇用保険基金から補助しようというもので、オイルショック後企業の長期雇用の慣行が危機に陥ったことに対応する政策であった。

本来、長期（終身）雇用は、労働側が賃金・人員配置などで妥協するのと交換に、一九六〇年代初めころまでに一般化した慣行であり、経営側にとっても自企業に忠実な熟練従業員を確保する上で、重要な役割を果すと見られていた。すなわち日本の企業では、労働者の熟練と職業的知識はかなりの程度個別企業特有であり、かつ賃金・企業年金・退職金などが在職期間によって左右される。したがって労働者が職場を変ることは、労働者自身にとって不利になるばかりでなく、経営側にとっても再募集・再訓練のコストがかかることになる［青木昌彦一九八四、三一一―一二頁］。また転職による不利を恐れる従業員は、自企業の業績に敏感になり、積極的にQCサークルなど生産性向上の運動に参加したばかりでなく、経営側に協力的な企業別組合を強化することにもなった［Koike 1987, pp. 307–08］。

このように長期雇用は労働側ばかりか経営側にとっても重要な慣行になっており、その危機への対応としての雇用保全政策の形成において、労働組織リーダーの政治参加にどの程度意味があったのかを計ることは容易でない。しかも七〇年代の雇用保全政策は、労働者をできるだけ企業内ないし関連企業内にとどめることによって長期雇用の実質を守り、それが不可能な場合にも賃金・労働条件上の不利ができるだけ生じないように、労働省が補助するという内容のものであった。つまり雇用保全政策は、企業別組合に代る労働者保護・福利向上のシステムを作るというよりは、企業別組合を守るために一部国家による補助を使うことを狙った方策であった。

ところが、一九九二年以降の長期不況下のリストラにおいては、経営側に余裕がなく、一時休業・出向・再訓練など長期雇用を前提とした方策よりも、ホワイトカラーを含む社員の解雇や「早期退職」、他社への永久的配置換えをおこなう企業が増えた〔『日本経済新聞』一九九四年六月七日など〕。連合がそうした流れの前に無力である事実は、経営側と方針が一致しない場合には、労働頂上組織が長期雇用維持といった労働者にとってきわめて重要な慣行を守ることも容易でないことを示唆している。それは、日本の労働組織が企業別組合を積み上げた形で形成されていて、自企業の生き残りを最優先させる企業別組合の意向を越える運動方針を出せないことの表れである。

このように見てくると、七〇年代以降穏健な民間労働組合のリーダーを中心に、労組指導者の国政ネットワークへの参加が目立つようになったのが事実だとしても、国家レベルでの労働組合の影響力はまだきわめて限られているように思われる。

その根本的な原因は、馬場宏二〔一九九二〕が「会社主義」の名で総称した被雇用者の強い企業帰属意識が、経営側に協力的で自企業の生き残りを最優先させる企業別組合を再生産してきたことである。企業別組合は多くの場合、他社や外国企業との競争に勝って生き残るために必要だという経営側の言い分を受け入れ、軽微な不況の場合には臨時労働者や下請企業の労働者を雇用の調整弁に使うことに同意したし［新川敏光一九八九、一五九―六二頁］、厳しい不況の場合には、常用労働者を半ば強制的に退職させたり、永久出向させたりすることも、ストなしに受け入れている。

九〇年代になって雇用問題をいっそう深刻化させているのは、第三章でも触れたように、急激な円高によって日本企業の多国籍化（工場の海外移転）が加速化したことである。アメリカ合衆国では、国家に産業政策実行力がなく、労働組合の協力も得られなかったので、製品サイクル引き延ばしによって企業の国際競争力を維持することができず、国家は税制・金融上の優遇措置や投資保険制度を早くから整えることで、企業の海外脱出を助ける道をとった。それとは対照的に日本の企業の場合、国家と労働組合の協力の下、労働者の多能工化・組立工程の自動化・在庫の極小化などの工夫を進めることで、国内に立地したままで国際競争力を維持することに成功した。しかし八五年以降の円高とアジア新興工業国の追い上げを前に、国内での調整による国際競争力維持も限界に達し、企業はこぞって海外シフトを強めたのである。にもかかわらず、相変らず労働組合の反応は鈍く、企業レベルでも国政レベルでも彼らが海外投資に激しく反対するという現象は、いまのところ目立たない。これはアメリカ合衆国の労働組合がＮＡＦＴＡ（北米自由貿易協定）交渉の過程などで見せた企業の海外移転に対する激しい敵意とは対照的である。

経営側に協力的な企業別組合の存在は、第三節で触れた労働の供給条件の予測可能性を高め、ひいては長期産業資金の動員をやりやすくする基本的な要因でもあった。春闘も同一産業内の労働条件を標準化することで、企業間の競争から労働コスト要因を取り除き、長期投資にあたっての不確実性を減少させたという意味で、企業別組合の機能を補完する効果をもったと見ることができる。

六　日本における企業－国家関係の特質と将来

戦後日本における企業－国家関係の特質を理解するには二つの点に注目しなければならない。一つは、戦後日本の経済発展が、一九四〇年代の一時期を除けば、主に民間資金の動員によってなされたこと、したがって生産要素供給や生産物需要の予測可能性を高めることで長期民間投資のリスクを引き下げることが成功の鍵だったことである。第二に、戦後日本では、こういった投資環境の整備が民主主義政治の枠内でおこなわれたことである。投資環境整備に関わった官僚機構は、政治家や政党を通した社会勢力の圧力の下で作業を進めなければならなかったのである。

1　非競争部門における企業－国家関係

政治的圧力によって利益を守ろうとする社会勢力は、通常市場における競争力が弱い社会部門で、戦後日本では石炭・繊維等の業界や一九七〇年代以降の構造不況産業、農業、零細商工業などが中心であった。これらは政府の補助金・低利融資、政府公認のカルテル等による参入規制・生産調整、政府による外国企業・商品の締め出しなどの政策措置によって競争力不足を補ってきた。特に農民と中小企業主は、労働組合に支えられた左翼政党に対峙する保守党の重要な支持基盤として位置づけられたため、五〇年代初期から保守党政権の下でさまざまな便益を獲得してきた。その際の特徴は、産業構造の合理化・高度化による経済成長を優先させるため、非競争部門の保護には熱心でない官僚機構を、保守党を中心とする政党が説き伏せて、官僚機構の担当部局と社会部門の間に、長期的な保護・被保護関係を制度化させたことであった。農水省・食糧庁と農協を通じた農民との関係はその典型であるが、中小企業の場合にも、国民金融公庫の無担保融資や大規模小売店舗の出店調整の際に見られたように、通産省が商工会議所を通して零細業者を保護する制度が作られた。石炭産業や繊維産業の場合にも、業界団体や事業団を仲立ちとする長期的な関係が通産省と企業の間に作られた。

官庁の担当部局と個別社会部門の間の保護関係の制度化は、大蔵省と金融業界、運輸省と海運・造船業界、厚生省と製薬業界などの間にも見られる。これは石田徹［一九九二、二四九頁］が「政策領域毎のセクター型コーポラティズム」と呼んだ現象である。このように、官庁と社会諸部門の間の関係が制度化されていたからこそ、自民党は農民・中小企業主・大企業を長期的な支持基盤に組み入れることができ、その結果一九九三年に至るまで長期に政権を維持し続けることができたのである。

アメリカ合衆国でも「鉄の三角形」の名で呼ばれる利益集団、議会小委員会、担当官庁の結びつきが指摘されているし、ローウィのように特定の有力利益集団が特定の官庁を植民地化していると主張する論者もいる。しかし、一般に指摘されるのは［Wilson 1981, pp. 132–33; Wilson 1990, p. 40 & p. 183; Zysman 1983, pp. 266–67; Mahood 1990, p. 135］、アメリカ合衆国では大統領府と並んで議会の権限と能力が強く、地方政府、裁判所や独立規制委員会の役割も大きいので、社会勢力は政策過程に接近する多数の経路をもつことになり、国家安全保障に関与する国防省と防衛産業の関係など一部の例外を除けば、特定の社会部門と官庁部局が長期にわたる関係を制度化させることは容易でないということである。デイヴィッド・ヴォーゲルのように、一般的な見解に反して、アメリカ合衆国の産業政策は十分合理的で有効だったと主張する著者でさえ、アメリカ合衆国における企業と国家の関係はアド・ホックで、公式ないし準公式の接触経路はないと述べている［Vogel 1987, pp. 109-10］。

さらに農業や商工業に典型的に見られるように、アメリカ合衆国では社会部門そのものが分裂していることも多く、複数の利益集団による圧力の交差は、国家と社会部門の関係を流動化させやすい［Salisbury 1979, pp. 215-17; Wilson 1982, 邦訳二二七―二二八頁］。社会部門と担当官庁の間に長期的に安定した関係を制度化することが難しいために、民主党や共和党が特定の社会部門を長期的な支持基盤に固定化することも困難である。労働組合は民主党、大企業は共和党という傾向はあるが、固定化しているわけではない。

こういった日本とアメリカ合衆国の違いは、日本では明治期以来独自の目標をもった官僚機構が発達し、民間部門を規制したり振興したりする経験を積み重ね、民間部門との間にさまざまな制度的結合を作ってきたことに由来するところが大きい。積極的な官僚機構が存在したために、政党は政策の細部の決定と実施を官僚機構に任せざるを得なかったのであり、官僚機構も保護主義的な政策を受け入れる代りに、日常的な社会部門との接触を自己の管轄内に独占しようとしたのである。

2　衰退産業と先端産業の利害調整

鉱工業の衰退部門や農民・零細商工業者への官僚機構による保護は、企業活動一般に好意的な政治的・社会的安定を、ひいては良好な投資環境を保障するのに役立った。しかし非競争部門への保護がいきすぎた場合には、先端産業が使うエネルギーや原材料のコストを上げたり、コメなどの小売価格の引上げを通して賃金上昇圧力やインフレを強めたり、先端産業の財政負担を高めたり、インフレ的財政赤字を悪化させたりする可能性があった。その場合には、産業構造高度化による日本の経済成長やオイルショックからの早期回復は実現され得なかったであろう。したがって、経済の先端部門と衰退部門の間の利害調整が誰によって、いかになされ、その結果いかに生産要素供給と生産物需要に関する長期の予測可能性が確保されたかを問うことが、決定的に重要なポイントとなる。

この点でも官僚の役割を無視することはできない。まず一九五〇年代までは先端産業やそれを支える基礎産業への資金供給で、官僚機構は枢要な働きをしたし、先端産業への投資資金供給の主役の座を、企業集団や長期信用銀行などの民間組織に譲った六〇年代以降も、機械産業下請企業の育成や、ハイテク部門の研究開発に資金を流すことで、産業構造の高度化に直接貢献し続けた。新興産業に需要を確保したり、成熟産業に合理化・差異化の時間的余裕を与えるためにカルテル行為を許したりする政策は、つい最近まで続けられていた。

他方、衰退産業に対する援助も、すべてが無駄に使われたわけではない。それは銀行の貸付金回収を助けたり、離職者の転職を補助したり、新しい工場団地を造成したりすることで、衰退部門から先端部門への生産要素移動を円滑にするのに役立った面もある。

官僚機構はまた、その強い経済合理主義によって、非競争部門への純然たる保護に対して下方圧力をかけ続けた点も指摘されなければならない。例えば通産省は中小企業振興にあたって、補助金ではなく、返済義務のある低利融資を使うことで、企業の自主努力を促したし〔小宮他、四五六、四六三頁〕、政治的圧力の下で特安法を制定した時も、不況産業信用基金の設立は認める一方で、その借入金返済は受益業界が自己負担で返済することを義務づけた〔前掲書、三八二頁〕。一九七三年にやはり政治的圧力で大店法が制定された時には、国会からの圧力が耐えられないほど高まるまで、数年にわたって大規模小売店の出店に緩い態度をとり続けた〔Upham 1993, p. 272〕。また通産省は、輸入規制を求める繊維産業からの要望が七〇年代から出ていたにもかかわらず、絹関連品を除いて、これを受け入れようとはしなかった。通産省の繊維産業審議会が多国間繊維取り決め（MFA）に基づく輸入規制発動の条件を整理しただけの提言をまとめるのに、一九九四年五月までかかったのである〔『朝日新聞』一九九四年五月一八日〕。通産省はまた一九九三年一〇月に、繊維産業に認めていた八九件にのぼる設備カルテルを全廃してしまった〔『日本経済新聞』一九九三年一〇月二二日〕。

農政は政治的圧力を背景とする補助金行政の最たるものといえるが、官僚機構全体の中で純然たる所得保障策は正統性をもたず、農水省は農民保護をおこなう場合でも、常に構造改善や近代化を公式の目標として主張することを余儀なくされてきた。だからこそ、このような主張の根拠があまりにも薄弱になった七〇年代後半以降、自民党農水族の後押しがあったにもかかわらず、農水省は食管予算を含む自省予算の削減を飲まざるを得なくなるのである。

官僚機構全体における合理化・産業構造高度化へのコミットメントと並んで、衰退産業保護に下方圧力をかけたもう一つの要因は、大蔵省を中心とする日本の予算制度である。日本では主要な政策の形成が、年度毎の予算交渉に凝縮される傾向があることから、大蔵省と諸省庁の交渉が社会諸部門間の利害調整の場として重要な地位を占めるようになっている。しかし縦の関係に比べて横のつながりに弱い日本の諸省庁では、相互のライバル意識と縄張り争いが激しいため、大蔵省による調整も、省庁間の予算配分比を大きくは変えない範囲でおこなわれてきた。省庁間にバランスをとり、特定の省庁を敵対化させないことは、政治的紛争を防ぐ上でも必要であった［Campbell 1977, 邦訳三六二―六四頁、Campbell 1984, pp. 322–23］。

このような予算方式は、環境の変化に応じて予算配分を柔軟に変更することを不可能にするという重大な欠陥を含んでいる。しかし特定の省庁による非効率な出費の膨脹を防ぐことで、非競争部門への出費に下方圧力をかける作用も果した。というのは、各省庁は毎年一定の予算の中でやりくりしなければならないため、非効率な分野への出費を増やした省庁は、自省内の他の予算項目を犠牲にしなければならず、結局自分の首を締めることになったからである。

大蔵省をはじめ日本の官僚機構が健全財政の維持を主要な目標の一つにしてきたことも、政治的圧力の下で七〇年代に膨脹した財政赤字を削減するのを助けた。全体として日本の財政政策は、先端産業への資金の流れを阻害しかねない法人税負担の増加やマクロ経済の不安定化を防ぐ役割を果してきたと言ってよかろう。

以上、戦後日本では、個別の社会部門と所管官庁の縦の関係が強く、横には分断された「セクター型コーポラティズム」が広く見られるが、官僚機構全体による目標（特に産業構造の高度化と健全財政）の共有と、大蔵省と諸省庁による特有の予算編成方式が、先端部門への資金の流れを阻害しない範囲で諸部門間の利害調整をすることを可能にしてきた。それがあったからこそ、系列や企業別組合といった民間組織による先端部門内部の利害調整もスムーズに進んだのである。

このように、社会部門間の利害調整は主として官僚機構によって担われてきたが、管轄の不分明な産業分野（例えば八〇年代の付加価値通信網）や、官僚機構の主要目標と合致しない政策領域（例えば七〇年代の公害対策や社会保障政策）については、官僚機構内部では調整ができないか、官僚の政策イニシアティブが弱いので、自民党有力者の判断に任されることが多かった。知名度が高い自民党有力者の場合には、一般議員とは違って選挙で落選する恐れが少ないので、個別利益集団の利害から離れた調整をすることが可能だったという指摘がなされている [McKean 1993, p. 98]。

3　不安定な一般消費者向け政策

公害対策や社会保障政策の場合は、一九六〇年代末から七〇年代半ばにかけて顕著になった支持率の低下を、官僚の主要目標には入っていない一般消費者保護によってくい止めようとする自民党のイニシアティブによって実現されたという側面が強い。しかし一般消費者の場合、野党の支持基盤であった組織労働者を除いて、組織化が遅れているために、担当官庁との間に長期的な関係を制度化させる程度が低い。したがって、一般消費者向けの政策は七〇年代末までに自民党の復調を助けたが、消費者の多くは基本的に浮動票にとどまっており、それが八〇年代末以降の政治変動の源になっている。

官僚機構がその主要目標からはずれる一般消費者保護に首尾一貫した取扱いを与えなかったことも、消費者を保守党支持層に固定化できない理由の一つである。公害規制や社会保障支出の拡充、住宅建設・取得の促進といった消費者向けの政策がとられる一方、消費者米価の引上げ・据置き、高齢者福祉行政や土地制度改革の遅れ、不公平税制の放置などが消費者の不満をまねいた。八〇年代以降は医療・年金保険の負担率引上げと支給率引下げなど、社会保障の縮小もおこなわれた。また石炭産業、コメ農家、零細小売店といった非競争部門保護の費用も、一部は消費物資・サービス価格の引上げという形で、消費者の肩に広く薄く課せられた点も見逃すべきではない。財政支出による住専（住宅金融専門会社）支援も、農協や銀行のような出資母体を国民一般の負担で救済しようとする試みの一つである。日本では政治的安定確保による投資環境の維持や投資リスクの分散化は、一般消費者の犠牲の上におこなわれてきたと見てよいであろう。

一般消費者保護が、企業に対する振興・保護政策ほど熱心な取扱いを受けてこなかったもう一つの理由は、一般消費者の中核を占める給与所得者のうち組織化された部分が、経営側に協力的な企業別組合に組み込まれているため、生産者としての立場を離れて消費者運動をリードするのが難しいことである。組織労働者については、七〇年代に雇用保険制度など国政レベルでの保護策がとられたが、保険金が

「給与」の一部として経営者を通して支払われることに見られるように、この制度は、企業別組合に代るコーポラティズム組織を労働省と組合の間に制度化させるというよりは、大企業の長期雇用慣行を、ひいては企業別組合を補助することを主な狙いとしていた。

大企業・中小企業・農民といった「企業」がセクター型コーポラティズム組織によって、国家官僚機構と長期的な関係を制度化させたのに対して、一般消費者については首尾一貫した取り込みがなされず、組織労働者は主に企業別組合という民間組織に組み込まれたままだったため、大企業・中小企業・農民のように自民党の長期的支持基盤に固定化されることはなかったのである。

4　企業−国家関係の現状と将来

農民や中小企業を含む広い意味での企業と国家が密接な協力関係を保ってきたことが、企業別組合や系列といった民間の調整組織の存在と並んで、戦後日本の経済復興、高度経済成長、そしてオイルショック後の経済回復を支える重要な要因であったことは間違いない。しかし、まさにこうした経済的成功に由来する国際的・国内的圧力のために、現代日本においては、企業−国家間のセクター型コーポラティズムと企業別組合・系列といった民間部門調整装置の双方が流動化を余儀なくされ、それにともなって政党支持の浮動化も進行している。この傾向は一九七〇年代に最初の兆候が現れ、八〇年代に次第に顕著となり、九〇年代に危機的状況に達した。

まず官僚機構や民間組織による大企業部門での産業構造高度化政策は、七〇年代末以降日米摩擦が激化し、自由主義世界経済の維持と拡大という一種の「国際貢献」を諸外国（主にアメリカ合衆国）から求められるに至って、困難に直面するようになった。例えば公共調達や政府規制による需要確保政策は、アメリカ企業とアメリカ政府の圧力によって変更を余儀なくされてきた。これまでのところ、モトローラ社のように特に声高なアメリカ企業をセクター型コーポラティズムの中に統合することで対処してきたが、アメリカ合衆国からの要求がより一般的なものになったり、欧州・アジア諸国からの同様の要求が強まったりすれば、所管官庁と業界を結ぶ関係そのものを清算せざるをえなくなる可能性がある。

しかし技術開発や資金調達の主な担い手は、今や官僚機構というよりも民間部門であるので、株式の持ち合いや下請系列のような民間組織や慣行を「非関税障壁」として非難するアメリカ合衆国の動きは、いっそう深刻な問題をはらんでいると言わなければならない。

「国際貢献」という目標は「産業構造の高度化」という目標と抵触するようになったばかりでなく、「健全財政主義」とも衝突するに至っている。すなわち一九九三年から九四年にかけての日米交渉で、アメリカ側は日米間の貿易摩擦解消の手段の一つとして、日本における内需拡大を強く要求した。その際、減税を増税に数年先行させること、つまり健全財政主義を崩すことを赤裸々に求めたのである。

他方、農民と中小企業は日本社会における数的重要性を失ってきたが、国家との制度的結合ゆえに、自民党の確実な選挙基盤であり続けた。しかし経済大国となった日本に対する国際的圧力の下で、官僚機構も自民党も農民・中小企業との長期的保護関係を見直さざるをえなくなった。食糧の対外依存軽減を旗印にしてきた農水省は、牛肉・柑橘類・コメなどの輸入禁止撤廃を受け入れたし、通産省も外圧を背景に、一九九一年から九四年にかけて大店法を改正し、出店規制を大幅に緩和した［Upham, p. 268 & pp. 286-87］。このような政策は農民や商店主を動揺させて、自民党への政治支持を不安定化させる要因の一つになった。

しかし、かつては政治的・社会的安定のために非競争部門に対する保護措置を甘受した大企業は、経済的成功による経営基盤の安定化と冷戦構造の緩和を背景に、保護措置に対して積極的に反対するようになった。保護による政治的便益よりも、貿易摩擦激化による経済的コストの方を重視するようになったのである。

国内に目を転じると、経済成長によって社会構造が流動化し、国民の所得水準も全般的に向上した結果、いわゆる「新中間大衆」が国民の多数を占めるに至った点が大きな変化と言えよう［村上一九八四、一九〇―九四頁］。この「新中間大衆」の中では、農民・自営業層が急速に減少し、代って給与所得者やその家族（主婦、学生）が圧倒的部分を占めるようになった。これら給与所得者の多くは、全体的に保守化することで社会党の選挙基盤を奪ったが、前節で述べたように、官僚機構との間の制度的結合が弱いままだったために、自民党の支持基盤に固定化されることもなく、政治的に浮動層のままとどまっている。

給与所得者やその家族の多くは、企業と国家の関係をとりもつことで票や資金を得ようとする自民党議員の政治腐敗行為には嫌気がさしており、それが一九八八年のリクルート事件表面化から九三年の自民党政権の崩壊にいたる流れの原動力となった。この腐敗への反発が、八九年参議院選挙での社会党マドンナ・ブームを生み、九三年の衆議院選挙では日本新党ブームを呼んだのであるが、その後の社会党の低落と日本新党の支持率低下（と新進党への吸収）に現れているように、今のところどの政党も「支持なし層」の取り込みに成功してはいない。それが九〇年代の日本の政党政治をきわめて不安定にする根本的な原因となっている。

将来的には、いずれかの政党ないし政党グループが、給与所得者を中心とする「新中間大衆」を、公共政策を通してセクター型コーポラティズム組織に統合することに成功すれば、この政党ないし政党グループが、かつての自民党のような「優越政党」になるであろう。しかし「新中間大衆」が「支持なし層」として浮動し続けるならば、農民・中小企業の保守党支持が揺らいでいることもあって、日本の政党政治は、アメリカ合衆国型の個人有権者をベースとしたイメージ政治に変るかもしれない。

「新中間大衆」を特定の政党支持層として固定化しえない原因の一つは、その中核を占める給与所得者のうち労働組合に組織化された部分が、企業別組合の「会社主義」のために、消費者としてよりも生産者として行動する傾向を抜け出せないでいることである。ただし一九九二年以降の長期化する不況と低成長、さらに急速な海外への工場移転という状況の中で、長期雇用の慣行が崩れ始めており、慣行そのものを見直すべきだという経営者も増えている。こういった傾向が本格化すれば、長期雇用に支えられてきた企業別組合そのものが弱体化して、給与所得者は、職業の安定を失う代りに、生産者としてよりも消費者として行動する余地を増やす可能性がある。

九〇年代の長引く不況と低成長は、企業別組合と並ぶ民間調整組織である系列をも揺るがし始めた。

従来企業集団内での株式の持ち合いは、企業の乗っ取りなどを恐れずに長期経営戦略を実行するのを助けたが、不況が長期化したために、関係会社の株式を保有し続ける余裕がなくなってきたというのである［『朝日新聞』一九九四年六月二九日］。前述したアメリカ合衆国からの「系列」攻撃もあって、この重要な民間企業間の調整組織が崩れることになれば、日本の政治が個人ベースになるのと並んで、日本の市場もまた個別企業を単位とするアメリカ合衆国型に変らざるを得ないであろう。

第五章　韓国・メキシコにおける企業－国家関係

一　工業化と企業－国家関係

1　第四世代工業国の工業化

第二章で触れたように、韓国とメキシコはガーシェンクロンの言う後進国よりも、さらに遅れて工業化を始めた国々であり、金泳鎬の言う「第四世代工業国」にあたる。実際この両国は、他の発展途上国と同様第二次大戦後に本格的な工業化を開始した。

金泳鎬によれば、「第四世代工業国」の特徴は、工業化にあたって民間の企業や銀行の資金動員力だけでは、先進国に追いつくための急速な工業化をなしとげることができず、国家そのものの介入、さらには外国資本（多国籍企業や外国金融機関）の導入が不可欠であることである。

実際、韓国もメキシコも、一般に国家の経済への介入という点では際だった国と見られてきた。外資の導入という点でも、韓国の場合は銀行融資が多く、メキシコの場合は直接投資が多いという相違はあるものの、工業化にあたって外国資本が不可欠の役割を果したという点で共通する。

しかし、国家の経済介入や外国資本の順調な流入が自動的に工業化の成功を保証するわけではない。

一九七〇年代末から八〇年代初めにかけての危機を乗り越えて、工業の高度化を成功裡に進めた韓国と、同じ時期に累積債務危機で足踏みしたメキシコの違いが、この点を如実に示している。

こういった両国の経済実績の違いは、両国政府がとった開発戦略の違い（輸入代替か輸出振興か）に起因する点もあるが、両国の国家と企業それぞれの構造の違いと、国家と企業（内資・外資双方）の関係の違いによるところが大きいと考えられる。開発戦略の違いも、企業－国家関係の違いによって、ある程度説明することができる。

そして、国家と企業の構造や関係は、「第四世代」という工業化のタイミングに関わる要因ばかりでなく、第二章で触れた他の諸要因——旧体制の特徴、工業化の段階、国際国家システム上の地位——によっても左右されるはずである。

そこで以下ではまず、企業－国家関係をめぐる三つの視点——自由主義、国家主義、マルクス主義——との関係で、韓国とメキシコの経済発展に関するこれまでの研究史を簡単に振り返った後、両国の経済実績の違いを念頭に置きながら、両国の国家と企業それぞれの構造について、また両者の関係について、史的要因に留意しつつ分析する。

2　争点は何か

前章のはじめに指摘したように、日本の政治の特質についての論争は、主として(1)政策決定の中心的推進役は誰か、(2)社会勢力の政治的影響力はどの程度分散しているか、という二点をめぐっておこなわれてきた。

それとは対照的に、本章が第四世代工業国の例としてとりあげるメキシコと韓国のうち韓国の場合は、第二の点つまり政治的影響力の分散度について論争になることは、ほとんどなかったと言ってよい。論争は、もっぱら国家と大企業のどちらが政策決定の中心的行為者であり、ひいては、誰が経済発展の推進役だったかをめぐっておこなわれてきた。メキシコの場合は第一の点ばかりでなく、第二の点についても論争がなされてきた。ただしメキシコの場合も韓国の場合も、日本とは違い、政策決定の推進役として政党がとりざたされることはまれで、主に国家（大統領と官僚機構）と企業ないし他の社会集団との関係が議論の中心に据えられてきたのである。

例えば韓国の場合、従来もっとも有力な見解は、国家（大統領と官僚機構）のイニシアティブが企業のそれに勝るというものであった。『チェボル（財閥）』という本を書いたスティアス、シン、アングソンの三人は、大企業を網羅するチェボルの成功にとって、国家による優遇措置を受けることが必須の条件であり、「韓国では政府が政策を作り、企業は通常それに従う」と指摘した［Steers, Shin & Ungson 1989, pp. 42-43 & p. 45］。アムスデンは、韓国の国家が他の後発工業国より優れた点として、民間企業に補助を与える代わりに、国家が示す目標をきちんと実行させるのに成功したことをあげる［Amsden 1989, pp. 14-18］。

一九六〇年代の輸入代替工業化から輸出志向工業化への政策変更を説明しようとしたハガードは、この変更を企業家の利益という観点で説明することは難しく、国家の自立した力の反映と見るべきだとの結論に達している［Haggard 1990, p. 39］。韓国の産業金融を研究したジュンエン・ウーも、七〇年代の重化学工業化は比較優位論に反した不確実な大事業であり、民間部門にはなしえなかったと見る。彼女はまたチェボル自身七〇年代に国家によって作られたと考える［Woo 1991, pp. 10-11 & pp. 14-15］。

このような「国家主義」的な見解に対して、渡辺利夫［一九八六、一一〇頁］は、政府の政策の重要性は認めながらも、それによって生まれたビジネス・チャンスをつかんで、企業を拡大し、ひいては韓国経済を急速に成長させたチェボル創始者たちの企業家精神を高く評価する。柳や李も、自動車産業の研究を通して、チェボル企業のイニシアティブと能力を再評価している［Lew 1992, p. 50, p. 58 & p. 60; Lee 1993, pp. 187-88］。

崔炳善は、七〇年代の重化学工業化の分析を通して、韓国の企業－国家関係は、七〇年代半ば以降、国家優位の状態から両者の「戦略的相互依存」の関係に変ったと主張する。確かに国家がうちだした七〇年代の巨大事業にはチェボルも躊躇したが、だからこそ国家はチェボルを自己の事業に協力させるために、信用供与にあたって彼らの意向に相当配慮しなければならなかったと言うのである［Choi 1993, p. 32, p. 36 & pp. 38-39］。

経済政策の形成にあたって、国家がチェボルと相談・交渉していたと見る点では、大西裕も崔と共通するが、大西の場合チェボルの影響力を六〇年代半ばに遡って認める。大西は、朴正熙大統領が経済人と頻繁に会合していたことから、経済界の意向は大統領を通して、経済政策の実行主体である官僚機構に「上から」入力されたと主張する［大西裕一九九一、九五―九六頁、大西一九九二、一一三―一一四頁］。

これらの見解の特徴は、政策形成における大企業の影響力を重視するところにある。大企業以外の社会集団についてはほとんど言及していないが、全体としては自由主義的な論調になっている。

韓国と比較してメキシコの場合は、有力な国家優位論がある一方、企業を含む社会集団の影響力を韓国よりもずっと重視する見解が存在するのが特徴である。

国家優位論としては早くも一九六四年にブランデンバーグが、メキシコにおける権力は少数の政治・行政エリートに集中しているとして、このグループを「革命家族」と呼んだ。ブランデンバーグによれば、「革命家族」の中でも「全能の大統領」を頂点とする二〇名余の「革命権力中枢」がメキシコを掌握している［Brandenburg 1964, pp. 6-7, pp. 141-44 & p. 155］。

ゴンサーレス・カサノバ［González Casanova 1970, p. 31］とコーフマン・パーセル［Purcell 1973, p. 35］も、メキシコの大統領がもつ強大な権力を重視する。パーセルによれば、メキシコの大統領は絶対君主の現代版であり、彼が誤りを犯しても、批判されてはならず、責任は「無能」な大臣に帰せられる。

ところがヴァーノンは、ブランデンバーグとほぼ同じ時期に出した著書の中で、これとは対照的な議論を展開している。すなわちヴァーノンによれば、メキシコの大統領の権力は蜃気楼でしかない。メキシコの大統領は、広い国民の支持を獲得するために、皆を満足させようと、折衷的な政策をジグザグに実行しようとする結果、既得権益の網の中で身動きがとれなくなる。つまりメキシコの権力はさまざまな利益集団の間に分散している［Vernon 1963, p. 131］。

カサノバやパーセルと同時期に一書を著したスコットは、メキシコの経済発展が進み、社会的利益が多様化するにつれ、大統領を長とする官僚機構が利益集団を上から操作することが困難になり、大統領は社会的利益の中立的バランサーでしかなくなっていると論じた [Scott 1971, p. 26, p. 162, pp. 244-47 & pp. 302-303]。これは六〇年代を風靡した近代化論にそった自由主義的解釈である。

このように真っ向から対立する見解に対して、折衷的な観察ないし議論も出されてきた。例えば上記のパーセルは、一九七五年に出版した労働者への利潤分配に関する著書の中では、政策の大枠は大統領が上から決定したが、実施の細目を決める段階で利益集団（特に経営者団体）の参加を認めたため、所得再分配をめざした政策も、最終的には薄められてしまったと結論づけている。メキシコの国家エリートは、このように影響力の小さい社会集団のために国家がとるイニシアティブと、影響力のある利益集団の参加を組み合わせることで、雑多な社会勢力の支持を確保してきた——というのがパーセルの結論である [Purcell 1975, pp. 131-32 & pp. 139-44]。

韓国とメキシコの場合、マルクス主義的見解に関連する議論は、民族企業についてよりは、多国籍企業の影響力についてなされてきた。

この点、韓国については、多国籍企業の力を低く見る非マルクス主義的な見解が圧倒的に多い。論点は、多国籍企業の影響力を抑えた功績を国家に帰すのか [Haggard, p. 199 & p. 207]、あるいは民族企業に帰すのかにある [Lew 1992, p. 60]。

メキシコについては、従属論的な見解ははるかに有力である。例えばカルモナ等は、メキシコが資本主義の周縁部に組み入れられたことが「低開発の累積」状態を作り出した構造的な原因だと主張した

[Carmona et al. 1970, pp. 52-69]。ゴンサーレス・カサノバは、民族企業家や国家官僚が、先進工業国がメキシコを支配し搾取する手先になっていると考える [González Casanova 1978, pp. 290-91]。アントニオ・ファレスも、自動車産業の研究を通して、メキシコの国家が多国籍自動車メーカーのために、労働者を管理する役を担ってきたと結論づけている [Antonio Juárez 1979, Ch. 6]。

以上のように、メキシコの場合、企業以外の社会集団の影響力も、一部の著者によって論争点にされているが、中心的な争点は、民族企業と多国籍企業と国家の力関係である。

二　韓国・メキシコの経済実績

韓国とメキシコの経済実績の違いは、一九六〇年と九〇年の間に両国の一人当たりGDP（国内総生産）がどのように変化したかを見れば一目瞭然であろう。表5－1にあるように、韓国の一人当たりGDPは、六〇年にはわずか一五四ドル、メキシコはその約二倍であった。両国の差は七〇年代になってはじめて少し縮まった。そして八〇年代に韓国がメキシコを一気に追い抜いて、九〇年には韓国がメキシコの二倍の一人当たりGDPをもつようになったのである。

このような結果になったのは、韓国の経済成長が八〇年代になって、以前より急速になったからではない。表5－2に見られるように、両国の差は主にメキシコの経済実績が、八〇年代に急に悪化したことによって生じた。既に六〇年代後半以降、韓国の経済成長率のほうがメキシコのそれより高かったことは確かだが、メキシコの成長率も七〇年代までは決して見劣りのするものではなかったのである。七

表5-1　一人当たりGDP（米ドル）

	韓国（A）	メキシコ（B）	B／A
1960	154	331	2.1
70	273	666	2.4
80	1,670	2,905	1.7
90	5,917	2,986	0.5

出所：[World Bank 1980 および 1995].

表5-2　GDP成長率（年平均%）

	韓　国	メキシコ
1950-60	5.1	5.6
60-65	6.7	7.4
65-70	10.3	6.8
70-75	9.5	5.9
75-80	7.9	6.7
80-85	8.5	2.1
85-90	10.1	1.5
91-94	7.1	2.3

出所：[World Bank 1976, 1980 および 1994], *MSK*, April 1995, [ECLAC 1994].

〇年代の末、メキシコもまた新興工業国（ＮＩＣｓ）の一員として数えられていた。

八〇年代に両国の差が生じたのは、言うまでもなくメキシコが深刻な累積債務危機に襲われたからである。韓国も一時相当額の累積債務を抱えたことは、表５‐３に見て取ることができる。八〇年には韓国の累積債務総額はＧＮＰの半分にも達した。同じ年メキシコの債務はＧＮＰの三割であった。ところが韓国は八〇年代後半までに累積債務危機を脱していったのに対して、メキシコはその後も債務の重圧に呻吟することになった。

その差が生じた原因は、表５‐３と表５‐４に明確に現れているように、韓国の輸出力がメキシコのそれの二―三倍に達していたところにある。韓国は、大きな輸出収入によって、債務を順調に返済することができた。

このような輸出力の差が、かなりの部分両国のとった開発戦略の違いによることは、既によく知られている。すなわちメキシコが第二次大戦後、八〇年代の債務危機に至るまで、ほぼ一貫して輸入代替工業化戦略をとったのに対して、韓国は六〇年代後半から、輸出振興に力を入れたのである。

表 5-3　韓国・メキシコの対外債務

	1975	1980	1985	1990	1993
韓国					
債務残高総計（百万ドル）	8,800	29,480	47,158	34,987	47,203
その対GNP比（%）	40.6	48.7	52.5	13.9	14.4
債務支払の対輸出比（%）[1]	12.7[2]	19.7	29.3	10.7	9.2
メキシコ					
債務残高総計（百万ドル）	18,230	57,378	96,875	106,026	118,028
その対GNP比（%）	19.5	30.5	54.6	44.9	35.5
債務支払の対輸出比（%）[1]	n. a.	49.3	54.8	21.3	32.7

出所：*World Debt Tables* 1989-90, *World Debt Tables* 1994-95, *World Tables* 1994, [Haggard et al. 1994, p. 281].

注：1）輸出には財とサービスを含む.
　　2）長期債務のみ.

表 5-4　輸出・輸入依存度[1]（GDP に対する比率）

	韓国		メキシコ[2]	
	輸出	輸入	輸出	輸入
1955	1.7	9.9	16.7	15.7
60	3.4	12.7	11.3	12.8
65	8.6	16.0	9.7	10.3
70	14.8	24.9	9.5	10.7
75	27.3	35.5	8.0	11.1
80	34.4	40.3	11.6	14.1
85	34.0	32.4	17.1	12.9
90	29.3	30.1	19.9	21.1
92	28.5	29.9	16.8	22.4

出所：[World Bank 1976 および 1995]，[Salinas de Gortari 1994].

注：1）Non-factor services の輸出入を含む.
　　2）マキラドーラを含む.

その結果は表5-4の数字によく現れている。韓国では五五年から八〇年まで一貫して急速に輸出率と輸入率の双方が増加した。これは、韓国が本格的な輸出振興政策に転ずる六〇年代後半より以前から、大いに輸入し大いに輸出する経済構造を作りつつあったことを示唆している。輸出主導型経済発展に成功した結果、韓国では八〇年代に入って国内市場も成熟し、他方、国内の材料・部品産業が強化された。それが八〇年代における輸出率・輸入率の低下傾向になって現れている。

それに対してメキシコの場合、一九五五年から七〇年代の初めまでは、輸出率と輸入率の双方が減少した。この間メキシコが輸入代替を進め、もっぱら国内市場を向いた経済を作っていたことの表れである。七〇年代後半に輸出率・輸入率とも上昇を始めるが、これはメキシコが輸出志向型経済戦略に転じた結果というよりも、大量の石油輸出による一時的な国内景気の好況によってもたらされた現象と見るべきであろう。メキシコが本格的な輸出志向工業化戦略に転じるのは八〇年代の後半であり、これは表5－4の数字によく現れている。

ところで表5－4は、一九八〇年に至るまでのほとんどの時期、両国で輸入が輸出を恒常的に上回っていたことを示している。輸出入の差は特に韓国で著しい。

この点を表5－5で見てみると、両国とも貿易収支ひいては経常収支の赤字が急速に悪化していき、それをローン借入れと直接投資の受入れでカバーしていたことがわかる。韓国の場合は、六〇年代までは米国からの援助も重要な役割を果した［韓国産業経済研究所一九八〇、一八七頁］。

しかし取り入れた外国資本の内容を見ると、両国の間に大きな違いがあることがわかる。すなわち韓国がもっぱら借入れに頼り、直接投資の受入れはわずかであるのに対して、メキシコは借入れと同時に、相当量の直接投資を受け入れた。外国企業の存在はメキシコのほうがはるかに大きくなったのである。

さらに両国は、取り入れた外国資本の使い方においても、大きく異なっている。

表 5-5　韓国・メキシコの国際収支（年平均，百万ドル）

		貿易収支[1)]	経常収支	直接投資	長期借款[2)]
	韓　国				
1967-71	第2次5カ年計画	−874	−531	21	367
72-76	第3次5カ年計画	−1,068	−980	78	1,003
77-81	第4次5カ年計画	−2,933	−3,038	41	2,736
82-86	第5次5カ年計画	−241	−380	93	2,089
87-91	第6次5カ年計画	2,943	3,635	249	−2,182
	メキシコ				
1941-46	アビラ・カマチョ大統領	−37	−2	21	8
47-52	ミゲル・アレマン大統領	−154	−50	39	19
53-58	コルティネス大統領	−238	−119	81	66
59-64	マテオス大統領	−304	−186	85	190
65-70	ディアス・オルダス大統領	−606	−528	144	186
71-76	エチェベリア大統領	−1,969	−2,469	497	2,273
77-82	ロペス・ポルティーリョ大統領	−412	−7,028	1,560	6,769
83-88	デラマドリ大統領	9,721	1,791	1,451	1,134
89-93	サリーナス大統領	−7,434	−15,152	4,140	1,308

出所：[World Bank 1976 および 1994]，*KSY* 各年，[NAFINSA 1978]，[Salinas de Gortari 1991]，[Zedillo 1995].

注：1）サービスを含まない．マキラドーラを含む．
　　2）純流入．メキシコの場合 1970 年までは政府部門のみ．

表 5-6　韓国・メキシコの貯蓄率および投資率（GDP 中の比率%）

	韓国		メキシコ	
	国民貯蓄率	投資率	国民貯蓄率	投資率
1950	8.0	8.0	12.8	13.5
55	5.3	12.5	18.5	18.1
60	0.8	10.9	17.0	19.7
65	7.4	15.1	19.4	21.7
70	17.5	27.0	19.0	22.4
75	18.5	27.1	19.0	22.3
80	24.3	31.7	24.9	27.2
85	30.5	29.3	26.3	21.2
90	36.4	36.9	20.7	21.9
93	34.7	34.3	15.9	21.7

出所：[World Bank 1980 および 1995].

表5－6は両国の貯蓄率と投資率を比較したものであるが、第一に気づくのは、通常信じられているのとは違い、一九八〇年以前においては、メキシコの貯蓄率も、韓国と比べて決して低くはなかったということである。むしろメキシコの貯蓄率のほうが高かったと言ってよい。ただ韓国の特徴は、貯蓄率を大きく上回る投資率を達成したことである。韓国は外国からの借入れを投資に回したということである。

それと比較してメキシコの場合、投資率は貯蓄率をわずかに上回るにすぎない。その上メキシコでは直接投資にせよ外国ローンにせよ、外国から取り入れた資金が、将来のための生産的投資資金としてあまり役立たなかった。大量の外貨は、原料や中間財の輸入を埋め、利子配当を支払うために使われたと見るべきであろう。

メキシコでは設備近代化のための投資が遅れたために、産業に国際競争力がつかず、輸出が伸びないために貿易赤字が拡大し、それを埋め合わせるために債務が累積するという悪循環が生じた。メキシコはブレイディ構想の適用などによって、最悪の債務危機は脱したと言われるが、近代化投資の遅れを取り戻すのは容易でない。

このような状態にたち至った原因の一つは、先に触れた工業化戦略の違いである。メキシコでは厚く保護された国内市場向けの工業化を推進したために、近代化投資のインセンティブが著しく弱かった。例えば六〇年代に自動車産業の発展が多国籍企業中心に進められたが、導入された製造設備は本国で時代遅れになったものが多かった。それに対して、世界銀行の有名な『東アジアの奇跡』が繰り返し主張するように、韓国を含む東アジア諸国の場合、国際市場への輸出を常に考えなければならなかったが故に、生産効率向上の努力が継続的におこなわれた［World Bank 1993, pp. 21–22 & pp. 97–98］。

しかし、韓国で非効率的なレント・シーキングがなかったわけではない。チェボル（財閥）企業による不動産投機はしばしば社会問題になった。また韓国が常に輸出志向一辺倒であったわけでもない。前に触れたように、七三年に本格化する重化学工業化は、当初は比較優位を無視した輸入代替工業化の色彩をも帯びていた。逆にメキシコで輸出振興が試みられなかったわけではない。五五年の「新規産業・必要産業振興法」以来、輸出振興のためのインセンティブはさまざまな機会に企業に対して与えられている［Bancomext 1987, pp. 140–54 & pp. 237–51］。

にもかかわらず、韓国とメキシコでかくも経済実績に差が生じたのはなぜなのであろうか。両国で工業化を中心的に担ったのが国家と企業であることを考えれば、この理由を解明するためには、両国の国家と企業の性格・構造の違い、国家と企業の関係の違いを分析することが是非とも必要である。

三　韓国・メキシコの国家構造

1　行政府優位の構造

韓国とメキシコの国家の構造を考える場合、まず共通して言えることは、一九八〇年代後半に至るまで、国家機構の中で行政府の優位が圧倒的で、立法府と司法府は行政府に従属的だったことであろう。特に立法府においては、ほとんどの場合政府与党が多数を占め、行政府の出す法案を大きな変更もなく通過させる役割しか果さなかった。もともと韓国では、政府与党は大統領府を握った軍人大統領が自己の支配を支えるために組織する装置だった。朴正熙は民主共和党を作り、全斗煥は民主正義党（民正党）を作り、盧泰愚は野党二党と合同して民主自由党を結成した。

他方メキシコの与党であるＰＲＩ（制度革命党）も、初期においては大統領の都合で再組織を繰り返し、名称も一九二九年から四六年の間に二度変更された。しかし四六年以降は、大統領の交代に関わりなく、ほぼ同様の組織と名称を維持してきた。その意味でメキシコの与党のほうが、韓国の政党よりもずっと制度化が進んでいると言える。ただし、そのメキシコでも、行政府の出す重要法案に与党が意味のある変更を加えたことは一度もない。

両国では野党も存在する。しかし政治的自由が制限されていたり、選挙違反が広くおこなわれたりしたこともあって、八〇年代後半になるまで、与党の地位を脅かすことはできなかった。

しかし、ほとんどの場合与党が議会の多数を占めており、かつ与党と議会が行政府に従属していたとしても、両国で国政選挙が全く意味を持たなかったというわけではない。

しばしば両国の政治体制は「権威主義体制」の名をもって語られたが、両国の政府指導層は、国民の信任を得て統治するという民主主義の建前を維持していた。彼らにとって選挙は、国民の信任を確認する重要な儀式であった。

選挙が必ずしも意味のないものではなかったことは、例えば韓国の七〇年大統領選挙で、野党候補金大中が健闘して、朴正熙の三選を脅かし、それが朴による一層権威主義的な体制（「維新体制」）樹立の一因になったこと、逆に八五年の議会選挙での野党の躍進が、八七年の「民主化宣言」の伏線になったことからもわかる。

メキシコでの選挙の意味はより複雑である。メキシコの政府与党PRIは、多数の一般国民を巻き込んで進んだ一九一〇年代の革命騒動を背景に、二九年になって結成された政党である。当時のメキシコ社会は動乱によって流動化し、雑多な勢力——地方のボス、農民団体、労働組合、公務員団体、自営業者など——が「革命」派を名乗って争っていた。当時の最高実力者カイェス前大統領が、それらを糾合して結成したのがPRIの前身たる国民革命党である。したがってメキシコの政府与党は最初から多数の一般国民の参加を得て、かつ「革命」の後継者としての正統性を独占することができた。選挙での支持率も当初は九割を越えていたのである。

PRIの特徴は、その後も単純多数または過半数の支持では満足せずに、常に圧倒的に優位であろうとしたことである。与党が圧倒的に優位であるが故に、人々は不満があっても野党支持に向わず、与党とのコネを開拓しようとする傾向を強めた。さらに中央と地方の公職を独占することで、多数の党員に「分け前」を分与できたことが、党内の融和を保ったり対抗エリートを抱き込んだりする有力な手段となった。与党の人気が当初高かったにもかかわらず、与党の選挙違反が激しかったのは、このような事情による。

いずれにしても両国の政府与党は、時には選挙違反によって、あるいは政治的抑圧によって与党としての地位を守り、行政府に「国民の信任」という正統性を与えると同時に、経済政策をはじめとする政策の形成にあたって、行政府の優位を保証したのである。

2　国家官僚機構の構造

韓国とメキシコで政策形成の中心となる国家官僚機構を比較して最初に気づくことは、韓国が日本の官僚制に近い専門官僚制をとっているのに対して、メキシコではアメリカ合衆国以上の任命官僚制をとっていることである。すなわち韓国では国家公務員試験で採用された官僚が、官僚機構内で訓練を受けながら昇進していくのに対して、メキシコでは外務省を除いて「キャリア組」が存在せず、ほとんどが国家指導者による任命でポストを得る。

韓国で専門官僚制が発達したのは、一〇世紀以来の科挙の伝統に加えて、日本統治時代の官僚機構が一部人材も含めて独立後に継承されたためと言われる [Fields 1995, pp. 45-46; Nam 1995, pp. 359-60]。世銀の『東アジアの奇跡』も、韓国を含む東アジア諸国の特徴として、上級官僚試験にパスすることが伝統的に社会的威信と結びついていることや、業績による採用・昇進が制度化されていることをあげている [World Bank 1993, pp. 175-78]。

ただし、韓国が日本同様に専門官僚制をとっているとは言っても、日本では大臣・政務次官を除けば、ほとんどすべて下からあがってきた専門官僚であるのに対して、韓国では次官・局長級のトップポストに広く政治的任命が見られる。これは一九六一年の軍事クーデタ後、李承晩時代以来の腐敗した高級官僚が多数罷免され、代って軍人や海外留学者が特別採用されて以来の現象である [大西一九九一、一〇七頁〕。政治的任命は経済政策推進の中心機関として六一年七月に設置された経済企画院で特に目立っていた〔谷浦一九八九、七一一〇頁〕。

七二年の維新革命以後は大統領秘書室の権限が強まるが、この秘書室にも、行政機構ばかりか、韓国開発研究所のような研究所、大学、ジャーナリズム、法曹界から広く人材が登用された〔谷浦前掲書、一二一一三頁、服部一九九二、一九八頁〕。こういったトップポストへの政治任命制によって、韓国の大統領は、日本の首相よりもずっと官僚機構を自己の意志に沿って動かすことができた。

他方、韓国とは比較にならないほど広範な政治任命制をとっているのがメキシコである。メキシコでは大統領が交代する毎に、閣僚はもちろんのこと、役付きの官僚はすべて代るのが普通である。もちろん代るといっても、民間に転じる者は少なく、官僚機構の別のセクションに移動したり、与党の役職についたり、議員になったりする。メキシコでは任期六年の大統領の再選が憲法で禁じられているために、六年毎に大規模な人事異動がおこなわれる。

メキシコの大統領は省庁や政府企業の長を任命し、後者がさらに下の官僚を任命するというように、メキシコでは上から下に任命の連鎖が伸びている。したがって理論的には、メキシコの大統領は韓国の大統領にも増して、自己の意向に沿って官僚機構を動かすことができるはずである。

実際、研究者の中には、メキシコの政治制度の強みは、大統領の意志によって状況変化に応じた大幅な政策刷新ができることだと指摘する者もいる。しかしこの同じ研究者が、頻繁に人事異動がおこなわれるために、行政上の経験が一つのセクションの中に蓄積されずに失われてしまうという問題をも指摘している［Grindle 1977, pp. 166-67］。メキシコでは、人事異動をスムーズにおこなうために、適材適所であるかどうかが軽視される場合も多々生じる。

経済開発のように長期を要する事業の場合、メキシコの官僚制のように短期で回転する制度は不適である。韓国では朴正熙が国家指導者だった一八年間に、四次にわたる五カ年計画が実施されたが、メキシコでは経済計画が立てられたとしても、六年を越えて実施されたことはない。メキシコの経済計画の中心は公共投資の調整であるが、この目的のために連邦産業振興委員会（四四年）、国家投資委員会（四七年）、投資委員会（五三年）、省間開発計画委員会（六二年）などが、歴代の大統領によって次々に設置された。しかしこれらはすべて失敗であったと評価されている［Pagaza 1974］。

それと比較して韓国では、一九六一年以降経済企画院院長（のち長官）が主宰する経済閣僚会議と経済企画院副院長（のち次官）が主催する次官級会議が、経済政策の総合調整にあたった［大西一九九二、九九頁］。七二年以降は大統領秘書室が実権を増していったが、いずれにせよ、これら調整機関の背後には、産業化を優先させる朴正熙大統領の一貫した姿勢があった。

このように韓国とメキシコは、官僚機構の継続性だけでなく、経済政策を調整する制度のあり方という点でも異なっている。韓国では既に述べたように、経済企画院というスーパー官庁が存在した。この官庁は経済計画の策定だけでなく、その実現に必要な国家予算を調整・編成する権限を与えられていた［前掲書、九七―九八および一〇一―〇二頁］。さらに外国の銀行からの借入れを望む企業は、経済企画院の許可を受けねばならなかった［Choi, p. 34］。

このことは経済企画院が万能であったことを意味するわけではない。例えば大統領や大統領秘書室が経済企画院の方針に同調しなかった七〇年代末、経済企画院は自己が望む経済安定化路線への転換をすぐに進めることはできなかった［Lee 1993, pp. 151-54］。また八〇年代の初め自動車産業を外資系企業に任せようとした経済企画院は、大統領府の反対もあって、民族企業である現代自動車の独自計画を受け入れざるを得なかった［Lew 1992, pp. 235-36］。経済企画院の力が大統領の後ろだてを前提としていたことは間違いない。

メキシコでもまた真の実権は、最高の人事権と行政権を握る大統領にあった。ところが、韓国と違いメキシコでは、計画と予算の双方を握り、産業資金の流れをコントロールできるスーパー官庁が存在しなかった。経済計画は経済関連官庁の代表からなる省間委員会によって策定されたが、予算編成権は、省間委員会ではなく財務省が握っていた。資金の流れのコントロールの中で、外国企業による直接投資受入れに関する決定は省間外資委員会がおこなった［Bohrisch & König 1968, p. 27］。政府系開発銀行の活動の調整は、国家銀行委員会、中央銀行主宰の信用調整委員会、輸出入銀行主宰の公共部門輸入委員会、大統領省の四者がおこない、全体を調整するメカニズムは存在しなかった［Glade & Anderson 1963, p. 140］。政府系で最大のNAFINSA（産業開発銀行）も、産業政策にかんする内部研究の中で、「目的と方法と手段が相互に調整された明確な産業発展戦略は存在しない」と認めている［NAFINSA 1971, p. 124］。

七〇年代になって、ようやく大統領省が予算編成や資金コントロールの面で、イニシアティブをとり始め、七六年末には、大統領省が予算企画省に再編され、計画と予算が同一官庁の手に握られるようになった。予算企画省は七九年に「国家工業開発計画」を、翌年「総合開発計画」を発表するが［Newell & Rubio 1984, p. 209 & p. 219］、二年後には累積債務危機に見舞われ、結局この計画が次の大統領に受け継がれることはなかった。

メキシコで経済政策を司るスーパー官庁が存在しなかった理由の一つは、官僚機構の中で、計画経済に懐疑的な財務省と中央銀行の力が強かった点があげられる。そもそも革命後の国家再建は財務省が中心となった対外債務処理から始まったという経緯があるし、それに加えて当初から財務省と中央銀行では独自の職員訓練プログラムを作り上げ、他省庁も一目置く優秀な人材を育て上げた。人事異動の激しいメキシコ政府の中で、財務省と中央銀行だけは継続性が比較的高いと言われる［Camp 1989, p. 17; Maxfield 1990, p. 46］。

それでも七〇年代に一時見られたように、大統領が強いイニシアティブを発揮しさえすれば、財務省の反対を抑えて計画官庁を強化することは可能であった。ところが、メキシコの大統領は、自分のもつ強大な行政権を発動しにくい立場にある。それは韓国とのもう一つの大きな違いであり、それぞれの国家の出自と正統性のあり様を反映している。

3　国家の正統性

韓国とメキシコは共に外国の支配に呻吟した経験を持つため、国家の指導者が支配を正統化しようとする場合、民族的自立を支える強い国民国家の形成を唱えざるをえなかったという点で共通する。言うまでもなく、強い国家の形成は経済発展を前提とする。国家を握った両国の政治指導者が産業化の成功を重大な目標に掲げたのは、この意味で当然であった。

メキシコと違い、冷戦の最前線に立たされた韓国の場合、そういった国際国家システム上の位置からしても、急速な経済発展による富国強兵は切実な目標であった。逆に言えば、韓国の場合、「国家安全保障の必要」という主張が、広く社会的に受け入れられる素地があり、国家による政治的自由の制限や社会運動の抑圧を容易にした。例えば七二年の維新体制への転換と七三年の重化学工業化計画の推進は、韓国内での北朝鮮ゲリラ襲撃事件、プエブロ号事件、ニクソン政府による駐留米軍削減計画の発表など、韓国の安全保障を脅かす事件が相次いだことが、重大なきっかけの一つになった［Woo 1991, p. 119 & pp. 122-23］。

両国の国家の正統性を支える主張には、経済発展による国民国家の強化ということ以外に、大衆の生活条件の改善という点もある。特にこの点はメキシコで顕著であった。

既に述べたように、メキシコの国家は一般国民が多数参加した革命の中から生まれた。その結果一九一七年に制定された革命憲法は、国民一般に広く政治的自由を保障すると同時に、労働者にはさまざまな労働権を、農民には土地や水利を得る権利を付与することを唱ったのである。これらの権利は、すぐに実現されたわけではなく、農地改革や労働条件の改善は、代々のＰＲＩ政権が部分的な立法を積み重ねることで、徐々に実現されてきた。

大衆救済が徐々にしか進まなかったのは、国民への分配が、国民国家強化のために経済発展を進める目標と抵触したからである。産業化によって急速な経済成長をはかろうとすれば、消費を抑え投資を増やさなければならず、それが社会福祉事業を含む農民・労働者向けの政策と抵触したのである。これはメキシコの国家が直面した根本的な矛盾であった。

メキシコの国家は文字どおりのキャッチ・オール型の国家であった。ＰＲＩ政権の中枢を占めるようになったのは中間層出身者であったが、ＰＲＩの支持基盤には、労働組合・農民団体から公務員組合・自営業者団体まで含まれていた。大企業はＰＲＩからは排除されていたが、国営企業の取締役会や省庁の審議会などへの参加を通して、あるいは個別の有力政治家や高級官僚との接触を通じて、国家の経済運営に深く関わっていた。第二次大戦後は、エチェベリア大統領の任期中（一九七一―七六年）を除いて、重要な経済政策の策定にあたって、政府は財界団体と事前に相談することが慣行となっていたほどである［González Casanova 1970, p. 51］。

このように広範な支持基盤を抱えていたが故に、メキシコの大統領は、その巨大な行政権を行使するにあたって、大衆向けの社会保障的政策と民間企業や政府による資本形成という潜在的に矛盾する政策目標間のバランスを常に考慮しなければならなかったのである。畢竟メキシコの大統領は、自己の行政権を一方の目標のために継続的に行使することを躊躇した。六年の引退後に国民に「良き元大統領」として尊敬されるためには、むしろ一方の政策に明確にコミットしないほうが賢明である。こうしてメキシコの大統領は、一つの首尾一貫した政策目標に向って指導力を発揮することがほとんどない存在とな

表5-7　韓国・メキシコの医療保険でカバーされた人口[1)]

韓国	被雇用者	自営業者	公務員および私立学校勤務者	総計	総人口中の比率
	(千		人)		(%)
1977				3, 203	8. 8
80				5, 453	14. 6
85	12, 215	1, 570	4, 093	17, 878	44. 2
90	16, 155	19, 421	4, 603	40, 179	92. 6
94	16, 416	22, 058	4, 784	43, 258	97. 3

メキシコ	メキシコ社会保険庁 (IMSS) 管轄[2)]	公務員社会保険庁 (ISSSTE) 管轄	総計	総人口中の比率
	(千	人)		(%)
1960	3, 360	488	3, 848	11. 0
70	9, 773	1, 348	11, 121	23. 1
75	16, 338	3, 449	19, 787	33. 6
80	24, 125	4, 985	29, 110	43. 5
85	31, 529	6, 448	37, 977	50. 8
90	38, 575	8, 302	46, 877	56. 1
94	36, 554	9, 102	45, 656	50. 7

出所：*KSY* 各年，[Salinas de Gortari 1991]，[Zedillo 1995].
注：1）保険者本人と家族.
　　2）民間部門.

った [Scott, p. 247 & p. 310]。

それと比べて韓国の朴大統領は、産業化のために強力な指導力を示した点で際だっている。それが「先成長・後分配」の「開発独裁」を支える重要な要因となった。

しかし、韓国で大衆の生活改善が国家の正統性主張の中になかったわけではない。もともと儒教には、臣民が君主に対して一方的に忠を尽くすのではなく、良き君主は臣民の安寧を保障するという思想があった。また、君主も臣民も清廉であることが要求され、不正な手段で特権を得ることは嫌悪の的であった。実際韓国では「不正蓄財」がしばしば問題にされ、世論に押された政府が、財閥企業家を摘発することを余儀なくされたことも、再三見られたのである。

にもかかわらず、八〇年代初めに至るまで、国民への分配よりも産業化による経済発展を優先させたという点で、韓国はメキシコを上回っている。この点は、医療保険制度でカバーされた人口の比率を示す表５‐７に、象徴的に現れている。一九八〇年の段階で医療保険をもつメキシコ人は全人口の四割強にのぼったが、韓国では一五％にとどまっていたのである。韓国で医療保険制度が急速に整備されるのは、民主化が進む八〇年代であった。

4　国家官僚の出自

国家の特徴を示すもう一つの指標は、国家官僚の出自と性格であろう。日本と違って、韓国とメキシコでは政党の力が弱いため、国家官僚機構と企業の間に政党政治家が介在することは希である。そこで、国家と企業の関係を考えるとき、国家官僚機構の企業からの「自律性」いかんが重要なポイントになるが、この「自律性」を左右する要因としてトリムバーガーが指摘するのが、国家官僚の出自と、国家官僚と社会の支配的階級（地主や企業家）の間の個人的・経済的関係である［Trimberger 1978, p. 4］。

メキシコの国家官僚については、さまざまな調査があるが［Gruber 1971; Smith 1979; Camp 1989］、それらに共通するのは、メキシコの官僚は圧倒的に中間層出身者が多く、下層階級出身者も含む与党指導層や、上層の企業家家族出身者が多い企業家とは、明確に出自が異なることである。さらにキャンプの詳細な研究によると、任命官僚制を持っているにもかかわらず、企業家から国家官僚（兼政治家）に転じた者も、その逆も全体の四―五％にすぎない。教育水準は共に高いが、企業家に有名私立大学卒業生が比較的多く、海外留学経験者も三割にのぼっているのに対して、国家官僚にはメキシコ国立自治大学（UNAM）を中心とする国立大学卒業生が多く、海外留学経験者は三％しかいない［Camp, pp. 58-61 & p. 69］。両者は明確に区別される人間集団をなしていたのである。

メキシコの国家が、時に、一九三八年の石油産業国有化や八二年の銀行国有化のように、企業家の意向に真っ向から反する政策を断行することができた理由の一つは、このような両者の社会的断絶にあると見てよいであろう。メキシコの国家を握る政治家兼官僚は、自己の政治支配の維持という、何にも優先する「国家利益」をもっている。

ただし前に触れたように、省庁間の調整が困難で、人員の継続性もなく、大統領による強力なリーダーシップも長期には望めないメキシコの国家機構が、社会的に有力な企業家層の意向に反する政策を、継続的にとることは不可能であった。

韓国においては、国家指導者と企業家とは、社会的出自の点でメキシコほど明確な違いはないように見える。チェボル創始者の中には現代グループの鄭周永元会長のように、低学歴の下層階級出身者がいる。他方国家指導者や高級官僚にも、陸軍士官学校や大学での教育を経て社会的上昇を果した中下層出身者が多く見られる。

国家官僚と企業家層の個人的・経済的交流については、一部に姻戚による相互関係がある他、日本と同様官界から民間企業への「天下り」が広く見られる［服部一九九四、二五四、二五六、二五九頁］。ただし特別採用で企業人が官僚機構に登用されることは希であった。

以上のように、社会的出自と個人的・経済的結合という点から見ると、韓国の国家官僚と企業家層との関係は、メキシコのそれよりいくぶん親密さが深かった。しかし韓国の国家は、「自律性」達成上の不利を、強力な大統領のリーダーシップと、メキシコよりも統制のとれた、継続性のある官僚機構によって補った。

四　韓国・メキシコの企業

1　チェボルとグルーポの特徴

韓国とメキシコの民間大企業は、企業集団をなしており、韓国ではチェボル、メキシコではグルーポと呼ばれる。戦前日本の財閥と同様、家族が企業集団形成の出発点になっている点で共通する。しかし、韓国とメキシコの企業集団は、その凝集力や規模、さらに銀行資金動員力の点で、大きな違いがある。

戦前日本の財閥と比較して、韓国のチェボルは「血」の継承を重視すると言われる〔服部一九九四、二四〇頁〕。血縁にこだわらない「イエ」をもつ日本の場合は、世代を経るにしたがい所有と経営の分離が生じやすいが、韓国の企業は、所有と同時に経営も創業者とその子弟・親族に握られ、継承されていく。八〇年代初めより、世論のチェボル批判を背景に、特権家族による企業支配をゆるめようとする政策が実行されたが、一部を除き主要企業の経営は創業者一族に握られ続け〔服部一九九二、一一九―二六頁、Steers et al., p. 37]、九三年になっても上位三〇のチェボルでは、創業者一族による株式所有が四三%を占めていた [Fields, p. 39]。

さらにスティアスらは韓国のチェボルの特徴として、最高経営責任者による家父長的リーダーシップと企画調整機能の中央集権化をあげている [Steers et al., p. 37]。例えば現代グループの鄭元会長は、現役時代、毎朝三〇分間海外子会社からの電話報告を受けたほか、毎週二回グループ企業の社長たちと定期会合をもったという [*ibid*., pp. 38–39]。

メキシコのグルーポは韓国のチェボルほど内部凝集力が強くない。その理由の一つは、メキシコの企業の「古さ」である。八〇年代後半に実施された調査によると、第一世代の企業家はわずか一五%にすぎず、五一%が第二世代、残り三三%は第三世代以上であった [Camp, p. 62]。今ようやく第一世代から第二世代への交代が取り沙汰されている韓国とは大きな違いがある。

メキシコのグルーポの代表格でもあるモンテレイ・グループは、一九世紀に土地所有を基礎に資本を蓄積した数家族が、ビール会社と製鉄会社を設立したのが出発点となった。以後一九七〇年代初めに至るまでグループとしての団結を維持したが、七三年に「最後のドン」とでも言うべきエウヘニオ・ガルサ・サダが暗殺されたのをきっかけに、ALFA、VITRO、VISA、CYDSAの四グループに分裂した [*ibid*., p. 209]。世代を経るにしたがって、事業の規模と範囲が拡大し、同時に事業の継承権者も増大するので、時間とともに企業集団の凝集力は弱まっていく。

メキシコの企業集団のもう一つの特徴は、時間の経過とともに、主に銀行を仲立ちとした企業集団同士の相互浸透が進んだことである。例えば一九三二年にエスピノサ・イグレシアス家が創設したバンコメル銀行には、ＤＥＳＣ、ＣＲＥＭＩ、ＡＵＲＲＥＲＡグループが取締役を送り込むようになっているし、逆にバンコメル銀行はバイエレス家のモクテスマ・ビール社など、他の企業集団の企業に経営参加している［*ibid.*, p. 176 & p. 195］。

企業集団が創業者やその直接の後継者を中心に結束して、競争の単位として機能した韓国のチェボルと比べて、メキシコのグルーポはずっとゆるやかに結合した集団だと言えよう。

韓国やメキシコに企業集団がいくつあるかについては、定説があるわけではないが、韓国のチェボルはおよそ五〇―六〇、メキシコのグルーポは一二〇余りと見られている［Steers et al., p. 35; 谷浦一九九三、一七九頁、Camp, p. 174］。

これらの企業の事業規模については、メキシコが累積債務危機に見舞われる直前の『フォーチュン』誌企業番付（非アメリカ企業のみ）によると、メキシコで売上高一位のＡＬＦＡグループは、二九九位に登場する。他方韓国のチェボルは二九九位より上に、現代グループ（八〇位）、三星グループ（一〇九位）、ラッキー・グループ（二二七位）、暁星グループ（二五八位）の四グループが登場する［*Fortune*, August 11, 1980］。累積債務危機以後は、韓国のチェボルがフォーチュン企業番付に登場する企業集団数と順位を上げていったのに対して、メキシコの企業グループは完全に姿を消してしまう。

さらにＡＬＦＡグループの傘下企業数が、一九八〇年に一五〇社に達した［Camp, p. 215］のに対して、現代グループが三一社、三星グループが三三社であったことを見ると［Woo, p. 168］、傘下企業一社当たりの規模も韓国の方がメキシコよりずっと大きかったことがわかる。しかし、韓国のチェボルにはなく、メキシコのグループにはあった利点として、銀行を傘下に抱えていたという点がある。

韓国の銀行の多くは、戦前朝鮮半島に進出した日本の銀行を受け継いだものである。民間の三大銀行は、戦後米軍の手を経て李承晩政権に引き渡され、五〇年代半ばに民営化された。ところが六一年に政権を握った軍事政権は、財界人の「不正蓄財」追及を免除する条件として、市中銀行の株式を国家に寄付させ、当時存在した五つの市中銀行を再び国有化した [Choi, pp. 26-27; Fields, pp. 111-12]。

中央銀行法も改正され、韓国銀行を経営する通貨委員会は独立性を失い、財務部長（蔵相）の支配下に入った [Ro 1994, p. 146]。同時に植民地時代の特殊銀行も、朴政権の下で国策銀行として活性化した。特に韓国産業銀行は続く工業化の過程で、外国からの借款の受け皿として、また民間企業に債務保証を与える機関として、重要な役割を果すことになる [Woo, p. 84]。

韓国には比較的大きな非合法私債市場が存在したし、七二年以降は短期投資金融会社の設立が認められたので、金融市場のすべてを国家が独占したわけではない。しかし八二—八三年に市中銀行が民営化されるまで、低利の長期資金をほぼすべて国家が握ったことは、チェボルの国家に対する立場を弱いものにした。

それと比してメキシコでは、一八五四年に設立されたバナメックス銀行など民間銀行が早くから発達していた。一九一〇年に革命が勃発した時、まだ中央銀行は存在せず、二四の民間銀行が紙幣を発券し

表5-8　メキシコ金融リソースのシェア[1)]（年平均%）

	中央銀行	開発銀行[2)]	商業銀行
1941-46	44	14	42
47-52	36	22	42
53-58	29	29	42
59-64	21	32	47
65-70	16	30	54
71-76	21	30	50
77-82	26	31	43
83-88	24	36	40
89-94	17	24	59

出所：[Maxfield 1993, p. 241]，[Zedillo 1995, pp. 60-61].
注：1）金融リソースとは，金融機関がもつ貸付金・所有債券・流動資金などの合計.
2）国立産業投資銀行（NAFINSA），国立公共事業銀行（BANOBRAS），国立エヒード銀行等.

ていた [Glade & Anderson 1963, p. 116]。これらの銀行は革命派と反革命派の双方に融資することで革命の時代を生き抜き、革命後の国家再建期に、政府の対外債務交渉に協力したり、中央銀行創立に参画したりした。メキシコ中央銀行が一九二五年に設立されたとき、資本金の四九%は民間銀行が負担し、理事九人のうち四人を出す権利を得た [Maxfield 1990, pp. 41-42]。

こうしてメキシコの民間銀行は、メキシコが本格的な工業化に乗り出す四〇年代に、全金融リソースの四割をこえる力を維持していた。しかも一九七〇年に至るまで、この比率は増大している（表5-8参照）。

韓国では製造業企業が政府系銀行から融資を受けることでチェボルに発展していったのに対して、メキシコでは民間銀行が工業・商業企業と結びつくことによって企業集団の成長が促された。モンテレイ・グループのように最初工業企業の集団であったものが、内部から銀行を育てていったグループもあるし、バナメックス・グループやバンコメル・グループのように、銀行が六〇年代以降の高度成長期に工業・商業企業を持株会社を通じて吸収して拡大したグループもある [*ibid.*, pp. 47-49]。

いずれにせよ自前の銀行を傘下に抱えたメキシコの企業集団は、商業銀行も国営であった韓国と比べて、資金面での国家への依存がはるかに小さかったと言える。

2　大企業の影響力

以上のような相違にもかかわらず、両国の民間大企業は、社会の中での道義的影響力（ヘゲモニー）が低いという点では共通する。

韓国社会における企業家の地位について一文を著したエッカートは、彼らは「決定的にヘゲモニーを欠いた階級」であると結論づけた［Eckert 1993, p. 96］。その原因の一つは一九世紀末の韓国における資本主義の受容形態にある。すなわち、韓国では産業の近代化・資本主義化は、西欧や日本の帝国主義から共同体としての国家を守る富国強兵の手段と考えられた。儒教とナショナリズムが融合した結果、経済活動にあたっては、国家的必要と目標が優先され、純粋に私的な富の追求は退けられたと言うのである［*ibid.*, pp. 117–18］。

韓国には近代化以前より、良き統治者は富の集中を戒めるという思想があるとの指摘もなされている［Bedeski 1994, p. 103］。いずれにせよ韓国の社会には、富の私的追求を正当化する価値観が元来薄い。それに加えて、企業が自己努力だけでなく、資金面で国家の特権的優遇措置を受けて事業を拡大してきたことは誰の目にも明らかであった。にもかかわらず企業が政治的癒着を通して「不正蓄財」をはかったり、労働者の要求に頑固に抵抗したり、不動産投機などで土地の価格をつりあげて国民の住宅事情を悪化させたりしたことは、広く国民に嫌悪をもって受けとめられた。

民間企業に対する社会のイメージが、以上のように否定的なものであったため、国家は、一九六一年の軍事クーデタの際は「不正蓄財法」によって企業家の刑事責任を追及したし、八〇年以降はさまざまな方策でチェボルのもつ土地や企業を手離させようとした［Moon 1994, p. 148 & pp. 153-54; 谷浦一九九三、一七六頁、Fields, p. 59 & p. 98］。さらに一九七三年以来、チェボル企業の株式の公開を迫ったり、チェボル内での株式の持ち合いや相互融資を規制したり、チェボルの事業内容や規模を規制するなど、チェボルの肥大化と富の集中を防ごうとする政策をとった［Moon, p. 157; 谷浦一九八九、一一八―一一九頁］。

社会的ヘゲモニーを欠く韓国の企業家は、八〇年代に至るまで、独自の政治活動に従事することはなく、時の政府の要人との公式・非公式の接触を通して、経済政策に影響を与えようとした。六〇年代半ば以来朴大統領列席の下で開かれた輸出振興のための定期協議会に、財界人が招かれて参加したことは、制度化された接触の例である［Choi, p. 34］。世銀によれば、より下のレベルでの機能別・部門別「検討会」が、中堅官僚・企業経営者・学者を集めて頻繁に開かれたという［World Bank 1993, p. 183］。

チェボルと国家指導部との非公式なつながりで、重要な役割を果したのが、与党や軍人大統領が作る財団への多額の政治献金である。献金を断ったりすれば、チェボルが財務危機に陥った場合、国家の支援が期待できなくなる。一九八五年当時第六位のチェボルであった国際グループは、そのために解体を余儀なくされている［Steers et al., p. 43］。

この意味でチェボルは、政治的に国家指導部に従属していたといえる。しかし八七年の民主化以後は、より積極的で自主的な政治活動をめざす鄭周永のような企業人も出現した。八八年に直接選挙で選ばれた盧泰愚大統領の政府が、土地公概念と総合土地課税制度の導入や労働組合側に有利な労働法改正など、チェボルにとって厳しい政策をとろうとしたことに対して、鄭は全国経済人連合会（最大の財界団体）と与党民正党との合同会議の場で、経済活動は民間のリーダーシップに任せるよう主張した［Eckert, p. 108］。

政府を公然と批判する鄭に対して、盧泰愚政権は、現代グループに一億八千万ドルの追徴課税を課すことで応えた。鄭はこの支払いを拒否するとともに、統一国民党という政党を自ら結成して九二年の大統領選挙に立候補するという、これまでの韓国企業人の行動様式を大きく越える姿勢を示したのである。国家側は、鄭の四男や現代グループの役員を脱税・公害法違反などの容疑で逮捕したり、現代エンジニアリング社の起債を認可しないといったいやがらせで応じた［Moon, p. 159］。結局、大統領選挙では鄭は一六％の得票率しかあげられず［Bedeski, p. 54］、政府との妥協を余儀なくされることになった。

このように韓国の民間大企業の社会的・政治的な影響力が限られていたにもかかわらず、チェボルが没落するどころか、拡大を続けることができたのは、一つには、政治献金という資源を用いて、国家指導部と個別に接触し、影響力を行使できたことがある。しかし、より重要な要因は、韓国の国家が経済発展を、国営浦項製鉄所のような例外を除けば、あくまでも国営企業ではなく民間企業を使って成し遂げようとしたところにある。

チェボルは富の過度の集中などのマイナス面を持ちながらも、複数の企業がリスクと情報と人材をシェアすることで、投資・営業コストを下げるという日本の企業集団や系列と同様の機能を果し、急速な経済成長という目標にとってプラスの働きをしたと見ることができる。したがって、国家も世論に押されて、さまざまなチェボル規制策をとりながら、これを解体するまでには至らず、かえって延命と拡大を許してきたのである。

八〇年代までにチェボルはあまりにも大きくなり、国家は雇用や経済全体への深刻な影響を覚悟せずには、チェボル解体をめざすことができなくなった。国際グループ一つならば、傘下の企業を他のチェボルに引き受けさせることで解体できたが、チェボル全体の解体はリスクが高すぎたのである [Woo, p. 171; Fields, p. 56]。

メキシコの大企業が道義的指導力を欠いている原因も、韓国と同様、近代国家の起源の中に求めることができる。

メキシコの一九一〇年革命は社会主義革命ではなかったが、革命側に多数の農民・労働者が参加したために、有産者階級に対する無産者階級の自己主張という側面を色濃くもっていた。一九一七年憲法に労働者・農民の権利擁護が盛り込まれたのは、そのためである。革命後、銀行家を中心に、政府と協力する企業もあったが、全体として世論は企業家に対して、貪欲な搾取者としての否定的なイメージをもち続けていた。

イメージ低下を恐れる国家指導者は、大企業が与党ＰＲＩに参加することを許さなかったし、企業寄りの姿勢が外に現れることをも嫌った [Arriola 1976, p. 66; Camp, p. 114 & p. 142]。

したがって七〇年代に至るまで、メキシコの企業家は、韓国の企業家と同様、選挙など政治的手段で自己の影響力を発揮しようとはしなかった。むしろ政府に保証された制度的チャンネルを通して、あるいは個別の非公式チャンネルを通して、経済政策に影響を与えようとしたのである。

前者の例として、メキシコ経営者連合（COPARMEX）は最低賃金委員会や労働調停仲裁委員会へ、メキシコ銀行家協会は国家銀行委員会や国家証券委員会へ委員を派遣している [Glade & Anderson, p. 133]。また一定の資本金以上の企業には加盟が法的に義務づけられている全国工業会議所連合と全国商業会議所連合には、国家の経済政策について「相談」を受ける権利が認められている [Arriola 1988, pp. 54-55]。さらに有力グループのオーナー経営者は、大統領や閣僚と個人的に接触するチャンネルを持っていると言われる [Camp, p. 152 & pp. 169-70]。

メキシコの企業人は表だった政治活動には不熱心であったが、七〇年代半ば以降、財界団体の中には言論活動や政治活動によって、社会での道義的影響力を高めようとするグループが現れた。これは七〇年に大統領となったエチェベリアが希な指導力を発揮して、企業家への負担を増やす形で所得再分配政策を実行しようとしたこと、つづくロペス・ポルティーリョ大統領が反政府勢力を宥めるために、左翼政党を公認したり、左翼ジャーナリズムに自由活動を許したりしたこと、同じくロペス・ポルティーリョ大統領が、八二年九月に突然銀行国有化という挙に出たことなどの事件を前に、いままでのチャンネルでは企業の利益を守れないと考える企業家が現れたからである。

彼らの活動は、有力財界六団体を糾合したCCE（企業家調整委員会）の結成、野党PAN（国民行動党）に対する政治的支持、メキシコ各地での市民集会の開催など、さまざまな形をとったが、いずれも継続的な政治運動とならずに終わっている［Arriola 1976, pp. 56-61; Escobar Toledo 1987; Valdés Ugalde 1994, p. 229］。それは、韓国と同様、大企業が世論一般の支持を受けるに至っていないためでもあるが、政府側の反企業政策が長続きせず、政治活動を続けなくても、自己の利益を十分実現できたためでもある。国有化された銀行も九三年までにすべて民営化されて、企業家の手に戻った。

さらに韓国と同様、メキシコでも国家は経済発展のために民間企業集団を必要とした。韓国と違いメキシコでは、国家は大きな国営企業部門を抱えており、売上高から見た規模は民族系民間企業に匹敵するほどだったが［星野一九八八、三九頁］、工業化の資金動員という面で、国家は民間企業集団が抱える銀行部門の協力を必要とした。実際メキシコでは民間部門による資本の海外逃避ないしその恐れが、しばしば国家の経済政策の幅を制限した。例えば、五四年には為替の大幅切下げを余儀なくさせたし［Carrillo Arronte 1987, pp. 51-52］、七〇年代半ばにはエチェベリア政権の所得再分配政策を失敗に追いやる一因になった［Whitehead 1980, p. 508; Tello 1979, pp. 136-44］。債務危機によって国家の資金動員力が決定的に落ちた八〇年代には、海外逃避した民間資本を呼び戻すために、規制緩和・民営化など、民間企業の投資意欲をかきたてる措置をとらざるをえなくなった。

韓国においてもメキシコにおいても、大企業の影響力は、社会的・政治的分野では弱かったが、工業化の中心的担い手としての地位を基礎として、国家指導部との公式・非公式の接触を通して発揮されてきたと言ってよいであろう。

表5-9　韓国・メキシコにおける産業別直接投資額累計[1)] (%)

	韓国			メキシコ
	1978	1987	1993	1979
製造業	73.7	59.4	67.2	77.2
食品	0.3	3.0	4.1	8.5
繊維・衣類	9.9	2.6	2.9	nil
化学	19.2	13.9	16.7	20.2
石油	7.0	1.3	6.2	nil
金属	4.8	2.7	2.0	6.4
一般機械	7.6	10.8	6.0	5.8
電気電子機器	13.0	14.6	13.4	9.2
輸送機器	3.7	2.4	7.8	9.3
金融・サービス業[2)]	24.9	39.7	32.1	17.9
総計（百万ドル）	1,008	2,775	10,604	6,327
対GDP比	1.6	2.9	3.2	4.4

出所：[JETRO各年].
注：1）認可ベース.
2）韓国は建設業と電力業を含む．メキシコは商業とサービス.

3　多国籍企業の力

本章の第二節で触れたように、外国企業の受入れという点で、メキシコは韓国を大きく上回っている。一九七〇年代末の時点で、韓国への直接投資累計額が約一〇億ドルだったのに対して、メキシコへのそれは六倍強の六三億ドルであった。GDP比で見ても、韓国の一・六％に対して、メキシコは四・四％である（表5－9参照）。

外国企業受入れについて、特にメキシコ政府が積極的であったわけではない。むしろ外資政策の基本は、工業化にあたってメキシコの民間ないし政府の資本が支配権を確保することであった。

まずメキシコの国家は、大規模なインフラ部門や鉱業部門の場合、民間には買収・経営のための資金力がないと見て、自ら外国企業を買収して国営企業とした。三〇年代後半には石油産業といくつかの鉄道企業が，一九六〇年には二つの外国電力会社が国有化された［Bohrisch & König 1968, p. 33］。

他の産業についても，早くも一九四二年には戦時緊急法によって，外資による民族企業の買収が制限された。さらに四四年の大統領令では，外国人が過半数を出資する場合や，鉱業・石油開発や水利用に関わる案件の場合は，外務省の許可が必要とされることが明文化された。外国人による過半数出資が禁じられる産業は，その後急速に増え，マスメディア，海運，陸上交通，漁業，非アルコール飲料，印刷出版，広告，ゴム生産，鉱業などをカバーするようになった。また石油，基礎石油化学，電力，バス輸送，ラジオ・テレビ放送などでは，外資参入はいっさい禁止された［*ibid.*, pp. 27-29］。

これらの法令が出される前に進出していた外資企業についても，そのメキシコ化を促すため，さまざまな措置がとられている。例えば，一九五五年の新規産業・必要産業振興法による免税等の優遇策は，事実上メキシコ資本が過半数の企業にのみ適用された［*ibid.*, pp. 35-36］。

その後，産業毎・企業毎に差別化された行政指導的な外資規制策がとられてきたが，これらの政策は，一九七三年になって集大成された。その名も「メキシコ人投資振興・外資企業規制法」である。この法律では，外資参加は原則五〇％であることが明文化されたほか，外資参入が禁止される部門と四〇％までの参加しか認められない部門が決められた［Whiting 1991, p. 90］。

以上のように，八〇年代に累積債務危機の重圧の前に外資規制を緩和せざるをえなくなるまでの時期，メキシコの外資政策の基本は，できるだけ所有面での外国企業の進出を抑えることであった。唯一の例外は，六五年に導入されたマキラドーラ（保税加工工場）で，この部門では，製品のほとんどを輸出することを条件に、輸入関税免除等の税制上の特権が与えられると同時に、百％外資参加が認められた。政府のメキシコ化政策は、メキシコの民間企業家によっても支持されていた。外国との競争に脆弱な中小企業が、政府による外資支配排除政策を強く支持したことは当然であるが、グルーポ企業も、外国からの技術や中間財の輸入に不都合が生じない限り、自己の企業支配を保証する政策に反対する理由はなかった。

企業の所有と経営権を自国民の手に確保しようとしたという点で、韓国の国家の政策はメキシコのそれと共通する。

韓国では朴政権が誕生するより前の一九六〇年に外資誘致法が制定されたが、これは、五〇年代まで韓国経済を支えた米国からの援助が米国政府の政策変更によって減らされる恐れが出てきたからであった。実際五七年にピークの三億八千万ドルに達した援助は六〇年には二億五千万ドルになった［韓国産業経済研究所、一八七頁］。

しかし、一九六一年に政権を握った朴政権は、外資法を改正し、経済企画院の外資審議会が外国直接投資と外国からの技術導入について、厳密に審査した上で認可を与えることにした［Haggard, p. 197］。朴政権は日本からの直接投資が増えることに対する民族的反感を考慮したこともあり、外国直接投資の受入れには消極的で、むしろ外国企業の進出を伴わない借款を好んだ。

ところが急速な工業化にともない貿易赤字と対外債務が急増したため、朴政権は外国企業の積極誘致に転じ、一九七〇年一月に輸出自由地域設置法を定め、二カ月後に馬山輸出自由地域を設置した［朴一

九九二、七九頁]。保税加工制度は、韓国では六二年以来存在し、保税加工による輸出も七〇年には全輸出の一八%に達していたが、朴政権はこの制度を外資企業誘致のために拡大したのである。その結果保税加工による輸出も、七四年にピークの二四%に達した[*ESY* 1981, p. 206]。

しかし朴政権は、保税加工部門への外国企業誘致を他の部門へ拡大することはしなかった。一九七三年の外資法では保税加工部門以外の外資企業の参加率を原則として五〇%に限ることを明文化した。それ以上の出資比率が認められるのは、国内企業と競合せず、かつ製品のすべてを輸出する事業に限定された。その結果、七九年までに出資比率五一%を超える外資系企業は全体の一六%を数えるだけになった[朴、一四八頁]。メキシコでは七〇%前後であった[Fajnzylber y Martínez Tarragó 1976, p. 51]のに比べて、著しく低い数値である。

チェボルは必要な技術を導入するために、外資と合弁事業に入ることを躊躇しなかったが、外資の経営支配を嫌うという点で、国家と共通する姿勢をもっていた。現代自動車社が政府の意向にも反してGMとの折半事業に抵抗したことは有名な話であるし、現代自動車のライバルである大宇自動車も八二年までに合弁相手のGMから経営権を回復している[Lew, p. 60 & pp. 238-39]。

以上のように、メキシコも韓国も出資率制限を中心とした外資規制を実施したが、結果はメキシコよりも韓国で明確に出ている。右で見てきたように、国民経済に占める直接投資額にしても、平均の外資出資比率にしても、韓国のほうがずっと低いのである。

このような違いが出た一つの理由は、外資進出のタイミングである。メキシコの場合、最大の投資国アメリカ合衆国の企業は一九世紀からメキシコで活発な投資活動をおこなっており、メキシコが四〇年代後半に外資規制を強化し始めた時、既にGM、フォードなど米国の有力企業は、百%出資企業として操業していたのである。

韓国の場合、戦前の外資企業の大多数を占める日本企業は、払下げによって韓国民間企業になった。戦後はアメリカ合衆国と日本の企業を中心に、韓国への投資がおこなわれたが、六〇年になっても一人当たりGDP一五四ドルという脆弱な経済を抱え、かつ冷戦の最前線にあって投資リスクが高かったために、ゆるやかにしか増加しなかった。そもそも外国投資家の関心が低かったのである [Haggard, p. 196]。

こういった事情に加えて、韓国政府の外資政策もあって、韓国へ投資する外国企業は、国内市場向けではなく、主に輸出をめざす保税加工部門へ進出した。七〇年代に外資系企業の輸出が韓国の全輸出に占める比率は一五―一九%に、輸入シェアも二五―三〇%に達した［朴、八〇―八一頁］。この点は、もっぱら国内市場向け生産のために外資企業が進出したメキシコと著しい対照をなす。彼らは、全生産の九五%を国内市場で販売していた [Haggard, p. 217]。しかもこの比率は、外資の出資比率が高くなればなるほど大きかった。畢竟、外資企業の貿易赤字も拡大し、一九七〇年にはメキシコの全貿易赤字の七八%にも達した [Fajnzylber y Martínez Tarragó, p. 59 & p. 316]。

事態を重くみたメキシコ政府は、六九年になって、特に大きな貿易赤字を出していた自動車産業に、それまでの国産化義務に加えて、輸出義務を課すことにした。メキシコ国内で操業する自動車会社は、輸入の一定比率以上を輸出で埋め合わせることを義務づけられたのである。しかも輸出義務率は百%になるまで毎年引き上げられることになった [Gudger 1975, pp. 327-28; Vázquez Tercero 1975, pp. 40-41]。

この政策は最初の三、四年は成果を生んだが、輸出率は四割で頭打ちになってしまった。しかしメキシコ政府は、輸出義務を果さない企業を、その国内販売台数を削ることで罰することができなかった。なぜならば、国内資本が過半数を占める企業のほうが成績が悪かったし、多国籍企業も含めて義務を果さない企業を罰すれば、従業員や民族系の部品メーカー・販売店への悪影響も心配されたからである [Bennet & Sharpe 1985, p. 187]。

メキシコ自動車産業の経験は、国内市場向けに進出した外資企業の戦略を輸出志向へ変えさせることが、きわめて困難であることを示した。この失敗も一因となって、メキシコは貿易赤字を累積し、八二年の累積債務危機を迎えることになる。

しかし、このことは多国籍企業が受入国の工業化に常にマイナス効果をもたらすことを意味するわけではない。たまたま受入国の工業化戦略が多国籍企業のそれに合致すれば、多国籍企業の存在は受入国の工業化に役立ち得るはずである。多国籍企業間に激しい競争がある場合には、それを利用することによって譲歩を引き出すことも可能である。韓国ではまさに、外資系企業を輸出産業育成のために使おうとする国家と、韓国を輸出基地として使おうとする多国籍企業の狙いが一致した結果、外資系企業が工業化促進に役立ったと見ることができる。

例えば、六〇年代末から七〇年代初めにかけて、本国での労働コスト上昇と労働力不足に直面した日本の中小企業は、隣国の韓国に絶好の進出先を見出した。他方日本やヨーロッパの競争圧力にさらされたアメリカ合衆国の電子電気機器メーカーは、既に六〇年代半ばから韓国をオフショア生産の基地の一つにし始めた。その後、日米摩擦が激しくなると、日本企業は摩擦を避ける手段として、韓国からの迂回輸出を考えるようになったし、アメリカ企業も、本国市場での競争に生き抜くべく、オフショア生産を継続した［芹田一九九六、一九―二一、二四―二六頁］。

また自動車産業においては、日米企業間の、あるいは日本企業間の激しい競争があったために、韓国は経営権を失わない範囲で、必要な資本と技術の導入を進め、同時にアメリカ市場への接近を果すことができた。三菱自動車は現代への、フォードとマツダも起亜自動車へのマイナリティ参加を受け入れた。韓国はGMとフォードにとって、本国の小型車市場への重要な供給元となった［Lee, pp. 176-85］。

韓国では、国内での工業化という目標にとって不確実要因である多国籍企業の進出を最低限に抑えると同時に、進出してくる外国企業の戦略を利用する形で、輸出志向の工業化を進めることができたのに対して、メキシコでは、外資出資比率の大きい多数の外資企業の進出を見た上に、彼らを国内市場向け操業から輸出志向に変えさせるのに手間どったと結論づけることができるであろう。

しかし、そのメキシコでも八〇年代に入って、メキシコをオフショア生産の基地として利用しようとする外国企業が増加した。八〇年に六二〇だったマキラドーラ企業数は、九四年には二一〇〇に達し、メキシコの全輸出の四三％を占めるまでになった［Zedillo 1995, p. 71 & p. 176］。これは累積債務危機による平価切下げと国内不況によって、メキシコの労働賃金が急落したことと、隣接するアメリカ市場での競争が激化したことのためである。

メキシコの自動車産業においても、日本との競争のためにリストラを進めるアメリカ企業が、メキシコを小型エンジンと小型車の供給基地として位置づけたために、八〇年代にアメリカ市場への輸出が急増した［Tsunekawa 1989, pp. 81-85］。

ただし、メキシコでは部品産業の成長が伴わなかったために、多国籍企業は輸出と同時に輸入をも増加させた。その結果メキシコはなお貿易赤字問題に苦しみ続けることになったのである。韓国でもかつて部品産業の未発達が問題とされたが［朴、八一頁］、八〇年代にはこの分野で顕著な改善が見られた結果、表５－４に表れているように、輸入依存度が急速に減少している。

4　中小企業と農民の地位

本書（序章）での定義によれば、中小企業と農民も「企業」に含まれる。

今日チェボルと呼ばれる韓国の大企業集団も、出発点は中小企業であった。日本の植民地時代に民族資本の成長が抑えられたために、第二次世界大戦の末期、韓国の民族資本は、二、三の財閥を除けば、零細事業所をもつにすぎなかった［朴、一〇一－一〇二頁］。これらの事業所の経営者の中から、旧日本帰属企業の払下げ、米国援助物資の売却、政府や米軍との事業契約などを通して、最初の事業拡大のきっかけをつかむ者が現れ、六〇年代半ば以降、朴政権の工業化政策に乗って、国家と密着しながら、多角化と重化学工業化を進め、一五年間で世界的な企業集団にのし上がった。これが今日のチェボルであ

る［服部一九九四、二四七頁、Steers et al., Ch. 4］。

国家のもたらす資金・資材に接近できた者は、ごく少数であり、大多数の中小企業は中小のままにとどまった。朴正煕ら一九六一年クーデタの指導者たちが、当初農民や中小企業主らに気をつかっていたことは、六二年に中小企業銀行と農業協同組合中央會（金融部をもつ）を設立していることからわかる［Choi, p. 27］。しかし朴政権は、急速な工業化を達成するには、少数の企業に資金・資材を集中する必要があると考え、工業化のための低利融資を一部の企業に集中していった。

それでも一九七二年までは、外貨収入を重視する国家が、輸出信用状を提示する者には無条件で国営市中銀行の短期クレジットを与えたので［*ibid.*, p. 33］、食品や繊維・衣類などを輸出する中小企業も、低利の融資を受けることができた。

ところが、七三年に重化学工業化が国家の政策として本格化すると、国家の大企業優先の姿勢は決定的になった。実質マイナス金利の工業化融資が、ふんだんにチェボル企業にそそぎこまれた結果、チェボルの産業支配が強まった。七四年にGNPの一五％だった十大チェボルの売上高は、八〇年には四八％、八三年には六二％に達した。五〇大チェボルにまで拡大すれば、八三年に実にGNPの九四％の売上をあげた［Fields, p. 6 & p. 37］。その間多くの中小企業がチェボルに吸収された［Choi, pp. 38-39］。

さらに、債務超過などによって倒産の危機に直面したとき、チェボル企業の場合は、ほとんどが政府の救済融資を受けることができた。それに対して、中小企業は景気の上下にしたがって倒産を繰り返した。

このように冷遇されたにもかかわらず、八〇年代半ばまで繊維・衣類企業を中心とした韓国の中小企業が、韓国の輸出を支え続けたことは驚くべきことである。しかし、チェボル企業のように政府の優遇措置を受けられなかった中小企業が、輸出市場で競争力を維持するために唯一残された手段は、労働コストを低く抑えることであった。そのために労働者とトラブルになることも多く、韓国の七〇年代までの労働争議は、全泰壱青年焼身自殺事件やYH貿易社争議に象徴されるように、主に繊維・縫製・食品などの中小企業で起った。労働争議がチェボルの重化学企業に波及するのは八〇年代後半になってからである［Koo 1993, pp. 138-41; 小林・川上一九九一、三〇一頁］。

中小企業を軽視したことは、部品産業の発展を遅らせ、韓国の経済発展にとってボトルネックを作りだした。自動車や電気電子機器産業における部品の輸入依存度を下げるために、部品を製造する中小企業の育成が必須の条件になったのである。この意味での中小企業振興がようやく本格化するのが八五年だったという事実は［深川一九八九、一六頁］、長い間いかに韓国政府の中小企業への関心が低かったかを物語っている。

一九八〇年に政権についた全斗煥大統領は、チェボルへの融資を制限したり、チェボル所属企業の一部を売却させたりする政策を始める。全政権の下で、市中銀行の融資の三五―五五％は中小企業への割当とされたし［Moon, p. 148］、中小企業への特別な減税措置もとられた［Cooper, p. 138］。これらの措置は、国家とチェボルの癒着が世論の批判を浴びたことから、全大統領が政権の正統性を高めようとして導入した政策である。

一九八七年の民主化以後も中小企業向けの政策は拡大された。八九年七月には、都市の自営業者が国庫半額負担の医療保険制度に組み込まれた。前年の農民への適用とならんで、国民医療皆保険は、これで完成することになった［文一九九一、二九九頁］。

しかし一九八〇年以降も、韓国経済に占めるチェボルの支配的地位は、いっこうに揺らいでいない。韓国における中小企業政策は、中小企業主の政治的運動の結果というよりは、国家の側からする先制的な正統性確保の手段だったのであり、中小企業の自律的な影響力は限られていると見るべきであろう。

長い間国家の保護の下に存続してきたために、韓国の中小企業よりも自律的影響力を欠いていたのがメキシコの中小企業である。彼らは、韓国とは逆に工業化の初期において国家の保護を受ける存在であった。メキシコの中小企業は、革命後国家の提供する公共事業契約と幾多の保護政策の下で形成された。その中から後にグルーポに成長した企業もあるが、メキシコの特徴は、多数のグルーポが民間企業家のイニシアティブで誕生し成長したのに対して、中小企業は国家の保護下にとどまったことである。

一九四〇年代後半に導入された輸入許可制や高関税は、三〇年代から戦時中にかけて叢生していた中小企業が、戦後世界貿易の復活によって競争に直面し、国家に保護を要請した結果であった［Izquierdo 1964, pp. 279–82］。これが他の振興策とともに次第に輸入代替工業化政策として体系化されていくのである［NAFINSA 1971, Ch. 2］。もちろん大企業も輸入代替工業化政策の恩恵を受けたが、大企業と違い独自の資金源を持たず、多国籍企業との提携も望めない中小企業にとって、国家のもたらす恩恵は、それがわずかな融資や免税措置であっても、生き残る唯一の手段であった。

大企業が指導する全国工業会議所連合やメキシコ経営者連合が、時に鋭く政府の経済・労働政策を批判したのに対して、中小製造業企業の団体であるCNIT（全国製造業会議所）は、常に政府寄りの姿勢を示した。例えば大企業が労働運動を真っ向から否定したのに対して、CNITは国家の意向にそって、労使協調路線を掲げたし[Reyna et al. 1976, p. 55]、国有化を含む国家の経済介入についても、大企業が否定的姿勢をとったのに対して、CNITは国家の政策を支持した[Maxfield 1989, p. 223]。

このように国家に協力的であり続けたにもかかわらず、メキシコの中小企業は、貿易面での競争圧力からの保護と国産化政策による多国籍企業からの保護という、大企業と共通する政策を除けば、国家の体系的な振興策の対象になったことがない。NAFINSAの製造業融資も、国営企業と民間の大企業が優先されたという[Glade & Anderson, p. 150]。労働者・農民の票を期待できたPRIは、中小企業が国家を必要とするほどには、中小企業を必要としなかったのである。

農民についてまず言えることは、大規模な農地改革を経験したという点で、韓国とメキシコが共通することである。

メキシコでは一九一〇年革命が大土地所有者に土地を奪われた先住民系農民の反乱を一つの契機にしており、革命派に多数の農民が武器をとって参加したことから、農民への農地分配が革命の混乱の中で自然発生的に始まった。一九一七年憲法にも農民への土地分配が唱われ、歴代の政権も農地改革を基本政策の一つに掲げた。特に三四年から四〇年まで政権を担当したラサロ・カルデナス大統領の下では、大規模な農地分配が実行されたばかりでなく、土地を私有化するのではなく、先住民の村落共同体に分配し、村民には耕作権のみを与える政策がとられた。これは、農地が再び農民の手を離れるのを防ごうとする方策でもあった。これらの土地はエヒードと呼ばれ、七〇年代初めの段階で全耕地の四八%、全農業生産の三五%を占めていた [Grindle, p. 15]。

革命後一九四六年までに農地改革によって分配された土地は、全国土の一九%にあたる三七万八千平方キロ、受益農民は一七六万人にのぼった [INEGI 1985, p. 273]。しかし小農民対象の農地改革が特に大規模に実施されたのは、中央から南部にかけての地域で、もともと先住民共同体が未発達で、人口密度も低い北部では、北米向けの商業農業や牧畜を営む大農園が残った。メキシコ全土で見ると、一九六〇年の段階で存在した二七〇万農業単位（農家・農園）中九〇%が、全耕地の四五%を占めていたのに対して、全農業単位中〇・六%が耕地の実に三〇%を占めていた [Hansen 1971, p. 79]。メキシコでは大規模な農地改革を実行したにもかかわらず、土地所有構造の不平等が残ったのである。

それに対して韓国では、北朝鮮に対抗する意味もあって、朝鮮戦争後徹底的な農地改革が実行され、韓国の農村は、戦後の日本農村と同様、ほとんど完全な自営農の世界になった。一人当たり農地面積は約一ヘクタールで、メキシコのエヒード農民の六・六ヘクタールとは大きな違いがある。しかし、メキシコのエヒードの多くが半乾燥地や山間部に位置して、生産性が低いのに対して、韓国の農地は水田地帯が多く、トウモロコシ生産のメキシコ農村より生産性は高い。

工業化の初期、韓国でもメキシコでも人口の過半数は農民で占められていた。表5－10に見られるように、メキシコと韓国で農業人口が過半数を割るのは、それぞれ六〇年代と七〇年代である。表5－11

表 5-10　就業人口構造（%）

	韓国			メキシコ[1]		
	第一次産業	製造業	第三次産業[2]	第一次産業	製造業	第三次産業
1950				58.4	11.8	25.7
60	57.9[3]	9.9[3]	31.3[3]	54.2	13.7	26.8
70	50.6	13.7	35.2	39.4	16.7	37.7
75	45.9	18.6	35.0	34.7	17.7	40.7
80	34.0	21.7	43.4	28.0	12.0	49.1
85	24.9	23.4	50.6	27.8	11.2	50.5[4]
90	17.9	27.2	54.5	25.4	11.1	51.0[4]
94	13.6	23.7	62.5	25.3[5]	10.5[5]	51.2[4][5]

出所：*MSK* 各号，［韓国産業経済研究所 1980］，［INEGI 1985］，［NAFINSA 1981］，［Salinas de Gortari 1994］.

注：1）1950-75 は経済活動人口に占める比率，1980-92 は就業者に占める比率.
2）建設業を含む.
3）1966 年の数字.
4）「不明分」を含まない.
5）1992 年の数字.

表 5-11　産業構造（GDP 中の比率%）

	韓国			メキシコ		
	農業	製造業	第三次産業	農業	製造業	第三次産業
1955	47.0	9.9	38.4	18.3	24.1	51.3
60	39.9	12.1	41.5	15.9	22.6	54.9
65	41.0	17.3	34.9	14.4	24.4	54.5
70	31.1	19.1	40.5	11.3	25.8	55.0
75	23.5	21.2	38.1	10.1	26.2	55.1
80	14.9	29.7	43.7	8.2	22.1	59.0
85	12.8	30.3	45.3	9.1	23.4	57.6
90	9.0	28.9	46.3	8.0	22.8	61.3
93	7.0[1]	27.0	50.4	7.3[1]	22.5	59.8

出所：［World Bank 1976, 1980 および 1994］，*ESY* 1995，［Zedillo 1995］.

注：1）第一次産業.

は国民経済に占める農業の比率が、韓国では一九六〇年の段階でまだ四割にのぼっていたことを示している。それに対して、メキシコの農業は五五年には既に二割を割っていた。メキシコの農業の生産性が著しく低いことは、この二つの表からも読みとることができよう。

当初農民人口が多かったために、両国の国家は農民の支持を確保する必要があった。ただしメキシコの国家が農地改革を含む「革命」の直接の後継者としての正統性を主張できたのに対して、朴政権は農地改革を実行した当事者ではなかったために、政権獲得当初より、積極的な農民対策をとることを余儀なくされた。クーデタ直後には農漁村高利債整理法を出して、農漁村家庭の債務軽減措置をとったし［服部一九九四、二四八頁］、一九六二年には前述したように、農業協同組合中央會を設置して、農民への低利融資の道を開いた。

他方朴政権は、農村での支持を固めるべく、一九六一年から六二年にかけて農業協同組合の改組を断行した。農地改革の過程で生まれていた農業協同組合は、それまで幹部を組合員の選挙で選んでいたが、それを政府による任命制に変えたのである。その上で朴政権は、農業協同組合を農家に肥料・クレジットを配分する唯一のチャンネルとしたのである［Haggard, p. 63］。これに右記の融資機能も加え、日本型の総合農協が発足した。

しかし、工業化を優先させる朴政権は、工業部門のコスト上昇につながる主食価格の引上げを抑制する政策をとった。この価格抑制策による国内生産の停滞に加えて、六七年にアメリカ合衆国の食糧援助が借款方式に変更されたために、米の輸入が急増し、六〇年代末には韓国の貿易収支圧迫の一因となった〔倉持一九九四、二五八頁〕。

事態を重く見た朴政権は、六九年になって糧穀管理基金を設立、韓国銀行（中央銀行）の融資に基づいて、生産者米価引上げに乗り出した。特に単位収量の大きい新品種「統一」の普及をはかるために、新品種の買入れ価格・買入れ量を優先する政策をとった〔Cooper, p. 128〕。

七〇年代初めの政治的経済的危機は、朴政権をしていっそう農民の支持を動員する政策をとらざるをえなくさせた。糧穀管理基金による米穀買入れ価格のいっそうの引上げが図られると同時に、「統一」品種栽培に大量に必要となる肥料についても、政府が肥料会社から買入れた肥料を、農協を通じて政府買入れ価格よりも安い価格で農家に販売する政策がとられた〔倉持、三三九頁〕。

さらに朴政権はセマウル運動という農村刷新運動に乗り出す〔前掲書、一五六頁〕。これは「自主・協同・勤勉」をスローガンとする精神運動であると同時に、農村の住宅・インフラ改善事業を通して、農民を国家の側に引きつけようとした政策であった。

以上のような政策がとられた結果、表5-12に見られるように、米穀の農家受取価格は七〇年代前半に飛躍的に増加した。都市部と比べた農家の相対的収入も、大幅に改善され、七五年には都市部勤労家族所得を一一ポイントも上回るに至ったのである。

重化学工業化が本格化する七〇年代後半、農家に向ける政府の関心は再び後退する。しかし、全斗煥政権が正統性の危機に直面した八〇年代初めと、体制の民主化が進んだ八〇年代後半に、国家は再び農家の所得維持のための政策を打ち出している。特に八〇年代後半には、農産物輸入自由化がタイムテー

表 5-12　農家相対所得および農産物価格指数

	韓国			メキシコ	
	農家月収の対都市勤労家族月収比率　(%)	米穀の農家受取価格（実質）1975＝100	農家年収中の農業外所得比（%）	第一次産業給与の対製造業給与比率[1]（%）	トウモロコシ政府保証価格（実質）1975＝100
1965	n.a.	60.3[2]	n.a.	n.a.	87.6
70	75.6	66.3	24.1	14.9	87.3
75	111.0	100.0	18.1	13.8	100.0
80	95.9	117.9	34.8	12.5	89.4
85	112.8	113.7	35.5	13.2	100.0
90	97.4	117.2	43.2	10.4[3]	84.9
94	95.5	104.7	68.5	n.a.	48.7

出所：*MSK* 各号，*SIK* 1994, p. 51,［NAFINSA 1986］,［Salinas de Gortari 1991］.
注：1）1人当たり年間平均給与の比較.
2）1966 年.
3）1989 年.

ブルに上ったため、農民の反対を和らげるために、農漁村総合対策（八六年三月）、ついで農漁村発展総合対策（八九年二月）を打ち出し、営農規模の拡大、農家の負債・利子の軽減、農村地区への工場誘致などを進めた［文一九九一、二二三―二二四、二九六頁］。

それでも、都市勤労者家庭の所得と比べて、農家の相対所得は下落を続けている。韓国の農家は都市に出た子弟からの仕送りを中心とする農外所得を得て、かろうじて都市勤労者家庭の所得に近い水準を維持している状態である（表5―12参照）。

韓国の農民は、国家が特に正統性の危機に直面した時には、国家の注意をひくことができたが、それは農民の運動が効を奏した結果というよりも、ほとんど常に、国家の側の先制的対応の結果だったように見える。そのために韓国の農民は、自己の組織実力に根ざした継続的な影響力をもつことができなかったのである。

それでも韓国の農民は、メキシコの農民に比べれば、ずっと恵まれていたと言える。メキシコの農家の所得については信頼し得るデータが存在しないが、第一次産業の給与所得を製造業のそれと比較した表5－12によれば、前者は後者の一五％にも満たないことがわかる。もちろんこの数字は自営農家の所得を示すものではないが、農業労働者の所得の低さは、農村全体の所得の低さを反映している。

貧しいメキシコの農村は、増大する人口を養うことができず、多くの住民が都市部へ流出した。表5－10が示すように、こういった流出人口の一部を製造業が吸収できたのは七〇年代初めまでで、以後はもっぱら第三次産業の名前で総称される雑業に吸収された。その多くは所得の著しく低いインフォーマル部門の仕事でしかなかった。彼らはメキシコ市など大都市周辺のスラムに住み込み、膨大な労働予備軍を形成したのである。メキシコ中央部や南部の農村から、多数の住民がアメリカ合衆国へ出稼ぎに出る現象も、古くから見られた。

メキシコの農家が、韓国の農家と違って、ほとんど自力更正に近い生活を強いられたのは、人口増加率が韓国よりずっと高かったという事情もあるが、より根本的には国家の援助を受けることができなかったからである。

メキシコでも工業化が本格化する以前には、一九一〇年革命の余韻が残っていたこともあって、農民のための政策が盛んに実施された。三五年にはエヒード農民向けに低利融資をする国立エヒード銀行が、国立農業信用銀行とは別に設立されたし [Glade & Anderson, p. 122]、四〇年代にＮＡＦＩＮＳＡの融資費目のうち最大だったのは、灌漑をはじめとする農業関係融資であった [NAFINSA 1981, Cuadro 6. 15]。

国家の積極的な農業政策の結果、四〇年代から五〇年代前半にかけて、メキシコ農業は生産力を拡大させ、国民経済の成長に貢献したのである［恒川一九八八、一六六頁］。しかし五〇年代に工業化が本格化すると、農業に向ける国家資金は急減した。ＮＡＦＩＮＳＡの融資も、大半が産業インフラと製造業に向けられるようになった。その結果農業生産は停滞し、六〇年代末には主食のトウモロコシを輸入せざるを得ない状態に陥るのである［Grindle, p. 77］。

一九七〇年一二月に政権についたエチェベリア大統領は、トウモロコシの政府買入れ価格を引き上げたり、道路・倉庫などの農村インフラの整備を試みるが、この政策は長続きしなかった。続くロペス・ポルティーリョ政権の末期にも、政府買入れ価格の引上げや農業融資拡大の政策がとられ、一時農業生産が回復するが、これも累積債務危機に由来する財政引締めによって長続きせず、結局九四年には価格維持制度そのものが廃止されるにいたる。

メキシコの農民は与党のＰＲＩを支える柱の一つであったにもかかわらず、五〇年代以降国家に冷遇されたのは、国家がそれほど農民の面倒を見なくても、農村部でＰＲＩの支配を維持することができたからである。これは国家がしばしば正統性の危機に直面して、そのたびに農民優遇策を考えなければならなかった韓国とは対照的である。

メキシコのＰＲＩは、農地改革を実行した当事者であるという事実によって、当初高い支持を確保することができた。さらにＰＲＩが中央・地方のほとんどすべての公職を長い間独占してきたために、情報の限られた農民には、わずかな融資や政府買上げでも、それに頼る以外方法がなかった。ＰＲＩに反抗することは、次の収穫期まで家族を養っていけないことを意味したのである。

エヒード農民は一九三六年以来、全国農民連合（ＣＮＣ）に組織化されていたが、村落から中央に至るＣＮＣ幹部には、自治体首長や議会議員のポストが広く分配された。逆に国家に反抗する農民指導者は警察の追及を受け、中には暗殺によって命を落とす者も出た［Manjarrez 1967］。

メキシコでは、農村部の停滞が深まるにつれ、さらなる土地分配や国家の対策を求める農民運動が、各地で頻発したが、右のような事情から、いずれも地域レベルの短期的な運動の域をこえることができなかった。

韓国でもメキシコでも、中小企業と同様農民の影響力は限られていたが、特にメキシコでその傾向が強かったと言える。

5　ま と め

以上の記述から明らかなように、韓国とメキシコでは中小企業と農民の影響力が限られていたのに対して、大企業は成長にあたって国家の保護と補助に依存していたにもかかわらず、工業化の中心的担い手としての地位を占めていたために、中小企業や農民よりずっと大きな影響力を国家に対して行使することができた。

その大企業は、韓国でもメキシコでも家族を基盤とする企業集団の形で拡大していったが、韓国のチェボルのほうが規模と内部凝集力の点で勝っていた。しかしメキシコのグルーポは内部に銀行という自前の資金調達機関を抱えていたという点で、チェボルにはない強みをもっていた。

対する国家についても、韓国の国家のほうがメキシコの国家よりも、上からの首尾一貫した指導力を発揮しやすい構造を持っていた。それは、官僚機構の継続性と、大統領の地位の安定度において、韓国のほうがメキシコよりも勝っていたからである。

集権的な国家に集権的な企業集団が対峙したのが韓国で、韓国よりは分権的な国家と分権的ではあるが独自の金融機関をもつ企業が対峙したのがメキシコである――とまとめることができよう。

そこで次節では、このような国家と企業のかかわり合いが、両国の経済発展のパターンと結果にどう影響したかを検討しよう。

五　韓国・メキシコの企業－国家関係と経済発展

1　工業化の条件

戦後日本の産業構造の高度化について分析した第四章第三節において、資本・技術・労働など生産要素の供給と当該産業の生産物の需要について、予測可能性が高く、不確実性が低いことが、長期の産業投資にともなうリスクを下げるのに役立つ――という点を指摘した。

第二章でも一部触れたように、一般に一国の工業化にとって必要な条件は、需要側の要因と供給側の要因にわけて考えることができる。需要側の要因とは、新興の製造業に市場を保証することで、これなしには、企業が資本再生産のための利潤を確保することができない。

外国市場については、対象国が自由貿易主義をとっていれば問題はないが、そういったことは希で、通常は平和的なあるいは暴力的な方法で市場を開かせる必要がある。通常前者が通商交渉、後者が帝国主義政策であり、いずれも企業自身というよりも、企業の出身国の国家が担うのが普通である。ただし、韓国やメキシコのように第二次大戦後に工業化に入った後発工業国には、もはや帝国主義オプションはない。平和的に外国市場に接近する手段としては、他に多国籍企業の市場ネットワークを利用する方法がある。ただし多国籍企業の世界戦略と合致しない場合には、再び国家による交渉が必要となる。

国内市場については、封建的な体制がとられている場合、地方権力を打破して統一された国内市場を作り出す必要がある。さらに未だ所得水準が低く、国民の平均的な購買力が低い場合には、国家が所得を一部の国民に集中したり、国家自身が購入元になったりして、需要を創出する。

供給側の条件としては、工業化のための資金と労働力の確保が最も重要な要因である。これらについても、後発工業国が急速な工業化によって先進工業国に追いつこうとする場合には、民間企業の努力だけでは不十分であり、国家の介入が必要となる。

工業企業が使う土地・機械・技術・経営ノウハウ・原材料を調達するために、また道路・エネルギー・用水など工業インフラを整えるためには、大量の資金を調達しなければならない。国家は国内では租税を課したり、国債を発行したり、（銀行に）支払準備金義務を課したりして、資金を集める。国家は、集めた資金を国営企業を通して直接工業化のために使う場合もあるし、民間企業に低利融資や補助金として渡す場合もある。民間企業の手に残る投資資金を増やすために減税措置をとったりするのも、間接的に工業化資金を動員する方法である。いずれにせよ、国家が国民一般から集めた資金を、低利で工業化資金に回すということは、企業の投資リスクをより広い社会に分散化すること（リスクの社会化）を意味する。

国外での資金調達の方法としては、国際金融市場で債券を発行したり、外国銀行や多国籍銀行からローンを借りたりする方法がある。国家が直接当事者になることもあるし、民間企業に国家が債務保証を与える場合もある。いずれにしても、借入金は返済しなければならないので、国家が乗り出すということは、投資資金調達のリスクを社会化することを意味する。

なお国家が多国籍企業を誘致したり、利潤を国内に再投資させたりしようとするのも、資金調達努力の一つである。

労働力については、工業化資金の拡大再生産の立場からすれば、できるだけ安く、同時に規律と生産性の高い労働力が最も好まれる。国家は労働コスト増加や労働規律の弛緩につながりやすい労働運動を抑制したり、国民の教育水準を上げたりすることで、この目標を達成しようとする。ここでも企業の投資リスクが、企業自身によってではなく、国家によって肩代りされ、その意味で社会化されていると見ることができる。

国家は工業化の投資資金の動員を助け、投資のリスクを社会化することで、企業による長期工業化投資を可能にするのである。コストの社会化は犠牲をともなうので、当然企業以外の社会勢力による抵抗が予想される。工業化をスムーズに進めるためには、こういった抵抗を抑えねばならず、ここに、後発工業国で「開発」と「独裁」が結合しやすい理由がある。

以下本節では、韓国とメキシコの工業化過程での企業‐国家関係を、「工業化の資金動員」と「投資リスクの社会化」の観点から検討する。

2　工業化の資金動員

韓国でもメキシコでも、工業化の初期における資金不足は深刻であった。第二次大戦と朝鮮戦争によって疲弊した韓国の状況は特にひどく、表５‐６で見たように、国民貯蓄率は一〇％にも満たなかった。国内で不足する工業化資金は、アメリカ合衆国からの援助の形で補給された。

しかし当初アメリカ政府は、韓国では急速な工業化よりも、民生のとりあえずの安定化と軍事力強化が優先されるべきだと判断し、李承晩政権がアメリカ合衆国の復興援助を日本からの物資調達に向けるよう求めた。この政策には、日本が市場を求めて中国に接近するのを防ごうとする狙いもこめられていた。しかし李大統領は、民族主義的な反発からアメリカ政府の勧めに耳を貸さず、韓国独自の工業化をおこなおうとした［李鍾元一九九六、第三章、Woo, pp. 52–57］。

結局一九五三年から六二年までの一〇年間、韓国の輸入の七〇％、固定資本形成の七五％が、援助資金によって賄われた［Haggard, p. 55］。援助は物資供与の形をとることが多かった。韓国政府は、李承晩と政治的に結びついた特定の加工製造業者に、砂糖・小麦・綿花を中心とする援助物資を払い下げた。前節で触れたように、この中から製糖工場を建てた三星、繊維工場を建てた鮮京など、後にチェボルに成長する企業が台頭する［Steers et al., p. 49; 服部一九九四、二四七頁］。しかし援助に基づく輸入代替工業化は長続きしなかった。一九五八年にアメリカ合衆国の経常収支が赤字になったこともあり、アメリカ政府は対韓援助を削減し始めるのである。

外貨繰りの困難が予想されたにもかかわらず、一九六一年に政権に就いた軍事政権の指導者達は、当初重化学工業を含む包括的工業化によって国民経済の自立化を図ろうとした。実際六二年に実施が始まった第一次五カ年計画は、輸入代替工業化と社会資本の拡充および農業開発を同時に達成しようという、きわめて野心的なものであった［服部一九八七、五六頁］。この計画には総合製鉄所や大韓石油公社（政府半額出資）精油所の建設が入っており、精油所は実際六四年に稼働を始めた［深川一九八九、八〇頁］。最初の自動車工業保護法が制定されたのも六二年であった［服部前掲書、二五〇頁］。

工業化の資金を捻出するために、朴政権は、通貨金融改革によって国民のもつ預金類を強制的に国家に預託させようとした。しかしこの試みは、物資隠匿とインフレを煽っただけに終わった［Woo, p. 82］。苦境に陥った朴政権は、当初の経済計画の目標を下方修正すると同時に、頼みの綱であるアメリカ合衆国の援助金を確保すべく、アメリカ政府の要求する経済改革を次々に実行した。それは財政安定化計画の受入れ（六三年）、平価切下げ（六四年）、国内金利引上げ（六五年）などである。

六四年の平価切下げの際には、部分的な輸入自由化と輸出に対する免税・融資の拡大などの措置もとられた［Woo, p. 102］。六五年には、輸出金融を輸出用原資材生産業者にも拡大した［大西一九九二、一一二頁］。結果として、当時輸出の多くを占めていた繊維・衣類・食品など軽工業部門の企業が、実質マイナス金利の融資を受けるなどの恩恵を授かることになった。一般には、これ以後韓国は輸出志向型工業化路線を歩み始めたとされる。

以上の経過を分析した木宮正史は、韓国の輸出志向型工業化は、輸入代替工業化戦略がアメリカ合衆国政府の支持を受けられずに挫折した後の「残余的な選択肢」であったと結論づける［木宮一九九四、二八頁］。大西も輸出志向型工業化への転換は、官僚が上から意図的に指導した結果ではなく、国家主導の輸入代替工業化が内資・外資の動員に失敗した後の「偶然」だったとする［大西一九九二、一一八頁］。

しかし、その後の朴政権の動きを見てみると、アメリカ政府の言うような比較優位説に乗った軽工業化だけで満足するつもりがなかったことは明らかである。韓国の国家指導者にとって、輸出志向工業化そのものが目的なのではなく、あくまでも重化学工業を含む自立経済の建設が終始一貫した目標であり、輸出はそのために必要な外貨をかせぐ手段であった。

実際朴政権は、一九六四年には「鉄鋼業育成計画」を出し、総合製鉄所建設の方針を確認しているし、六四年八月には「自動車工業育成総合計画」を発表した［深川、一一一および一四五頁］。六七年に始まる第二次五カ年計画でも、金属、電気電子機器、自動車、機械などの分野で大規模な事業が実施された［服部一九九四、二五一頁］。

しかし、相変らず朴政権は、急速な工業化を支える資金的裏付けを欠いていた。アメリカ合衆国の援助は六四年以降急減し、六五年にはまだ輸入および固定資本形成の二九%を占めていたのが、七〇年には輸入の四%、固定資本形成の八%に縮小した［*ESY* 1981, p. 206; 韓国産業経済研究所、一八一、一八七、二二四頁]。

援助に代る工業化の外部資金は銀行融資であった。六七年から七一年までの第二次五カ年計画の間に、アメリカ合衆国からの援助が年間平均九千万ドルだったのに対して[韓国産業経済研究所、一八六頁]、長期融資は三億六七〇〇万ドルに達した(表5－5参照)。それ以外に、六五年の日韓国交正常化条約により、日本から対日請求権資金五億ドルを含む計八億ドルの有償・無償の資金が導入された[Woo, pp. 86-87]。

当時韓国の企業はまだ弱体であったので、国家による債務保証なしに外国ローンを取り入れることが困難であった。民間企業は外国からの借入れにあたっては、政府の「外資導入促進委員会」の認定を受け、さらに韓国産業銀行など政府機関の「支払保証」を受けなければならなかった[Choi, p. 3; 服部一九九四、二五四頁]。外国からの資金取入れにおいて、国家が中心的な役割を果したのである。

この時期は高金利政策がとられたので、国営の銀行への預金も拡大している。国民貯蓄率は六〇年代後半に急上昇して、一九七〇年には一七・五%に達した(表5－6参照)。政府はこうして集めた国内資金を、しばしば預金金利より低い金利で、輸出企業や計画部門の企業に融資した。

しかし、国内貯蓄率を一〇ポイントも上回る投資を実現するために、外債取入れが猛烈な勢いで進み、その結果、対外累積債務は六五年から七一年の間に一四倍に膨らみ、七一年の債務返済額は輸出の二八%に達した[Woo, p. 105]。

債務危機に陥った韓国政府は、一時外資調達先を借款から直接投資に切り替える。専ら輸出に徹する外国企業を誘致すれば、投資と輸出という二重の外貨収入が得られるものと期待された。こうして六〇年代末に「輸出自由地域」を設定することが決められ、そこへは出資比率五〇%を越える外国企業の進出が認められたのである。

しかしこの政策は長続きしなかった。ひとまず債務危機を脱した朴政権は、七三年になって、外資進出は出資比率五〇%までという以前の原則に戻ってしまう。七三年には重化学工業化計画が本格的に始まるが、その資金として朴が頼ったのは、再び外国融資であった。表5-5にあるように、重化学工業化が進められた第三次および第四次五カ年計画の間、年平均それぞれ一〇億ドルと二七億ドルもの外国融資の受入れがなされた。同じ時期の直接投資額は、融資額の三%にすぎなかったのである。

他方政府は、内資を動員するために、産業別の振興基金を「国民投資基金」にまとめあげた。財源は貯蓄組合や年金基金などを対象に発行される「国民投資債券」、金融機関からの預託金、政府特別会計からの転入金などで、金融機関を通じて重点産業へ融資された[谷浦一九八九、二一頁]。その額は七九年に国内クレジット全体の四・四%で、うち八割以上が重化学工業と電力産業へ向けられたという[Woo, pp. 165–66]。

さらに国営の政策銀行である産業銀行と輸出入銀行が、重化学部門の設備投資と輸出を補助するために、低利融資をおこなった。崔によれば、輸出や重点部門に向けられたいわゆる政策ローンが、銀行部門の全融資に占める比率は、七一年の四割から七八年には七割に増えたという[Choi, p. 37]。

この間ローンの金利は実質マイナスであった。七四年から八〇年までの時期、平均利子率はマイナス六・七％だったという［Woo, p. 159］。こういった有利な融資から最大の恩恵を受けたのはチェボル企業である。彼らは、国家が選んだ六つの重点産業――鉄鋼、化学、金属、機械、造船、電子――に積極的に投資する姿勢を見せたし、総合商社を育成しようとする政策にも参加し、国家が設定する輸出目標達成に邁進した。国家も、このようなチェボル企業に対して、国の内外から集めた資金を低利で惜しみなく貸し与えたのである。またチェボル企業の国外からの借入れの多くにも、国家の債務保証が与えられた。

チェボルが財政的にいかに国家が動員する資金に依存していたかは、彼らの銀行部門からの借入金の膨大さによく現れている。第三次、第四次五カ年計画の一〇年間に、企業の自己資本比率は二八％であった。外部調達資金七二％の中で、株式・社債発行など直接金融分は一七％、民間ノンバンクからの借入金が一四％、残る四一％が内外の銀行からの借入金であった［Fields, p. 106］。八〇年にチェボル企業の平均的な負債対資本金比率は五〇〇％を越えていたという［Woo, p. 170］。

重化学工業化時代にチェボルが参入した重化学部門は、当時は決して利益率が高い分野ではなかった［Woo, p. 169］。チェボルの総合商社による輸出の中にも出血輸出がずいぶんあったという。にもかかわらず、チェボルが積極的に国家の呼びかけに応じて投資活動を続けたのは、政府からただ同然の資金が潤沢に流れたことを抜きにしては考えられない。

他方、チェボルが統帥者を戴く中央集権的な組織であったことが、企業による果敢な決定と行動を可能にしたという指摘もある。また企業の権力がチェボルの長に集中する一方、国家の権力が朴大統領とその大統領秘書室に集中していたことは、相互の交渉と意志疎通を容易にしたと考えることができる。さらに新しい分野に参入するに際して、チェボル企業は、企業集団内の他の企業で育った経営人材や技術者を利用することができたし、チェボル内の企業同士で資金を融通しあったり、債務保証をしあったりすることもあった［Lee, pp. 187-88; Moon, p. 148; Fields, p. 125］。

こうして韓国の工業化資金は、重化学工業分野に集中的に投下されることができたが、チェボル間の参入競争があらゆる分野で激しく起ったために、七〇年代末までに過剰設備問題が生じた。七九年以降の石油価格の高騰と国際利子率の上昇によって、韓国が再び対外債務危機に襲われたこともあり、以後八〇年代半ばまで、韓国は苦しい経済調整政策をとらざるをえなくなる。

著者の中には、この時の経験から、七〇年代の国家主導型工業化は失敗だったと示唆する者もいるが、実際には、この時代の重化学工業化の試みが無駄であったわけではない。八〇年代後半に「三低」（石油価格安、国際利子率安、ウォン安）に助けられつつ、韓国の自動車産業や他の機械産業が輸出産業として花開いた理由を、八〇年代前半の短い調整期だけに求めるのには無理がある。やはり、七〇年代のがむしゃらな重化学工業化時代の設備投資と経営者・技術者・労働者による学習と経験の蓄積が役に立ったと見るべきであろう。

以上のように六〇年代・七〇年代の韓国は、低い国内貯蓄を大量の外資取入れで補塡し、それを国家が指定する産業分野に重点的に投下していった。

それに対してメキシコは、一九五〇年の段階では、韓国よりずっと高い一三％の国民貯蓄率をもっていた。メキシコ経済も、朝鮮戦争後の韓国と同様、革命と世界大恐慌によって疲弊していたが、韓国よりも一人当たりＧＤＰが高かったことに加えて、民間の銀行が混乱期を乗り越えて生き残っていたことが、韓国より高い貯蓄率に結びついたと考えることができる。表５‐８に見られるように、四〇年代から五〇年代にかけて、全金融リソースの四割強が民間銀行に握られていたのである。この比率は五〇年代末以降、急速に増加し、六〇年代後半には五四％に達している。

他方、メキシコの大企業の中にも一九世紀末から一九四〇年代までに設立された歴史の長いものが多く、六九年に三〇〇社余りの工業企業を調査したデロッシによると、自己資本比率は平均六二％であった。これは七〇年代後半の韓国企業の倍以上の数字である。

同じデロッシによれば、残る三八％のうち直接金融は四％にすぎず、三四％が銀行からの借入れであった [Derossi 1977, p. 149]。銀行借入れのうち、グループ内銀行とそれ以外の銀行からの借入れを分けたデータはないが、マックスフィールドが七〇年の段階での企業の外部金融を一〇％としているので [Maxfield 1993, p. 247]、ほぼこの一〇％をグループ外銀行からの調達分と見てよいであろう。

企業集団外からの資金調達が少なかった上に、グループ外銀行もほとんど民間銀行であったと考えてよい。ＮＡＦＩＮＳＡによる製造業向け融資は、四〇年代後半から六〇年代まで、ＮＡＦＩＮＳＡ全融資の二五％ほどで、残りはインフラ整備・石油産業・他の公共事業など、公共部門向けであった [NAFINSA 1981 & 1986]。製造業向け融資のほとんども国営企業向けであった [Glade & Anderson, p. 150]。

したがって、メキシコの大企業は、六〇年代まで、ほとんど国家の資金動員に頼らずに成長してきたと言える。

それでもメキシコの国家は、五〇年代半ば以降は、輸入代替工業化を意識的に進めるために、民間投資の方向に影響を与えようとした。既に一九四一年の製造業法で、メキシコにはまだ存在しない新しい分野（新規産業）とメキシコの需要を満たせていない分野（必要産業）に投資する製造業企業に対して、所得税・輸出入税・印紙税等を五年間免除することにした。四五年には免除期間を最長一〇年に延長したが、部品産業や中間財産業が育たず、表5−5で見たように、年々貿易赤字が拡大してしまったので、一九五五年の「新規産業・必要産業振興法」では、振興する対象産業をより狭く特定する努力がなされると同時に、免税特典を受けるためには、国産化率六〇％以上という条件を満たさなければならないことになった［NAFINSA 1971, pp. 168–74］。

一連の振興法による主な受益産業は、五〇年代半ば以降食品・繊維・金属・化学から一般機械・電気機器・運輸機械に変ったが、NAFINSA研究班は、免税額が小さく、産業構造の転換にはほとんど効果がなかったと結論づけている［*ibid*., pp. 180–81］。これは、国産化率六〇％というハードルが高すぎたことと並んで、他の産業振興政策が、新規産業・必要産業振興法の効果を相殺したためでもある。

例えば、「一般輸入関税規則一六号」は、工場の新設・増築に必要な機械・器具類の輸入関税を、財務省による審査後に払い戻すことを認めたが、産業の種別、機械の新旧に関わりなく特典が与えられた。また四八年に制度化された輸入許可制にカバーされる品目は、六〇年に全関税項目の四割、六八年に六五％に達した。これは主に貿易赤字問題に対処するためと、民族企業家の圧力によるもので、産業構造の転換を考慮したものではなかった。加えて商工省は、毎月一万二千から二万もの輸入許可申請をさばききれず、コスト・品質基準よりも既存産業保護を第一次的に重視する決定がなされたという［*ibid.*, p. 134, pp. 148–53, pp. 190–91; Izquierdo, p. 255］。

明らかにメキシコには、経済政策を進める上での調整の欠如という問題があった。免税に関わる業務は財務省が、輸入許可に関わる業務は商工省が担当したが、両者の活動を調整する最高意志決定機関がなかった。関税の決定については、一九五九年の政府再組織法で、商工省と財務省が協力しておこなうことになったが、実際には財務省が権限を手離さなかったという［Izquierdo, p. 252］。これは、大統領経済担当特別補佐官を長とする重化学工業企画団が全体を掌握した韓国の七〇年代の重化学工業化とは、著しい対照をなす［Woo, p. 129］。

第三節で触れたように、そもそもメキシコ政府が経済計画を立てたのは、国営部門の投資・輸入活動に関してであった。省庁間の調整機関も国営部門に関しては設けられていた。民間部門を含めた総合的計画の立案は七〇年代末まで待たねばならなかったのである。

民間企業の側にも問題があった。メキシコのグルーポは、韓国のチェボルよりも結合が緩やかで、トップの意志によって企業集団全体を重化学工業の国産化率向上に向けて指導する体制にはなっていなかった。集団内の各企業は、自己の生き残りと成長のために、個々に国家に保護を要請し、また国家の提供する免税等の特典を受けようと図った。韓国よりも分権化した国家と分権化した企業集団が対峙したことが、メキシコの輸入代替工業化を、総花的で焦点のぼやけたプロセスにする一つの要因になったのである。

メキシコで国営部門の計画化が問題になったのは、国民経済に占める国営部門の比重が大きかったからである。当初NAFINSAは、製造業法に合わせて「参加証書」と呼ばれる債券を発行し、これによって集めた資金を民間製造業企業へも融資するはずであったが、民間の「参加証書」購入も思ったほど進まず、融資申請も少なかったので、五四年には「参加証書」発行を停止し、民間部門向け融資も削減した。以後NAFINSAは、外国からの借入れを公共事業や国営部門に回すのを主な業務にするようになった [Glade & Anderson, p. 137; NAFINSA 1971, pp. 299-300]。

NAFINSAが株式を所有する企業は、六一年までに六〇社にのぼったが、うち鉄鋼・電力・繊維・食品・木材・製紙・肥料・製糖・映画産業に属する一三社では、過半数の株式を支配していた [Bennet & Sharpe 1980, p. 176]。その後国家少数所有を含む政府系企業は、七〇年までは徐々に増えたにすぎなかったが、七〇年代に急増した。七〇―七六年のエチェベリア政権期には八四から四七〇社に、さらにロペス・ポルティーリョ政権最終年の八二年には九〇〇社余りになった。これに加えて特定の産業分野や機能を支援するための信託基金が二三一あった [Camp, p. 29; Valdés Ugalde, p. 226]。

国民経済に占める政府系企業の比率がいかに大きかったかは、表5-13の数字によく表れている。すなわちメキシコでは、総固定資本形成全体に占める公共部門の比率が、四〇%前後もあったのに対して、韓国では重化学工業化が本格化する七〇年代に二〇%を下回った。しかし、両国の違いでより顕著なのは、民間部門の総固定資本形成の大きさである。ここにおいてメキシコの民間部門の活動は韓国の半分

表 5-13　韓国・メキシコの総固定資本形成（年間平均%）

	メキシコ				韓国[1]		
	対 GDP 比		うち公共		対 GDP 比		うち公共
	公共部門	民間部門	部門の比率		公共部門	民間部門	部門の比率
1939-40	3.3	3.0	52.4				
41-46	3.9	3.8	50.6				
47-52	5.3	7.7	40.8	1959-61	3.7	7.6	32.7
53-58	4.9	11.4	30.1	62-66	3.5	10.4	25.2
59-64	6.0	9.5	38.7	67-71	5.8	14.3	29.0
65-70	7.0	10.9	39.1	72-76	4.0	19.5	17.1
71-76	7.9	11.0	41.8	77-81	4.7	25.2	15.7
77-82	10.8	12.7	46.0	82-86	4.3	24.2	15.2
83-88	5.5	13.4	29.1	87-91	4.2	29.7	12.4
89-94	4.6	15.3	23.1	92-93	5.3	30.6	14.9

出所：[NAFINSA 1990]，[Salinas de Gortari 1991, p. 141]，[Zedillo 1995, p. 24]，*ESY* 各年.
注：1）1982 年以降は「総資本形成」だが，その 100 %近くが総固定資本形成と見てよい.

にすぎないのである。韓国が国家の介入の下で、民間部門に投資させる体制であったのに対して、メキシコでは国家と民間企業が投資活動を分け持つ体制にあったと見ることができる。

実際メキシコでは、政府系企業と民間企業の間に一種の棲み分けができていた。国家は支払準備金制度によって民間銀行の資金の一部を中央銀行に吸い上げ、それで政府の財政赤字を補塡すると同時に、NAFINSAなどを通じて政府系企業へ融資した［Maxfield 1990, p. 83］。

こうして増加した政府系企業は、電力・交通通信・石油などのインフラ部門、鉄鋼のように投資規模が大きくて民間企業が十分な投資資金を調達できなかった部門、DINA社（自動車）や砂糖産業のように経営に行き詰まった部門、外資企業のメキシコ化にあたって引き受ける民間企業が出現しなかった部門に多く見られた［Bennet & Sharpe 1980, pp. 176-80］。しかも、これらの政府系企業は、民間部門や消費者に対して、安価なエネルギー、運輸交通手段、工業原材料を提供した［Tello, p. 28; Maxfield 1990, pp. 137-38］。

しかし政府系企業による民間部門補助も、民間企業による国産化率向上につながらず、貿易赤字がさらに拡大したために、エチェベリア政権の下では、国家が工業化においてもっと積極的な役割を果すべきだとの考え方が強まった。エチェベリア期には政府系企業や信託基金の数が大幅に増えると同時に、鉱業部門など、民間企業と競合する分野への国家参入の拡大が見られた［Bennet & Sharpe 1980, p. 182］。しかし、政府の過度の拡大を嫌う民間企業が投資活動を十分活発化させず、七五年以降は資本を海外逃避させたために、また政府と政府企業の財政赤字が拡大してインフレを悪化させたために、国際収支の赤字が膨大な規模にふくれあがり（表5－5）、ついにメキシコは第一次債務危機（一九七六年八月）に見舞われることになるのである。

大統領就任当時はＩＭＦコンディショナリティに縛られていたこともあって、保守的な政策をとったロペス・ポルティーリョ政権も、七八年以降石油輸出が急速に拡大し、外国銀行からの借款も容易になると、政府部門の拡大に動いた。この時代に公共部門の投資活動はもっとも活発になるのである（表5－13参照）。韓国の経済企画院にあたる予算企画省が設置され、輸入代替工業化に輸出振興を付加した総合的な経済計画が作られたのも、この時代である。しかしこの経済計画が実行される前に、貿易赤字の拡大、国際利子率の上昇、原油価格の急落などによって、メキシコ版バブルがはじけ、メキシコは本格的な債務危機に陥るのである［Newell & Rubio 1984, Ch. 9］。

以上のように、エチェベリア期を除いて、政府系企業はメキシコ民間銀行と外国の民間・国際金融機関から調達した資金を、主に民間企業が投資しようとしない分野やインフラ部門に投下したが、それだけで、輸入代替工業の中枢部分を握る民間企業の行動を左右することはできなかったのである。

国家が民間企業の投資・生産活動に十分な影響を与えられなかったもう一つの理由は、六〇年代以降重化学工業が輸入代替工業化の中心分野になるにつれ、多国籍企業の比重が増えたことである。

自前の銀行部門を傘下に抱えていたとはいえ、韓国のチェボルより規模も結集力も小さいメキシコのグループ企業には、自動車・電気機械・一般機械・石油化学などの分野での資本・技術を自分で調達することができなかった。かといって政府の経済介入に警戒的なメキシコの大企業は、政府融資に頼ることも躊躇した。それよりも、彼らは外国企業と合弁会社を設立する道を選んだのである。

外資導入については、国家が外資による所有・経営支配を防ごうとするメキシコ化政策をとったので、民間企業としては、安心して合弁事業に入れたという側面もある。この点では国家が民族企業を助けたことになるが、国家は民族主義的な国民感情からして、いずれにしてもメキシコ化政策を簡単にはやめることができない立場にあったので、企業の国家への依存を深めることにはならなかった。韓国では外国資金の多くが借款の形で国家を通して導入されることが多かったので、外資は国家の影響力を増すのに貢献したが、メキシコでは逆に、外資は民間企業の資金調達を助けることで、企業の力を増すことに貢献したのである。

メキシコ化政策が本格化する以前に進出していた外国企業には、百％出資の企業も多かった。これらの企業は、メキシコ民間企業以上に資金的に国家に依存していないために、その投資・生産・販売活動に影響を与えることはきわめて困難であった。メキシコの国家が使ったバーゲニングチップは、輸入・生産割当を操作することで、国内市場シェアをめぐる多国籍企業同士の競争を利用することであったが、韓国の国家が不正行為を働いたチェボル企業を潰せなかったと同様、メキシコの国家も、国家の政策に応えない外国企業を罰することは難しかった。既にメキシコに根を張っている外国企業を罰することは、そこで働いているメキシコ人従業員の雇用を奪い、部品を納入しているメキシコの中小企業を危機に陥れたであろうからである［Bennet & Sharpe 1985, p. 187］。

メキシコの国家は、韓国よりも大きな国営部門を抱えていたが、輸入代替工業の中枢部分を占めるメキシコ民間企業と多国籍企業は、資金動員の点で国家に依存しておらず、集権的な政策実行機関も総合的な経済計画も七〇年代後半まで存在しなかったために、国産化率向上や輸出促進に向けて内外の民間企業を動かすことができなかった――と結論づけることができよう。

3　投資リスクの社会化

国家は、民間企業の投資リスクを色々な形で社会へ広く分散化させることで、民間企業による投資を促すことができるが、ここでは国家財政によるリスクの社会化と労働運動抑制によるリスクの社会化について検討する。

まず韓国では、既に述べたように、重化学工業化が進められた一九七〇年代に銀行ローンの実質金利がマイナスであったことが、民間企業の投資コストを大幅に引き下げた。その損失分は国家が財政的に補塡したのである。実質金利がマイナスだったということは、金利がインフレに追いつかなかったことを意味するので、国家はインフレを通して企業の投資リスクを社会化したと言い替えることもできる。

他方、債務返済不能に陥ったチェボル企業の救済も国家によってなされた。六〇年代末から七〇年代初めの危機の際には、七二年八月に国家が私債モラトリアムと債務軽減措置をとった。当時私債市場の投資家の七割は出資金百万ウォン（二九〇〇ドル）以下の小口投資家だったといわれるので［Woo, p. 113］、企業救済のコストはわずかな貯金をもつ国民が負ったことになる。

チェボル企業が過剰設備と債務危機に陥った八〇—八一年と、造船・海運・海外建設業などの構造不況産業が倒産の危機に直面した八五—八六年には、国家が免税措置と低利融資によって企業や銀行を救済した［Cooper, p. 138］。チェボル企業の救済は、やはり政府の財政支出によってなされたことになる。

しかし表5−14によると、韓国の国家財政は七二—七六年を除けば、メキシコよりもはるかに健全であった。これはチェボルのための諸種の出費がかさんだとしても、それを医療保険など社会的支出の低さで補うことができたからである。

さらに表5−15で韓国の租税構造を見てみると、防衛税の中に所得税への課徴金が含まれていることを考慮しても、なお所得税、特に法人税の比率が低く、付加価値税など間接税の比重が大きい。つまり韓国の財政構造は、消費者から広く集めた資金を、社会支出よりもチェボルへの融資や赤字企業救済など、経済的目的に向けたことを物語っている。つまりチェボルによる投資のリスクは、国家を通して国民一般に分散化されていたのである。

表5-14　韓国・メキシコの国家財政（年間平均%）

	中央政府財政収支の対GDP比[1]	政府企業財政収支の対GDP比[2]	中央政府歳出に対する公債・借入金の比率
韓　国			
1972-76	−2.7	−1.4	18.3
77-81	−0.2	−1.2	7.6
82-86	0.4	−0.6	−0.8[3]
87-91	0.7	−0.7	0.2
92-93	−0.1	−1.0	0.1
メキシコ			
51-55	−1.0[4]	n.a.	8.4
56-60	−2.1[4]	n.a.	17.8
61-65	−3.3[4]	n.a.	34.3
66-70	0.0	−1.8	31.2
71-75	−1.1	−4.1	32.9
76-80	−0.1	−4.7	39.9
81-85	−4.3	−4.5	42.0
86-90	−6.6	−1.8	81.9
91-93	4.0	−0.8	73.6

出所：*MSK* 各号，*ESY* 各年，［NAFINSA 1986］，［Salinas de Gortari 1994］．

注：1）一般会計．

2）韓国は中央政府管轄および地方政府管轄の公営企業．メキシコは政府が直接管理する準自治的機関で，公営企業体以外に社会保険庁，食糧管理公団などを含む．

3）マイナスは償還額が新規発行・借入額を上回ったことを意味する．

4）公社公団への移算を含む．

他方メキシコでは、企業の融資面での国家依存は小さかったが、政府系企業による安価な運送手段・エネルギーや、鉄鋼など原材料の提供という形で、国家による企業のコスト引下げが図られた。さらに食糧管理公団や公共地下鉄・バス会社による消費者価格補助は、労働コストを引き下げることで間接的に民間企業を助けた。その規模がいかに大きかったかは、表5－14に表れている。メキシコの国家財政の赤字は韓国よりずっと大きかったが、八〇年代に民営化が進むまで、その大半は国営企業を含む政府管理組織の赤字だったのである。

表 5-15　韓国の租税構造（%）

	1972	1975	1980	1985	1990	1994
個人所得税	22.0	14.3	11.4	12.4	17.5	24.5
法人所得税	11.5	9.4	8.3	9.5	12.0	16.1
付加価値税[1]	—	—	25.3	24.4	25.8	28.5
特別物品税[2]	7.7	8.5	10.0	7.8	7.1	5.3
酒税	5.9	5.9	5.1	4.2	3.8	3.4
印紙税	1.6	0.9	0.6	0.6	0.7	0.6
関税	12.4	13.0	13.2	13.2	10.3	7.5
防衛税[3]	—	4.5	14.8	14.2	16.9	0.2
独占利潤税[4]	9.0	9.7	8.8	7.0	—	—
教育税[5]	—	—	—	2.7	1.9	2.6
その他			2.5	3.6	4.0	11.2[6]

出所：*MSK* 各号.

注：1）1977 年に導入.

2）1977 年に導入．それまでは「物品税」.

3）1975 年に導入，1994 年に廃止.

4）1989 年に廃止.

5）1982 年に導入.

6）1994 年に交通税新設.

表 5-16　メキシコの租税構造（%）

	1960	1965	1970	1975	1980	1985	1990
個人所得税	35.5	17.2	19.0	19.0	21.0	19.4	22.5
法人所得税		20.9	24.8	20.0	25.0	15.6	19.6
付加価値税[1]	10.9	12.9	12.7	20.4	22.4	29.2	31.6
製造・サービス税[2]	16.9	7.4	7.5	10.5	6.3	7.3	7.5
輸入関税	19.3	20.9	18.4	9.0	9.7	6.3	7.9
ガソリン特別税	—	—	—	4.9	3.5	14.0	6.4
その他	17.4	20.7	17.6	16.2	12.1	8.2	4.5

出所：[NAFINSA 1978]，[Salinas de Gortari 1991 & 1994].

注：1）1979 年以前は販売税.

2）タバコ・酒類・電話料金等への課税.

表 5-17　製造業労働生産性および労働賃金

	韓国			メキシコ		
	労働生産性 1975＝100	実質賃金 1975＝100	付加価値中の労働賃金比％	労働生産性 1975＝100	実質賃金 1975＝100	付加価値中の労働賃金比％
1972	67.3	79.6	23.5	86.1	96.8	41.4
75	100.0	100.0	23.6	100.0	100.0	39.1
80	162.8	167.0	29.3	107.2	101.9	32.9
85	227.8	208.0	27.1	131.2	76.9	20.9
90	363.1	349.5	27.6	146.5	75.5	20.6
92	439.3	396.1	25.8	168.3	87.2	n.a.

出所：[World Bank 1994 および 1995].

メキシコでもしばしば国家が危機に陥った民間企業を救済することがあった。ただ韓国と違って救済融資というよりは、国営化してしまうことが多かった。国営化した後もほとんどの企業は赤字経営だったので、結局国家財政の負担が嵩んでいった。ただし八二年の債務危機以後は、銀行部門を除いては、国営化による救済はなされなくなった。代って民間企業のドル建て債務を政府がペソで引き受ける形での救済がなされた。これは為替変動によるリスクを国家が背負うことを意味した [Garrido Noguera y Quintana López 1987, p. 117]。

表５－16はメキシコの租税構造を見たものである。韓国と比べて、個人所得税・法人所得税の比率が高いが、それでも税収の五〇％以上は間接税で占められている。韓国ほどではないにしても、メキシコでも民間企業の投資リスクの一部は、国家財政を通じて社会に分散化されていたと考えてよいであろう。

しかし韓国とメキシコでの投資リスクの社会化は、これだけにとどまらない。表５－17は製造業部門の労働生産性と労働賃金を示したものであるが、これによれば、韓国の労働者はほぼ労働生産性上昇に見合う賃上げを獲得したが、メキシコの労働者はそのような恩恵を全く受けることができなかった。賃上げは七〇年代はほとんどゼロ、八〇年代にはマイナスとなり、この間労働分配率は一貫して下降した。

そのような潮流に対して、メキシコの労働者が無抵抗でなかったことは、表5-18のストライキ件数によく現れている。八七年以前には、メキシコの労働者は韓国の労働者より、はるかに多くの争議に参加したのである。にもかかわらず、彼らの行動が賃上げに結びつかなかったのは、農民の場合と同じように、最も大きいCTM（メキシコ労働者連合）を含む大多数の労働組織が、与党PRIに早くから統合され、労働リーダーを公選職につけることで去勢化する制度の中に組み込まれていたためである。

表5-18　ストライキ件数

	韓国	メキシコ		韓国	メキシコ
1975	133	320	1985	265	542
76	110	654	86	276	1,215
77	96	604	87	3,749	1,123
78	102	845	88	1,873	650
79	105	936	89	1,616	875
80	407	1,432	90	322	820
81	186	1,174	91	234	574
82	88	2,157	92	235	n.a.
83	98	1,208	93	144	n.a.
84	113	769			

出所：[Secretaría de Trabajo y Previsión Social 各年], *Anuario estadístico* 各年, [Salinas de Gortari 1994], [Zedillo 1995], *KSY* 各年.

与党に与しない独立派労働組合が登場することもしばしばあったが、その場合政府は、さまざまな口実を用いて労組の労働省への登録を拒否したり、ストライキの合法性を認めなかったりして、労組の活動を妨害した。独立派労組指導者の一部を抱き込んで、運動を切り崩そうとしたこともあった。それでも急進派の活動を抑えられない場合には、最後の手段として軍部や警察が出動して指導者を拘束した［恒川一九八八、一五一―五四および一六九―七三頁］。

他方韓国の労働者も、倒産と失業が増えた時期や、労働者が社会的不公正を強く感じた時期には、労働争議を活発化させている。六〇年代の年間平均スト数は約百件であったが［Koo 1993, p. 138］、危機に揺れた七一年には一六〇〇余件に達したし［Woo, p. 112］、朴暗殺後「ソウルの春」を迎えた八〇年にも四〇〇件を数えている。さらに八七年の民主化宣言に続く三年間にはメキシコを上回る争議が発生している（表5－18）。

韓国の場合七〇年代後半には労働力が不足するようになったので、ストライキがなくても賃上げが進んだ。このことは表5－17と表5－18を比較すれば明らかである。ただ韓国では初期の労働分配率が非常に低かったので、賃上げ率が高いからといって、メキシコの労働者より労働条件がよかったことを意味するわけではない。韓国における労働分配率がメキシコのそれに追いつくのは八〇年代前半になってからである。それも韓国労働者の賃金条件が格段に向上したからというよりは、メキシコ労働者の賃金条件が急速に悪化した結果であった。

韓国のように輸出産業が国民経済に占める比重の大きい国では、賃金条件だけでなく、品質管理や納期厳守も国際競争力の重要な源泉である。したがって、企業にとってストライキの回避と労働規律の維持が重要な意味をもっていた。

韓国でも六一年八月に軍部の管理下で組織された韓国労働組合総連盟（労総）が、国家との協力の下で、ストライキをできるだけ抑制する役割を果した。労働協約の主体は単位労組ではなく、労総の下に組織される産業別労組とされた上に、争議にはこの産業別労組の事前承認と、政府が支配する労働委員会の事前審査が必要とされた［小林謙一・川上忠雄編一九九一、二六七―六九頁］。

一九七〇年一月には外資企業に関する臨時特例法が出され、外資参加企業については、労組認可と争議開始条件が厳しくなった他、中央労働委員会による仲裁が義務づけられた〔前掲書、二八三頁〕。この特例法は、当時輸出自由地域への外国企業誘致を積極化しようとしていた朴政権が制定したものである [Haggard, p. 64]。

他方一九七一年の国家保衛法は、国内企業についても調停を義務づけると同時に、公務員・公企業従業員ばかりか、「国民経済に重大な影響を及ぼす事業に従事する労働者」の団体行動をも規制する権限を大統領に与えた。朴政権が労働運動を治安問題と見ていたことは明らかである。実際、争議解決にあたって、治安情報機関であるＫＣＩＡが介入するケースもしばしばあったという。全政権も朴政権に劣らず抑圧的で、労組活動への第三者介入の禁止に加えて、政府の承認なしに労総など上部団体が団体交渉に参加することすら禁止した〔小林・川上、二七五、二八三―八四、二九七頁〕。

韓国の労働法には、政府による争議の適法審査やスト入り前の冷却期間の設定など、メキシコと共通する点も多いが、八六年に労働体制の自由化が始まるまでは、全体として韓国の体制のほうがメキシコよりもずっと自由度の少ないものであった。

韓国の国家は労働争議の抑制を、メキシコの国家は賃金の抑制を主目的にしたという違いはあるにせよ、多くの場合両国の国家は、労働市場に直接介入することによって、企業の労働に関わるコストを引き下げる行動をとってきた。これは企業が労働市場で自ら引き受けるべきリスクを国家が肩代りすることで、企業の投資リスクを社会化したことを意味する。

六　経済自由化と民主化

一九八〇年代には、韓国とメキシコで経済自由化と民主化が同時に進み、企業－国家関係は大きく変っていったが、そのスピードは、経済自由化についてはメキシコのほうが、民主化については韓国のほうが、ずっと速かった。

メキシコにおける経済自由化は、八二年の債務危機を直接のきっかけにしている。この危機は、メキシコが戦後進めてきた輸入代替工業化の行き詰まりを、最終的に示すものであった。メキシコ政府内で、市場経済の重要性を説くＩＭＦや世界銀行の主張に同調する官僚が増え、八〇年代半ば以降急速な自由化を進めるようになったのである。

まず債務危機に対処するために全品目に拡大していた輸入許可制は、八四年以降急速に解体され、規制品目は九一年に全関税品目の九％にまで縮小した。平均関税率も八五年の二五・四％から八九年までに一三・一％に引き下げられた［Zedillo 1995, p. 74］。

政府系企業や信託基金の民営化や整理も進んだ。八二年に九〇〇を越えていた政府系企業は、八八年には三四〇余りに、九五年には一八〇に減ったし、信託基金も八二年の二三〇が九五年には二六にまで整理された［Valdés Ugalde, p. 226; Zedillo, p. 52］。

一九八二年九月債務危機の最中に、ドルの流出を防ぐために国有化した市中銀行も、徐々に民営に戻された。まず銀行が所有していたノンバンク企業株や一般企業株の売却が八四年に始まった。同時に国有化された銀行の株式の三四%までが、やはり民間に売却されることになった［星野一九九三、一五五頁］。八八年一二月に政権に就いたサリーナス大統領は、市中銀行の完全民営化を進め、九一年から九三年の間にすべての銀行が民営化された。

外国人による投資の自由化も進んだ。八四年にはデラマドリ政権が百%出資を認める三四の分野を明示した。これは原則四九%までの出資しか認めなかった七三年の外資規制法を骨抜きにする政策であった。さらに続くサリーナス政権は新しい外資法を出し、外国企業の自由な進出を認める分野を飛躍的に増加させた［メキシコ日本商工会議所一九九一、八頁］。

メキシコの国家は、国際的なコミットメントを深めることで、自らを経済自由化路線から簡単には逆戻りできない位置においた。八六年にはGATTに加盟したし、九四年一月にはアメリカ合衆国・カナダとNAFTAを発足させた。

韓国の経済自由化のきっかけは、朴政権が進めた重化学工業化が、過剰設備と債務累積によって、一九八〇年までに暗礁に乗り上げたことであった。それに加えて、八二年に金融スキャンダルが表面化して、国家と企業の癒着による腐敗が世論の非難を浴びたことも、自由主義経済派の力を強める作用を果したした［Haggard & Collins 1994, p. 85］。

さらに債権危機に際してIMFと世界銀行の支援を仰ぐために、韓国政府は八〇年から五年間経済安定化・自由化政策を実施することを約していた。この頃までにアメリカ合衆国内で保護主義的な世論が強まったことも、貿易自由化を急がせる要因となった。ことに韓国の経常収支が黒字に転じた八六年以降は、米韓貿易摩擦と呼べる事態にもなった [*ibid.*, pp. 96-98]。

韓国政府は八三年に貿易自由化五カ年計画を発表、その結果八〇年に三〇％余りあった輸入規制品目は、八八年には五％に下がったし、平均関税率も八三年の三一・七％から八九年には一二・七％に引き下げられた [*ibid.*, pp. 98-99; Woo, p. 188; Wade 1990, p. 308]。農民の抵抗で自由化が遅れた農産物についても、八九年四月に二四三品目を三年間で自由化する計画が発表された [文、三三三頁]。

外国人による直接投資についても認可が緩やかになったことは、表５-９の数字に表れている。七八年から九三年の間に直接投資残高は一〇倍の百億ドルに達した。それでもメキシコの五〇〇億ドルにははるかに及ばないし、国民経済に占める比率も九三年に三・二％で、これはメキシコの九二年の数字一一％はもちろん、七九年の四・四％よりも低い [Zedillo, p. 76]。

自由化の時期とペースは韓国もメキシコもほぼ同じであったが、自由化による変化は、貿易についても直接投資についても、メキシコの方が韓国よりもずっとドラスティックであったと言えよう。

前節で見たように、韓国では工業化資金のかなりの部分を国家がコントロールしていたので、経済自由化の中でも、特に金融自由化のインパクトが大きかった。朴政権の時代、国家が金利を著しく低く維持したことが、インフレ圧力を高め、またチェボルを過度に膨張させたとの反省から、全斗煥政権が最初にとった政策の一つは、金利実勢化の試みであった。その結果八一年第４四半期以降実質金利がプラスに転じた [Haggard & Collins, p. 85; Choi, p. 50]。八二年には朴時代の工業化資金動員政策の中心であった政策ローンの優遇利子率が一時廃止され、銀行ローンは原則として一つに統一されることになった

[Woo, p. 196]。

全斗煥政権は国家が握っていた市中銀行の民営化と新規参入規制の緩和にも踏み切った。八一年に一行、八二年に二行、八三年に一行が民営化され、七二年に実質的に民営化されていた一行を含めて、五都市銀行のすべてが民間の手に移ったのである。政府が外国資本参加の合弁銀行二行の設立を認可したのもこの時期である。民営化にあたって政府は、チェボルによる銀行支配を防ぐために、同一企業集団による株式所有は八％までという制限を加えた。また政府の金融通貨委員会が「役員更迭の勧告権」を与えられており、国家が事実上銀行の人事を支配し続けることになったし、銀行の予算と不動産購入についても政府の承認が必要とされた［谷浦一九八九、六四頁、Fields, p. 112］。

八二年以降ノンバンク規制緩和も実行された。ノンバンクについては七二年に短期金融業法ができた時、一六の投資金融会社が組織されていたが、八二年の規制緩和でさらに一二の短期金融会社と五七の相互金融会社が設立されたという。その多くがチェボル系と言われる［Choi, p. 46］。

全斗煥政権以降の政権は、チェボルによる市場寡占化を打破することを狙った政策をも実施してきた。それは、周辺的な企業と未使用の土地の強制売却、企業集団内での相互投資や株式の持ち合いに対する規制など多岐にわたる［Moon, p. 148；谷浦一九九三、一八〇頁、Fields, p. 59］。

しかしチェボルの寡占を打破しようとする政策はスムーズに進まなかった。例えば、チェボル企業による株式の相互持ち合いや、チェボルによる市中銀行株の上限を越える所有を防ぐために、全斗煥政権が導入を図った「金融実名制」（仮名による金融取引の禁止）は、再三実施が延期され、九三年になってようやく実現された [Moon, p. 150, p. 152 & p. 156; Fields, p. 119]。

政府がチェボル規制を徹底できなかったのは、規模が大きくなったチェボル企業を倒産させることができなかったことに加えて、八五年に予定された国会選挙で与党の劣勢が伝えられ、チェボルの提供する大量の選挙資金が必要になったためと考えられる [Choi, p. 52]。

もともとチェボルに対する規制が強化されたのは、朴政権以上に正統性の低さに悩む全斗煥政権が、国家と癒着して膨脹したチェボルに対する世論の反発に応えざるを得なかったからである。同じ理由で全斗煥大統領は、八四年頃から政治的自由化措置をとり始め、八七年には国民の民主化運動の盛り上がりの中で「民主化宣言」を受け入れ、ごく短期間に韓国における民主化の流れを決定的にするが、こういった民主化は、一方で政治家がチェボル抑制を望む世論に応える必要性を増すと同時に、他方でチェボルの提供する選挙資金に対する政治家の依存を深めさせたのである。民主化はチェボルの影響力にとって、プラスとマイナス両方向に働いたのである。

チェボル規制がスムーズに進まなかったもう一つの理由は、チェボルが工業化資金を自前で調達することが容易になり、国家への依存を低めたことである。

銀行の民営化にあたって、企業集団による所有は八％に制限されたが、チェボルは、関連するノンバンク企業や親類縁者を使って、一二―五二％の株を支配するようになったと言われる [Eckert, p. 107; Fields, p. 113]。

しかし、チェボルの資金調達に大きな意味をもったのは、未だ国家の監督下にあった銀行よりも、チェボルが支配するノンバンクの成長であった。ノンバンクが預金総額に占める割合は八〇年の三〇%から八五年には四六%へ、さらに九〇年には五八%にも達したし、貸付総額に占める比率も、三五%から四一、五一%へ増加した [Ro, p. 150]。加えて自己資金力の向上や、海外金融市場での信用の上昇もあって、チェボルの資金面での国家依存は相当低くなっていると見るべきであろう。

メキシコでも経済自由化は、内外の大企業の影響力を上昇させたが、韓国との大きな違いは、民主化が不徹底であるために、大企業以外の社会集団の影響力が伸びていないことである。もともとメキシコでドラスティックな経済自由化ができたのは、政治体制の自由化が不十分で、経済自由化に反対する中小企業や農民・労働者の声が政策に反映されなかったからである。そして経済の自由化は大企業の力を強め、他の社会集団の力をいっそう弱める作用を果している。

メキシコでも、大企業の影響力伸張にとって大きな意味をもったのは、資金調達力の向上であった。既に述べたようにメキシコ政府は、韓国の国家が銀行民営化を進めつつあった一九八二年九月に、すべての市中銀行を国有化した。しかし、この国有化はメキシコが対外債務返済不能に陥り、国家の財政力が最低に落ち込んだ時期におこなわれたため、大企業に対する国家の力の増進には結びつかなかったのである。

一つにはＩＭＦ・世界銀行など、メキシコの債務繰延べにとって鍵となる組織が、銀行国有化という経済自由化に逆行する措置に賛成しなかったことがある。これら国際組織の意向を気にするメキシコ政府は、国有化した銀行の管理者として、民間部門に近い人々をもってあてたし、八二年一二月に大統領となったデラマドリは、銀行所有の株を民間に売却すること、銀行の株式も三四％まで売却することを約束し、実行したのである［Maxfield 1990, pp. 146-54］。

銀行所有の株は、銀行の元株主に優先的に売却されることになったので、グルーポ家族たちは、国有化された銀行の賠償金を使って、銀行所有の株を容易に手に入れることができた［星野一九九三、一五五頁］。特に重要だったのは、保険会社、投資会社、証券会社等ノンバンクの株式であった。グルーポは市中銀行を思い通りに動かせなくなった代りに、強力な資金調達の手段を手にしたのである。実際八二年と八八年の間に、貸付総額に占めるノンバンクの比率は、九％から三二％に上昇した［Banco de México 1992, p. 85］。

八〇年代後半には特に証券会社が伸張するが、これも国家の動きと密接に結びついた現象と言える。すなわち、メキシコの国家は市中の通貨量を調整し、同時に政府部門の資金を確保するために、従来は主に支払準備金制度を使っていたが、七七年になってCETES（財務証券）と呼ばれる短期（二八日－一年）の政府証券を導入、市場で資金量を調整することにしたのである［Garrido Noguera y Quintana López, p. 118］。このCETESは八〇年代後半に、財政逼迫状態の政府によって大量に発行されるようになった。その仲介をしたのが証券会社であり、グルーポ系を含む証券会社は国家のおかげで、その資力を飛躍的に高めることに成功するのである［Maxfield 1990, p. 158］。

八八年末に政権に就いたサリーナス政権は、デラマドリ以上に経済自由化路線をとり、九一年から九三年にかけて国営の市中銀行一八行を民営化した。この時民営化の主体となったのは、証券会社を含む金融グループである［星野一九九三、一三八—五二頁］。

こうして民間企業は、銀行にノンバンクを加えた強力な資金調達源を獲得した。それと反比例して、国家の資金調達力は下落し、民間企業への依存を深めていく。表5‐8は、サリーナス政権の六年間に、市中銀行の金融リソースが急増して全体の六割に近づいたこと、中央銀行と政府系開発銀行のそれが激減したことを物語っている。表5‐14は、八〇年代後半に政府系企業の民営化が始まったにもかかわらず、中央政府と政府系企業を合わせた財政赤字が、八〇年代を通してGDPの九％に近かったこと、そのために中央政府歳出に対する公債・借入金の比率が、八〇％にもなったことを示している。言うまでもなく、この八〇％の中には大量のCETESが含まれている。

八〇年代以降は、国内企業だけでなく多国籍企業の国家に対する影響力も上昇した。外国系企業の参入規制が、八〇年代以降大幅に緩和されたことは既に述べたが、不安定な国際収支に悩むメキシコ政府は、電力開発や石油化学産業など、従来は国営が当然とされてきた分野においても、外国企業誘致を考えざるを得ない状態になっている。

外国の証券会社やミューチュアル・ファンドも、メキシコ国家への影響力を強めた。これらの企業から流れてくる短期の資金が、貿易収支が不安定なためにもともと不安定なメキシコの為替市場を、いっそう不安定にしており、メキシコの国家は外国の投資家の意向に沿った経済政策をとらざるを得なくなっている。

韓国では、大企業の影響力の強化は、他の社会集団の影響力の伸張を伴っていたが、メキシコでは、大企業の「一人勝ち」の状態にある。その表れとして、労働分配率は半減し、農民の所得も下落している（表5－12、表5－17参照）。

この間メキシコでも民主化が進まなかったわけではない。経済的困難に対する不満を和らげるために、七〇年代の半ば以来PRI政府は、左翼政党の公認、野党への議席配分の拡大、中立的な選挙管理委員会の設置、不明朗な地方選挙結果の取消しなど、政治面で野党に譲歩する政策を実行してきた。その結果今日では、下院議席の五分の二、三二の州知事ポストのうち三つ、その他多数の地方議会・首長ポストを、右派野党のPAN（国民行動党）と左派野党のPRD（民主革命党）が占めるに至っている［*Mexico & NAFTA Report*, December 7, 1995］。ほとんどすべての公職をPRIが独占していた六〇年代までとは大きな違いがある。

しかし、このような野党勢力の伸張は、労働者や農民の生活条件の向上には全くつながっていない。それは、政治レベルでの自由化が、社会組織レベルでの民主化を伴わずに進行したからである。主要な労働組織と農民組織は、相変らずPRIの下で公職配給を受ける指導者によって握られており、下部の不満を表出する組織として十分機能していない。韓国で、労総から自立した労働組合が八〇年代後半に爆発的に成長したのとは、大きな違いがある。

政治的手段での状況改善が不可能ならば、自力で生活の糧を稼がざるを得ない。八〇年代にも比較的高い経済成長を続けることができた韓国は、八〇年代末になって国民皆保険制度を完成させることができたが、同じ時期メキシコでは、地下経済活動・麻薬取引・犯罪など「非合法市場」に生活を託す者が目立って増えた。

資金調達力向上を背景とした、以上のような大企業集団の影響力の拡大にもかかわらず、韓国でもメキシコでも、彼らの道義的指導力（ヘゲモニー）が確立したと言える状態には至っていない。相変らず大企業所有者は、利己的で欲深い人々と見られている。鄭周永は九二年の大統領選挙に敗北して、短い政治活動を切り上げざるを得なかった。メキシコの企業家の中にも、八二年の銀行国有化以後、市民集会や野党への参加などの政治活動に乗り出す者が出たが、社会一般はもちろん、企業家層の支持も固められなかった [Escobar Toledo, pp. 80-83]。

大企業が社会で不人気であるとすれば、大企業以外の社会集団が自己の影響力を発揮しうる政治構造上の地位を与えられていれば、大企業の影響力は、他の社会集団の影響力によって幾分か相殺されるであろう。実際韓国では、国家からの自立性を高めたチェボルに他の社会集団が対峙するようになっている。しかしメキシコでは、グルーポの力に対抗しうる社会集団は今のところ存在しない。

終章　企業‐国家関係の過去・現在・未来

一　歴史の中の企業‐国家関係

第一章で見たように、企業と国家の関係については、マルクス主義的な見解、自由主義的な見解、そして国家主義的な見解があるが、第二章で理論的に検討したように、また第四、五章で事例研究を通して見たように、企業‐国家関係は決して一様ではない。それは国によっても時期によっても異なる。企業‐国家関係は歴史の中で形成され、歴史の中で変化するからである。

企業‐国家関係の史的要因としては、第二章で工業化のタイミングと段階、工業化以前の旧体制の特色、そして国際国家システム上の位置に触れた。第三章では戦後の新しい変化として、企業の多国籍化にともなう諸問題を分析した。

第四、五章で検討した日本、韓国、メキシコの事例によれば、確かに工業化を遅れて開始したこれらの国々では、先進工業国に追いつくことをねらって、当初国家が工業化過程で重要な役割を果した。国家は、工業化資金の動員と投資リスクの社会化を通して、需要・供給における不確実性を引き下げ、結果として企業の積極的な投資を促したのである。

明治日本、韓国、メキシコに共通する要因として、国際国家システムにおいて他国の支配ないし圧迫を受けた点があげられる。急速な経済発展による富国強兵は安全保障上も必要であると主張され、国家の経済介入が正当化されたのである。

しかし、工業化開始までに形成されていた旧体制の違いは、それぞれの国における企業－国家関係のあり方と経済実績を異なるものにした。

日本と韓国が専門官僚制の伝統を持っていたのに対して、メキシコの官僚制は六年毎に大幅な人事異動がおこなわれる任命官僚制であった。しかもメキシコのPRI体制は、権威主義体制であったとはいえ、集権的な調整機構を欠き、同時に大統領のイニシアティブが発揮されにくい構造を持っていたために、長期的に首尾一貫した経済政策を実施することができなかった。

それに対して韓国は、工業化を最優先する強力な大統領と、集権的な官僚機構を持ち、首尾一貫した工業化政策を追求することができた。

戦後日本は民主主義体制の下で経済復興を試みたので、韓国とメキシコのように権威主義的な方法で投資リスクの社会化を図ることはできなかったが、官僚機構の人員と目標（健全財政、産業構造の高度化など）に継続性があったことが、戦後の再工業化にプラスに働いたことは間違いない。戦後日本の国家は、メキシコのように国営部門を拡大することも、韓国のように大量の工業化資金を自ら動員することもなかったが、需要と供給の予測可能性を高めることで民間企業の投資リスクを減ずる役割を果した。日本の国家はまた、農業部門・中小企業部門や個別業界との間に長期的に安定した接触のチャンネルを制度化することによって、長期投資に適合的な保守的政治秩序を確立し維持するのを助けた。

もちろん国家の介入が、それだけで経済的成功を保証するわけではないことは、メキシコの経験が如実に物語っている。戦後日本の成功は、朝鮮特需やベトナム特需に加えて、七〇年代に至るまで世界最大のアメリカ市場が概ね開放的であったという市場環境を抜きにしては考えられない。ほぼ同様のことが韓国についても言える。冷戦の現場から遠く、輸入代替工業化路線をとったメキシコは、この面での恩恵を受けることがなかった。

さらに日本では、民主主義体制下で企業が「政治献金」という政治的資源を利用した影響力発揮の機会が与えられた上に、工業化資金の大部分を民間銀行が支配していたために、企業はしばしば国家の目標や指示を越える行動をとることができた。皮肉なことに、企業に自由度があったことが、国家が（需要予測などで）誤った判断をした場合でも、その誤りを最小限にとどめることを可能にしたと見ることができる。

韓国の場合、国家の指導体制ははるかに強力なものであったが、世銀レポートが指摘したように、日本以上に輸出市場での競争を考えなければならなかったことが、国家の誤りによる非効率を縮小する役割を果した。

その韓国でも、長期にわたる高度経済成長の結果、八〇年代後半までに、自動車など耐久消費財産業が内需によって拡大できるようになった。新しい工業化段階に到達したことになる。投資資金調達のために国民一般の消費を無理に抑えるよりも、所得再分配によって国内消費市場を拡大する方が、経済成長にとってプラスの意味を持つようになったのである。新中間層や労働者が八〇年代半ばに民主化運動を活発化させた時、国家や企業が無理にそれを押し止める経済的理由は薄れていた。

これは日本では「所得倍増」が語られた六〇年代初めの状況にあたる。当時日本で「戦後民主主義」が安定化していったように、韓国でも八〇年代後半に民主化が急速に進んだ。言うまでもなく民主化は大企業以外の社会集団の影響力を強める作用を果した。国家主義的だった企業-国家関係が、より自由主義的になったということである。

他方、累積債務危機によって経済が大きな打撃を受けたメキシコでは、逆に内需が縮小し、それをマキラドーラなどの輸出によって埋め合わせる方向へ進んだ。国民の多くは自動車など耐久消費財の消費者として期待されるよりも、できるだけ安い労働力を輸出産業に提供することを期待されている。六〇年代の韓国の状況への逆戻りと言えよう。メキシコでは内外の大企業に対する国家の力も、民営化や経済自由化によって大幅に下落しており、今やマルクス主義的な見解に近い状態になっている。

ところで、企業の多国籍化のインパクトも、日本、韓国、メキシコでは異なっている。日本の大企業は製造技術を工夫したり、ジャストインタイム方式を取り入れたりすることで、国内での生産コスト引下げに成功したため、アメリカ企業が多国籍化するペースよりも、ゆったりしたペースで多国籍化を進めた。その日本でも、八五年のプラザ合意以降は、企業の海外進出のスピードが早まり、産業の空洞化や終身雇用・年功序列賃金制度の瓦解が切実に語られるようになっている。

韓国の企業も、最近アメリカ合衆国、東南アジア、中国、ラテンアメリカ等への進出を進めており、国内市場が日本より小さいこともあって、遠からず日本と同様の問題に直面するものと予想される。

メキシコの大企業も米州やカリブへの投資を増やしているが、全体的に見て、メキシコはまだ圧倒的に多国籍企業の受入国である。今やメキシコはGNPの一〇%を越える直接投資残高を持つに至っている。そのうち八割が製造業部門への投資である。メキシコでの経験によれば、製造業部門の多国籍企業は、ひとたび現地に根をおろしてしまうと、容易に国家の指示通りには動かない。多国籍企業を罰しようとすれば、多数の従業員や納入業者に悪影響を及ぼすからである。

二　世界的潮流としての経済自由化

日本では一九六〇年代以降徐々に、韓国とメキシコでは八〇年代以降急速に、貿易・投資の自由化、民営化、規制緩和など、経済自由化が進行した。そのスピードはメキシコ、次いで韓国で大きい。しかし日本でも、アメリカ合衆国の強い圧力の下で、八〇年代後半から自由化・規制緩和のペースが早まっている。

しかし、経済自由化はこの三国だけの現象ではなく、世界的な潮流と言ってよい。その先頭をきったのはアメリカ合衆国とイギリスである。アメリカ合衆国ではカーター政権の時に、公共料金の規制緩和や航空輸送業の規制緩和が始まっていたが、八一年に政権に就いたレーガン大統領の下で、陸上輸送、金融、放送、テレコミュニケーションなど広範囲で規制緩和が進められた [Dennis 1988, Ch. 5]。

イギリスの経済自由化の特徴は、同国が多くの国営企業を抱えていた事情を反映して、主に国営部門の民営化の形をとった。レーガン政権とほぼ同時期に、サッチャー政権は、石油開発、航空宇宙開発、鉄鋼、ガス、テレコミュニケーション、自動車、造船、航空輸送等の分野で、国営企業の民営化を断行した［*ibid.*, Ch. 8］。

アメリカ合衆国、イギリスの動きに煽られるように、規制緩和・民営化の動きは八〇年代に他の西欧諸国や日本に広がった［Vickers & Write 1989］。中曽根政権による国鉄や電電公社等の民営化も、こういった潮流の延長上にある。

規制緩和や民営化による国家の役割の後退は、企業活動についてばかりでなく、社会福祉事業についても見られる。日本を含む先進工業国の多くで、社会福祉事業の縮小や、部分的「自己負担」化が進められた。「小さい国家」の必要性が盛んに叫ばれるのはこの時期である。

先進工業国で、八〇年代になって一斉に「国家の縮小」を唱える声が大きくなったのは、七〇年代を境に戦後の高度成長期が終わり、低成長期に入ったためである。各国で財政事情が悪化し、国家の債務が累積したために、高度成長期に拡大した社会福祉プログラムの維持がむずかしくなった。また赤字国営企業も重荷に感じられるようになった。

その結果、一九世紀の自由主義が危機に陥る中で一九二〇―四〇年代に各国の社会勢力の間で到達した妥協――つまり国家による福祉事業の拡大、失業救済ないし回避、公共サービス料金の規制、衰退産業の救済などと引換えに、民間企業主導の経済体制を認めるという合意――の維持が困難になったのである。著者によっては、これを社会民主主義という「ヘゲモニー」の危機ととらえる者もいる［Gamble

1988, pp. 11-13]。

経済面・社会福祉面での国家の介入が困難になったもう一つの理由は、ＧＡＴＴ体制の下で貿易自由化が進む一方、西欧と日本が経済発展によってアメリカ合衆国に追いついたことで、世界市場での企業間の競争が著しく激しくなったことである。アメリカ合衆国では、自国出身の企業がこの競争で勝ち抜くためには、減税等によって企業の手に残る資金を増やしたり、環境・労働面も含めて経済活動に関わる規制を緩和したりする必要があるとの考えが強まった。企業課税が減った分は、当然国家の予算と機能の縮小となって現れざるをえない。

企業に負担をかけすぎたり、規制でがんじがらめにしていては、結局企業の競争力が落ち、世界市場で負ける――という考え方は、欧州や日本へも広がっている。国によっては、経済の低成長によって保守化した中間層が、高い租税負担を嫌い、より下層の社会勢力の影響力を抑え、企業を優遇する新しい方向に政治的支持を与えるようになった。

八〇年代には、経済自由化の流れは、先進工業国ばかりでなく、後発工業国やその他の発展途上国へも広がった。それはラテンアメリカで最も早く、最もドラスティックに進んだが、程度の差はあれ、東南アジア、インド、アフリカ諸国、中東の一部へも広がっている。その背後には、先進工業国と同じように、国家財政の破綻と経済競争の激化という要因がある。それに加えて、ラテンアメリカやアフリカ・中東には、対外累積債務による国家介入型経済の破綻という別の問題が存在する。

八〇年代末以来のソ連・東欧社会主義諸国の瓦解も、同じ流れの一環としてとらえることができる。

中国の「改革開放」やベトナムのドイモイ（刷新）の場合は、共産党支配という政治的枠組を崩さずに、経済面での自由化を進め、それによって生産力拡大を遂げようとする試みである［古田一九九五、二三八―四六頁］。しかし、趙宏偉が中国について指摘するところによれば、地方レベルでの共産党幹部の政治的特権を残したままの経済自由化であるが故に、ひどい腐敗が起ったり、景気過熱と不況の周期的繰り返しが起ったりして、安定しない状態が続いている［趙一九九三］。

一般的に言って、経済自由化は大企業の国家に対する影響力を増加させる。自由化が政府系企業の民営化や、民間の経済活動に対する国家による規制の緩和を含む以上、これは当然のことである。しかし経済自由化の影響は、これにとどまらず、社会の中での大企業の相対的影響力を上昇させる。

生産や分配に関わる国家の機能が縮小するということは、人々が自己の生活や福祉を維持・改善しようとする場合、もはや国家に頼ることができず、「市場」の中で、他の社会集団と直接交渉しなければならないことを意味する。しかし工業化が進むにつれ農民は人口・生産両面における比重を失ってきているし、中小企業は一部のベンチャー企業を除けば、市場の中で大企業の下に立たざるを得ない。労働者についても、世界的自由化の流れの中で企業間の競争が激しくなり、後発工業国も含む各国でリストラが進んでいるために、高度成長が続いているアジア諸国を除けば、労働市場で経営側と対等の力を発揮することは望めそうもない。

国家の所得再分配機能が下落し、市場の強者がより多くを獲得する「市場原理」が、以前より強く働くようになった結果、一般的に所得格差が広がっている。八〇年代に経済破綻を経験したラテンアメリカでは、九〇年代になって経済成長軌道に戻ったにもかかわらず、同時に失業率やインフォーマル部門が増加する現象が現れているし、アメリカ合衆国でも、所得階層の最上層部と最下層部が増え、中間層が縮小しつつあるとの報告がなされている。事態は、平等が建前だった社会主義国でも同様である。中国とベトナムでは、階層間だけでなく、地域間の格差の拡大が大きな問題になっている [*Time*, February 5, 1996]。

三　二一世紀の企業－国家関係

現在のままの潮流がこのまま続けば、二一世紀に経済・社会生活に果す国家の役割は、いっそう縮小していくであろう。一九世紀、二〇世紀に起ったように、国家が工業化のために、あるいは社会福祉のために介入することは、難しくなっていくであろう。

今日、世界市場を分ける国境が低くなった結果、後発工業国の企業ですら競争のために多国籍化の道を歩み始めている。フットルーズになった企業は、国家が経済自由化の動きに逆行する政策をとったり、増税による社会福祉事業の拡充を図ったりすれば、以前より容易に他国へ逃避し、社会福祉事業そのものの経済基盤を切り崩してしまうであろう。一九七〇年前後に一度発せられはしたものの、主権国家の巻き返しによって杞憂に終わるかに見えたこの警告は、二一世紀には現実のものになろうとしている。

それはあたかも企業－国家関係が、一九世紀以来マルクス主義者が信じた姿――大企業が物理的・イデオロギー的に国家を通して社会を支配する――に、二一世紀を前にして、ようやく近づきつつあるかのように見える。しかし、現実にはマルクスが考えたのとは異なり、企業家が「階級」として社会を支配する形にはなっていない。二一世紀の世界においては、他の社会集団と同様、企業もまた市場における激しい競争ゲームの「とらわれ人」――自己の意識的な努力によって世界を変えることができない存在――である。

一八世紀から二〇世紀にかけての「近代」と呼ばれた時代、人々は自分たちの共同的な努力によって、自然と社会をコントロールできると信じ、またコントロールしようとしてきた。工業化は、世界のほとんどの地域で、国をあげての事業になった。工業化が進展する中で、市場の弱者たちは、国家への共同的な影響力の行使を通じて、自己の弱点を補おうとした。民主主義的な政治制度は、そのための重要な手段であった。

しかし、二一世紀になって国家の機能がいっそう縮小することになれば、国家への影響力を通じた社会生活のコントロールは、難しくなるであろう。民主主義制度を通じても、自己の運命を共同的にコントロールできないとすれば、人々は民主主義制度の枠外で自己の生活を組織し福祉を確保する以外方法がない。経済市場の弱者たちの中には、非合法市場に救いを求める者が増えるであろう。

それはラテンアメリカやアフリカなど、地球上の一部で、既に現実のものになりつつある。インフォーマル・セクターが拡大して、国によってはGNPの半分以上を占めるとすら言われる。それだけでなく、麻薬市場や犯罪市場も広がっている。先進工業国の中で、経済的にもっとも自由主義的なアメリカ合衆国で、麻薬や犯罪の問題がもっとも深刻化するのは偶然ではない。

そこには、民主主義と市場経済と非合法市場が奇妙に同居する「ポストデモクラシー」とでも呼ぶべき状況が垣間見られる。

ポストデモクラシーにおいては、大企業の周辺にいて、今はとりあえず市場の勝者になっている中間層・労働者であっても、いつ市場の敗者になり、非合法市場に身をまかせなければならなくなるか、常に恐れていなければならない。この不安定さと不安感が超保守主義的な潮流の源になりつつあるように見える。彼らは一方で市場の敗者を「努力しない者」との理由で切り捨て、他方「共同体としての国家」に代る社会的紐帯を、「家族」や人種主義的な連帯の中に求めようとする。しかしそれはかえって社会的・人種的な溝を深め、社会全体の統合をいっそう弱いものにし、犯罪や麻薬の問題を悪化させるだろう。

発展途上国の一部では、犯罪は既に大企業の経営者を直接脅かすまでになっている。例えばラテンアメリカの一部では、企業経営者の営利誘拐がほとんどビジネスになっており、ある国では、左翼ゲリラは被誘拐者一人当たり三〇万ドル、一般ギャングは一〇万ドル取るのが身代金の相場になっているという［*Andean Group Report*, April 11, 1996］。

下層ばかりでなく、中間層にまで不安感が広がれば、自由主義的な経済秩序そのものを問題にする声も高まるだろう。既にアメリカ合衆国のブキャナン現象にその端緒が見られる。

このような社会紛争に満ちた不安定な環境は、大企業にとっても好ましいものであるはずがない。しかし個々の企業もまた、市場の中で生き残り、拡大するために走り続けなければならない存在であり、世界大の「階級」として事態の改善のためにイニシアティブを発揮しうるようには見えない。ポストデモクラシーにおいては、大企業とその周辺の人々が最大の影響力を持ち、最大の恩恵を受けるであろうことは間違いないが、長期的には彼らもまた「敗者」である。

誰もが損害を被るシステムを、いかに改良しうるのだろうか。企業がフットルーズになりつつある今、個々の国家にその力がないことは、前に述べた通りである。もし改良する道があるとすれば、それは諸国家間の共同努力の中にしか見出せないであろう。ある一国が社会福祉事業を拡大したり、労働条件を改善したり、環境保護のために経済活動を規制したりした時、その国に立地した企業が国際競争上不利になり、企業が海外に逃避する結果、その国の国民が経済的損害を被るのであるとすれば、それを防ぐためには、諸国家が社会福祉、労働条件、環境保護、その他企業の行動を左右するさまざまな問題について、基準を標準化する以外に方法はない。

もちろん、こういった標準化に対しては、後発工業国は反対するであろう。現時点では、右に述べたような基準の緩いことが、彼らの国に立地する企業の競争力の重要な源泉の一つになっているからである。しかし、今日の後発工業国も、二一世紀には、今日の先進工業国と同じ問題を抱えるはずである。さまざまな社会問題を抱えながら、この先長く矛盾に悩むよりは、できるだけ早く、とりあえず緩やかな国際的標準化の努力を始めるべきであろう。企業が国境を越えたように、国家と国民も国境を越える努力を深めなければならない。

文献案内

以下、本書の執筆にあたっての引用文献および参考文献をあげた。

序章

［引用文献］

Beer, Samuel H. 1965. *British politics in the collectivist age*. New York: Vintage Books.

Berle, A. A. & G. C. Means. 1932. *The modern corporation and private property*. New York: The MacMillan Company. 邦訳『近代株式会社と私有財産』文雅堂、一九五八。

Brand, Donald R. 1988. *Corporatism and the rule of law: A study of the National Recovery Administration*. Ithaca: Cornell Univ. Press.

Burnham, James. 1960 [1941]. *The managerial revolution*. Indiana Univ. Press. 邦訳『経営者革命』東洋経済新報社、一九六五。

Gardner, Brian. 1971. *The early India Company*. London: Rupert Hat-Davis, Ltd. 邦訳『イギリス東インド会社』リブロポート、一九八九。

Hobsbawm, E. J. 1975. *The age of capital 1848-1875*. London: Weidenfeld and Nicolson. 邦訳『資本の時代 一八四八〜一八七五(1)・(2)』みすず書房、一九八二。

伊牟田敏充　一九六九「株式会社の史的発展」『企業と証券市場』川合一郎編、東洋経済新報社、五五—一二四頁。

猪口孝　一九八八『国家と社会』東京大学出版会。

井上隆一郎　一九八六『開放国家オランダ——戦略と歴史』筑摩書房。

増田義郎　一九七九『コロンブス』岩波書店。

増田義郎　一九八九『略奪の海カリブ』岩波書店。

Skocpol, Theda. 1985. "Bringing the state back in: Strategies of analysis in current research." In *Bringing the state back in*, ed. Skocpol et al., pp. 3-37. Cambridge: Cambridge Univ. Press.

杣正夫編　一九八七『日本の総選挙一九八六年』九州大学出版会。

Thirsk, Joan. 1978. *Economic policy and projects*. Oxford: Oxford Univ. Press. 邦訳『消費社会の誕生』東京大学出版会、一九八四。

第1章

［引用文献］

Althusser, Louis. 1969 [1966]. *For Marx*. London: Penguin Books.

Althusser, Louis. 1971. "Ideology and ideological state apparatuses." In *Lenin and philosophy and other essays*, pp. 121-73. London: New Left Books.

Bentley, Arthur F. 1967 [1908]. *The process of government*. Cambridge, MA: The Belknap Press of Harvard Univ. Press.

Berle & Means. 1932. 序章引用文献参照。

Dahl, Robert. 1956. *A preface to democratic theory*. Chicago: The Univ. of Chicago Press. 邦訳『民主主義理論の基礎』未来社、一九七〇。

Dahl, Robert. 1961. *Who governs? Democracy and power in an American city*. New Haven: Yale Univ. Press.

Dahl, Robert. 1982. *Dilemmas of pluralist democracy: Autonomy vs. control*. New Haven: Yale Univ. Press.

Dahl, Robert. 1985. *A preface to economic democracy*. Berkeley: Univ. of California Press.

Dahrendorf, Ralf. 1959 [1957]. *Class and class conflict in industrial society*. Stanford: Stanford Univ. Press. 邦訳『産業社会における階級および階級闘争』ダイヤモンド社、一九六四。

Domhoff, William. 1967. "The power elite and its critics." In *C. Wright Mills and the power elite*, ed. W. Domhoff & H. B. Ballard. Boston: Beacon Press.

Frankel, Boris. 1982. "On the state of the state: Marxist theories of the state after Leninism." In *Classes, power, and conflict*, ed. A. Giddens & D. Held, pp. 257-76. London: The MacMillan Press, Ltd.

Hamilton, Alexander, J. Madison & J. Jay. 1961. *The Federalist papers*. New York: New American Library.

Hirst, Margaret. 1909. *Life of Friedrich List and selections from his writings*. London: Smith, Elder & Co.

レーニン　一九六六［一九一七］「国家と革命」『世界の名著・レーニン』中央公論社、四六五―五八八頁。

Lowi, Theodore. 1969. *The end of liberalism*. New York: W. W. Norton & Company. 邦訳『自由主義の終焉』木鐸社、一九八一。

Marris, Robin L. 1964. *Economic theory of managerial capitalism*. New York: Free Press of Glencoe. 邦訳『経営者資本主義の経済理論』東洋経済新報社、一九七一。

Marx, Karl. 1967. *Writings of the young Marx on philosophy and society*, ed. L. D. Easton & K. H. Guddat. Garden City, NY: Doubleday & Company, Inc.

マルクス　一九六七［一八七一］『フランスの内乱』木下半治訳第一〇刷、岩波文庫。

マルクス　一九六八a［一八五〇］「フランスにおける階級闘争」『共産党宣言』大内兵衛・向坂逸郎監修マルクス・エンゲルス選集第五巻第一〇刷、新潮社。

マルクス　一九六八b［一八五二］「ルゥイ・ボナパルトのブリュメール一八日」『革命と反革命』大内兵衛・向坂逸郎監修マルクス・エンゲルス選集第六巻第八刷、新潮社。

マルクス　一九六九［一八四三］「ユダヤ人問題に寄せて」「ヘーゲル法哲学批判序説」『ヘーゲル批判』大内兵衛・向坂逸郎監修マルクス・エンゲルス選集第一巻第一二刷、新潮社。

マルクス・エンゲルス　一九六六［一八四八］『共産党宣言』大内兵衛・向坂逸郎訳第二七刷、岩波文庫。

Marx, Karl & F. Engels. 1972. *The Marx-Engels reader*, ed. R. C. Tucker. New York: W. W. Norton & Company.

Miliband, Ralph. 1969. *The state in capitalist society: An analysis of the Western system of power*. New York: Basic Books, Inc. 邦訳『現代資本主義国家論――西欧権力体系の一分析』未来社、一九七〇。

Miliband, Ralph. 1983. *Class power and state power: Political essays*. London: Verso Editions and NLB.

Mills, Wright. 1956. *The power elite*. 邦訳『パワー・エリート(上)・(下)』東京大学出版会、一九六九。

Offe, Claus. 1985. "The attribution of public status to interest groups." In *Disorganized capitalism: Contemporary transformations of work and politics*, ed. J. Keane, pp. 221-58. Cambridge: Polity Press.

オッフェ、クラウス（寿福真美編訳）一九八八『後期資本制社会システム――資本制的民主制の諸制度』法政大学出版局。

Poulantzas, Nicos. 1975 [1968]. *Political power and social classes*. London: NLB.

Schumpeter, Joseph. 1987 [1942]. *Capitalism, socialism, and democracy*. London: George Allen and Unwin. 邦訳『資本主義・社会主義・民主主義(上)・(下)』東洋経済新報社、一九六二。

Skocpol, Theda. 1979. *States and social revolutions: A comparative analysis of France, Russia, and China*.

Cambridge: Cambridge Univ. Press.
Skocpol, Theda. 1985. 序章引用文献参照。
Tilly, Charles. 1975. *The formation of national states in Western Europe*. Princeton: Princeton Univ. Press.
Truman, David. 1951. *The Governmental process: Political interests and public opinion*. New York: Alfred A. Knopf.
Useem, Michael. 1984. *The inner circle: Large corporations and the rise of business political activity in the United States and United Kingdom*. Oxford: Oxford Univ. Press. 邦訳『インナー・サークル——世界を動かす陰のエリート群像』東洋経済新報社、一九八六。
ウェーバー、マックス（世良晃志郎訳） 一九六〇 『支配の社会学I』創文社。
Weber, Max. 1982. "Selections from Economy and Society, vols. 1 and 2; and General Economic History." In A. Giddens & D. Held, eds., *op. cit.*, pp. 60-85.

第二章

［引用文献］

Gershenkron, Alexander. 1962. *Economic backwardness in historical perspective*. Cambridge, MA: The Belknap Press of Harvard Univ. Press.
Haggard, Stephan & Sylvia Maxfield. 1993. "Political explanations of financial policy in developing countries." In *The politics of finance in developing countries*, ed. S. Haggard et al., pp. 293-325. Ithaca: Cornell Univ. Press.
Hirschman, Albert. 1971. *A bias for hope: Essays on development and Latin America*. New Haven: Yale Univ. Press.
Katzenstein, Peter. 1978. *Between power and plenty: Foreign economic policies of advanced industrial states*. Madison: The Univ. of Wisconsin Press.
金泳鎬 一九八八 『東アジア工業化と世界資本主義——第四世代工業化論』東洋経済新報社。
Kurth, James. 1979a. "The political consequences of the product cycle: Industrial history and political outcomes." *International Organization* 33(1): 1-34.
Kurth, James. 1979b. "Industrial change and political change: A European perspective." In *The new authoritarianism in Latin America*, ed. D. Collier, pp. 319-62. Princeton: Princeton Univ. Press.
Moore, Barrington. 1966. *Social origins of dictatorship*

and democracy: Lord and peasant in the making of the modern world. Boston: Beacon Press. 邦訳『独裁と民主政治の社会的起源(I)・(II)』岩波書店，一九八六・一九八七。

Shonfield, Andrew. 1965. *Modern capitalism: The changing balance of public and private power*. Oxford: Oxford Univ. Press. 邦訳『現代資本主義』オックスフォード大学出版局，一九六八。

Skocpol, Theda. 1979. 第1章引用文献参照。

Trimberger, Ellen Kay. 1978. *Revolution from above: Military bureaucrats and development in Japan, Turkey, Egypt, and Peru*. New Brunswick, NJ: Transaction, Inc.

Zysman, John. 1983. *Governments, markets, and growth: Financial systems and politics of industrial change*. Ithaca: Cornell Univ. Press.

［参考文献］

Goldthorpe, John, ed. 1984. *Order and conflict in contemporary capitalism*. Oxford: Oxford Univ. Press.

Katzenstein, Peter. 1985. *Small states in world markets: Industrial policy in Europe*. Ithaca: Cornell Univ. Press.

第三章

［引用文献］

Baran, Paul A. 1973 [1957]. *The political economy of growth*. London: Pelican Books.

Baran, Paul A. & P. M. Sweezy. 1966. *Monopoly capital*. New York: Monthly Review Press.

Barnet, Richard & Ronaldo Müller. 1974. *Global reach: The power of the multinational corporations*. New York: Simon & Schuster. 邦訳『地球企業の脅威』ダイヤモンドタイム社，一九七五。

Becker, David. 1983. *The new bourgeoisie and the limits of dependency: Mining, class, and power in "revolutionary" Peru*. Princeton: Princeton Univ. Press.

Becker, David & Richard Sklar. 1987. "Why postimperialism." In *Postimperialism: International capitalism and development in the late Twentieth Century*, ed. Becker et al. Boulder & London: Lynne Rienner Publishers.

Bergsten, Fed, T. Horst & T. Moran. 1978. *American multinationals and American interests*. Washington, D. C.: Brookings Institution.

Cardoso, Fernando Henrique. 1973. "Associated-dependent development: Theoretical and political implications." In *Authoritarian Brazil: Origins, policies, and future*, ed. A. Stepan, pp. 142-76. New Haven: Yale Univ. Press.

Cardoso, Fernando Henrique y E. Faletto. 1969. *Dependencia y desarrollo en América Latina*. Mexico: Siglo XXI Editores.

Cardoso, Fernando Henrique & E. Faletto. 1979. *Dependency and development in Latin America*. Berkeley: Univ. of California Press.

Evans, Peter. 1979. *Dependent development: The alliance of multinational, state, and local capital in Brazil*. Princeton: Princeton Univ. Press.

Evans, Peter. 1986. "State, capital, and the transformation of dependence: The Brazilian computer case." *World Development* 14(7): 791-808.

Frank, Andre Gunder. 1967. *Capitalism and underdevelopment in Latin America*. New York: Monthly Review Press.

Frank, Andre Gunder. 1972a. "Economic dependence, class structure, and underdevelopment policy." In *Dependence and underdevelopment*, ed. James. D. Cockroft et al., pp. 19-45. New York: Doubleday & Co., Inc.

Frank, Andre Gunder. 1972b. *Lumpenbourgeoisie: Lumpendevelopment*. New York: Monthly Review Press.

Fröbel, Folker, et al. 1980. *The new international division of labour*. Cambridge: Cambridge Univ. Press.

Gilpin, Robert. 1975. *U. S. power and the multinational corporation: The political economy of foreign direct investment*. New York: Basic Books. 邦訳『多国籍企業没落論』ダイヤモンド社，一九七七。

Gilpin, Robert. 1987. *The political economy of international relations*. Princeton: Princeton Univ. Press.

Hymer, Stephan H. 1976. *The international operations of national firms: A study of direct foreign investment*. Cambridge, MA: MIT. 邦訳『多国籍企業論』岩波書店，一九七六。

石川博友　一九七六『多国籍企業――地球をわが手に』中央公論社。

Keohane, Robert & Joseph Nye. 1970. *Transnational relations and world politics*. Cambridge, MA: Harvard Univ. Press.

Keohane, Robert & Joseph Nye. 1977. *Power and interdependence: World politics in transition*. Boston: Little, Brown and Company.

Kindleberger, Charles. 1969. *American business abroad*. New Haven: Yale Univ. Press. 邦訳『国際化経済の論理』ぺりかん社, 一九七〇。

Knickerbocker, Frederick. 1973. *Oligopolistic reaction and multinational enterprise*. Boston: Division of Research, Graduate School of Business Administration, Harvard Univ.

小島清 一九七一「海外直接投資の理論——アメリカ型と日本型」『一橋論叢』第六五巻第六号, 六九一—七一七頁。

小島清 一九八五『日本の海外直接投資——経済学的接近』文真堂。

小宮隆太郎 一九八八『現代日本経済——マクロ的展開と国際経済関係』東京大学出版会。

Krasner, Stephan. 1978. *Defending the national interest: Raw material investments and U. S. foreign policy*. Princeton: Princeton Univ. Press.

レーニン 一九六六［一九一二］「資本主義の最高の段階としての帝国主義」『世界の名著・レーニン』中央公論社, 二七七—四〇二頁。

Magdoff, Harry. 1966. *The age of imperialism*. New York: Monthly Review Press.

Moran, Theodore. 1974. *Multinational corporations and the politics of dependence: Copper in Chile*. Princeton: Princeton Univ. Press.

Moran, Theodore. 1978. "Multinational corporations and dependency: A dialogue for dependencistas and non-dependencistas." *International Organization* 32 (Winter): 79-100.

O'Donnell, Guillermo. 1973. *Modernization and bureaucratic-authoritarianism*. Institute of International Studies, Univ. of California, Berkeley.

O'Donnell, Guillermo. 1978. "Reflections on the patterns of change in the bureaucratic-authoritarian state." *Latin American Research Review* 13(1): 3-38.

Ozawa, Terutomo. 1979. *Multinationalism, Japanese style: The political economy of outward dependency*. Princeton: Princeton Univ. Press.

佐々木健 一九八六『日本型多国籍企業』有斐閣。

通産省 各年『我が国企業の海外事業活動』通産省。

U. S. Department of Commerce. 1981. *U. S. direct in-*

vestment abroad 1977. Washington, D. C.

U. S. Department of Commerce. 1985. *U. S. direct investment abroad: 1982 benchmark survey data*. Washington, D. C.

U. S. Department of Commerce. 1991. *1989 benchmark survey, preliminary results*. Washington, D. C.

Vernon, Raymond. 1966. "International investment and international trade in the product cycles." *Quarterly Journal of Economics* 80(2): 190-207.

Vernon, Raymond. 1971. *Sovereignty at bay: The multinational spread of U. S. enterprises*. New York: Basic Books. 邦訳『多国籍企業の新展開――追いつめられる国家主権』ダイヤモンド社，一九七三。

Vernon, Raymond. 1977. *Storm over the multinationals: The real issues*. Cambridge, MA: Harvard Univ. Press.

Vernon, Raymond. 1979. "The product cycle hypothesis in a new international environment." *Oxford Bulletin of Economics and Statistics* 41(4): 255-67.

Wallerstein, Immanuel. 1974. *The modern world system I*. New York: Academic Press.

Wallerstein, Immanuel. 1979. *The capitalist world-economy*. Cambridge: Cambridge Univ. Press.

Wallerstein, Immanuel. 1983. *Historical capitalism*. London: Verso Editions. 邦訳『史的システムとしての資本主義』岩波書店，一九八五。

Wilkins, Mira. 1970. *The emergence of multinational enterprise*. Cambridge, MA: Harvard Univ. Press. 邦訳『多国籍企業の史的展開――植民地時代から一九一四年まで』ミネルヴァ書房，一九七三。

Wilkins, Mira. 1974. *The maturing of multinational enterprise: American business abroad from 1914 to 1970*. Cambridge, MA: Harvard Univ. Press. 邦訳『多国籍企業の成熟(上)・(下)』ミネルヴァ書房，一九七四。

Yoshino, M. Y. 1976. *Japan's multinational enterprises*. Cambridge, MA: Harvard Univ. Press.

[参考文献]

Avery, William P. & D. P. Rapkin, eds. 1989. *Markets, politics, and change in the global political economy*. Boulder & London: Lynne Rienner Publishers.

林満男　一九八四『西独多国籍企業論』森山書店。

Hobson, J. A. 1975 [1902]. *Imperialism: A study*. New York: Gordon Press. 邦訳『帝国主義論』改造文庫復刻版，一九七七。

石川博友 一九八一 『穀物メジャー——食糧戦略の「陰の支配者」』岩波書店。

U. N. Center on Transnational Corporations. 1985. *Transnational corporations in the world development: Third survey*. London: Graham & Trotman, Ltd.

第四章

[引用文献]

Allison, Gary. 1993. "Citizenship, fragmentation, and the negotiated polity." In *Political dynamics in contemporary Japan*, ed. G. D. Allison & Y. Sone, pp. 17-49. Ithaca: Cornell Univ. Press.

青木昌彦 一九八四 『現代の企業』岩波書店。

馬場宏二 一九九一 「現代世界と日本会社主義」東京大学社会科学研究所編『現代日本社会1 課題と視角』東京大学出版会、二九—八三頁。

Beason, Richard & D. E. Weinstein. 1993. "Growth, economies of scale, and targeting in Japan (1955-1990)." Discussion Paper No. 1644 (Harvard Institute of Economic Research).

Boyd, Richard & S. Nagamori. 1991. "Industrial policy-making in practice: Electoral, diplomatic and other adjustments to crisis in the Japanese shipbuilding industry." In *The promotion and regulation of industry in Japan*, ed. S. Wilks & M. Wright, pp. 167-204. London: MacMillan Academic & Professional, LTD.

Calder, Kent. 1988. *Crisis and compensation: Public policy and political stability in Japan, 1949-1986*. 邦訳『自民党長期政権の研究——危機と補助金』文藝春秋、一九八九。

Calder, Kent. 1993. *Strategic capitalism: Private business and public purpose in Japanese industrial finance*. Princeton: Princeton Univ. Press.

Campbell, John Creighton. 1975. "Japanese budget *baransu*." In *Modern Japanese organization and decision-making*, ed. E. Vogel, pp. 71-100. Berkeley: Univ. of California Press.

Campbell, John Creighton. 1977. *Contemporary Japanese budget politics*. Berkeley: Univ. of California Press. 邦訳『予算ぶんどり——日本型予算政治の研究』サイマル出版会、一九八四。

Campbell, John Creighton. 1984. "Policy conflict and its resolution within the governmental system." In *Conflict in Japan*, ed. E. Krauss, T. P. Rohlen & P. G.

Steinhoff. Honolulu: Univ. of Hawaii Press.

Friedman, David. 1988. *The misunderstood miracle: Industrial development and political change in Japan*. Ithaca: Cornell Univ. Press.

福井治弘　一九七四「沖縄返還交渉——日本政府における決定過程」『沖縄返還交渉の政治過程』日本国際政治学会。

Fukui, Haruhiro. 1977. "Studies in policymaking: A review of the literature." In *Policymaking in contemporary Japan*, ed. T. J. Pempel. Ithaca: Cornell Univ. Press.

Hamada, Koichi & A. Horiuchi. 1987. "The political economy of the financial market." In *The political economy of Japan, Vol.I: The domestic transformation*, ed. K. Yamamura & Y. Yasuba, pp. 223-260. Stanford: Stanford Univ. Press.

橋本寿朗・武田晴人編　一九九二『日本経済の発展と企業集団』東京大学出版会。

Hein, Laura. 1990. *Fueling growth: The energy revolution and economic policy in postwar Japan*. Cambridge, MA: Council of East Asian Studies, Harvard University.

樋渡展洋　一九九一『戦後日本の市場と政治』東京大学出版会。

Howells, Jeremy & I. Neary. 1991. "Science and technology policy in Japan: The pharmaceutical industry and new technology." In Wilks & Wright, eds., *op. cit.*, pp. 81-109.

猪口孝　一九八三『現代日本政治経済の構図——政府と市場』東洋経済新報社。

猪口孝・岩井奉信　一九八七『「族議員」の研究』日本経済新聞社。

井上隆一郎他　一九九〇『東アジアの産業政策』日本貿易振興会。

石田雄　一九六一『現代組織論』岩波書店。

石田徹　一九九二『自由民主主義体制分析——多元主義・コーポラティズム・デュアリズム』法律文化社。

Johnson, Chalmers. 1982. *MITI and the Japanese miracle: The growth of industrial policy, 1925-1975*. Stanford: Stanford Univ. Press. 邦訳『通産省と日本の奇跡』TBSブリタニカ、一九八二。

Johnson, Chalmers. 1989. "MITI, MPT, and the telecom wars: How Japan makes policy for high technology." In *Politics and productivity: How Japan's development strategy works*, ed. C. Johnson, L. D. Tyson & J.

Zysman, pp. 177-240. New York: Ballinger Publishing Company.

Kaplan, Eugene. 1972. *Japan: The government-business relationship*. Washington, D. C.: U. S. Department of Commerce. 邦訳『日本株式会社』毎日新聞社，一九七二。

木代泰之　一九八五『自民党税制調査会』東洋経済新報社。

Koike, Kazuo. 1987. "Human resource development and labor-management relations." In Yamamura & Yasuba, eds., *op. cit*., pp. 289-330.

小島昭　一九七四「現代予算政治試論——わが国における予算過程の方法論的考察」『現代行政と官僚制㈦』渓内謙他編，東京大学出版会。

小宮隆太郎他　一九八四『日本の産業政策』東京大学出版会。

Kume, Ikuo. 1988. "Changing relations among the government, labor, and business in Japan after the oil crisis." *International Organization* 42(4): 659-87.

久米郁男　一九九二「労働の参加なき勝利?——雇用政策の政治経済学」『レヴァイアサン』第一一号，一七一—九四頁。

Kume, Ikuo. 1995. "Disparaged success: Labor politics in postwar Japan." Ph. D. diss., Cornell University.

Lesbirel, S. Hayden. 1991. "Structural adjustment in Japan: Terminating 'Old King Coal.'" *Asian Survey* 31(11): 1079-94.

Mahood, H. R. 1990. *Interest group politics in America: A new intensity*. Englewood Cliffs, N. J.: Prentice-Hall.

McKean, Margaret A. 1993. "State strategy and the public interest." In Allison & Sone, eds., *op. cit*., pp. 72-104.

村上泰亮　一九八四『新中間大衆の時代』中央公論社。

Murakami, Yasusuke. 1987. "The Japanese model of Political Economy." In Yamamura & Yasuba, eds., *op. cit*., pp. 33-90.

村松岐夫　一九八一『戦後日本の官僚制』東洋経済新報社。

村松岐夫　一九八五「政策過程」『日本政治の座標』三宅一郎他，有斐閣，一七二—二五一頁。

Muramatsu, Michio & E. Krauss. 1987. "The conservative policy line and the development of patterned pluralism." In Yamamura & Yasuba, eds., *op. cit*., pp. 516-54.

村松岐夫　一九八八「民営化・規制緩和と再規制の構造」『レヴァイアサン』第二号、一一八―一三五頁。

村松岐夫・伊藤光利・辻中豊　一九八六『戦後日本の圧力団体』東洋経済新報社。

Noguchi, Yukio. 1987. "Public finance." In Yamamura & Yasuba, eds., *op. cit.*, pp. 186-222.

Noguchi, Yukio. 1991. "Budget policymaking in Japan." In *Parallel politics: Economic policymaking in Japan and the United States*, ed. S. Kernell, pp. 119-41. Tokyo: Japan Center for International Exchange.

Okimoto, Daniel. 1989. *Between MITI and the market: Japanese industrial policy for high technology*. Stanford: Stanford Univ. Press. 邦訳『通産省とハイテク産業』サイマル出版会、一九八九。

大嶽秀夫　一九七九『現代日本の政治権力経済権力』三一書房。

Patrick, Hugh & T. Rohlen. 1987. "Small-scale family enterprises." In Yamamura & Yasuba, eds., *op. cit.*, pp. 331-84.

Patrick, Hugh & H. Rosovsky, eds. 1976. *Asia's new Giant*. Washington, D. C. : The Brookings Institution. 邦訳『アジアの巨人・日本』日本経済新聞社、一九七八。

Peck, Merton J., R. C. Levin & A. Goto. 1988. "Picking losers: Public policy toward declining industries in Japan." In *Government policy towards industry in the United States and Japan*, ed. J. B. Shoven, pp. 195-239. Cambridge: Cambridge Univ. Press.

Pempel, T. J. 1987. "The unbinding of 'Japan, Inc.': The changing dynamics of Japanese policy formation." *The Journal of Japanese Studies* 13(2): 271-306.

Pempel, T. J. & K. Tsunekawa. 1979. "Corporatism without labor? The Japanese anomaly." In *Trends toward corporatist intermediation*, ed. P. Schmitter & G. Lehmbruch, pp. 231-70. Beverly Hills & London: Sage Publications. 邦訳『現代コーポラティズムⅠ』木鐸社、一九八四。

Rosenbluth, Frances McCall. 1993. "Financial deregulation and interest intermediation." In Allison & Sone, eds., *op. cit.*, pp. 107-29.

榊原英資・野口悠紀男　一九七七「大蔵省・日銀王朝の分析」『中央公論』八月号。

Salisbury, Robert H. 1979. "Why no corporatism in

America?" In Schmitter & Lehmbruch, eds., *op. cit.*, pp. 213-30.
Samuels, Richard. 1987. *The business of the Japanese state: Energy markets in comparative and historical perspective*. Ithaca: Cornell Univ. Press.
佐藤誠三郎・松崎哲久　一九八六　『自民党政権』中央公論社。
Schwartz, Frank. 1993. "Of fairy cloaks and familiar talks: The politics of consultation." In Allison & Sone, eds., *op. cit.*, pp. 217-41.
Shimada, Haruo. 1983. "Wage determination and information sharing: An alternative approach to incomes policy." *The Journal of Industrial Relations* 25 (2): 177-200.
新藤宗幸　一九八九　『財政破綻と税制改革』岩波書店。
新川敏光　一九八九　「デュアリズムと現代日本の政治経済」『レヴァイアサン』第五号、一五〇―一六六頁。
篠田徹　一九八六　「男女雇用機会均等法をめぐる意思決定」『日本型政策決定の変容』中野実編、東洋経済新報社。
田口富久治　一九六九　『社会集団の政治機能』未来社。
辻清明　一九六九　『新版日本官僚制の研究』東京大学出版会。
辻琢也　一九九四　「政府介入の政治経済過程――戦後日本の〝調整〟米価」東京大学大学院総合文化研究科提出博士論文。
辻中豊　一九八六　「窮地に立つ〈労働〉の政策決定」『日本型政策決定の変容』中野実編、東洋経済新報社。
Tsujinaka, Yutaka. 1993. "Rengo and its osmotic network." In Allison & Sone, eds., *op. cit.*, pp. 200-13.
内田健三他編　一九八八　『税制改革をめぐる政治力学――自民優位下の政治過程』中央公論社。
Upham, Frank. 1993. "Privatizing regulation: The implementation of the Large-scale Retail Stores Law." In Allison & Sone, eds., *op. cit.*, pp. 264-94.
Vogel, David. 1987. "Government-industry relations in the United States: An overview." In *Comparative government-industry relations: Western Europe, the United States and Japan*, ed. S. Wilks & M. Wright, pp. 91-116. Oxford: Clarendon Press.
Wakiyama, Takashi. 1987. "The implementation and effectiveness of MITI's administrative guidance." In Wilks & Wright, eds., *ibid.*, pp. 211-31.
渡辺治　一九九一　「現代日本国家の特殊な構造」東京

大学社会科学研究所編前掲書二〇一―九五頁。

Wilson, Graham K. 1981. *Interest groups in the United States*. Oxford: Clarendon Press.

Wilson, Graham K. 1982. "Why no corporatism in the United States." In *Patterns of corporatist policy-making*, ed. P. Schmitter & G. Lehmbruch. Beverly Hills & London: Sage Publications. 邦訳『現代コーポラティズムⅡ』木鐸社、一九八六。

Wilson, Graham K. 1990. *Interest groups*. Cambridge, MA: Basil Blackwell.

Zysman, John. 1983. 第二章引用文献参照。

［参考文献］

Aberbach, Joel D., E. Krauss, M. Muramatsu & B. Rockman. 1990. "Comparing Japanese and American administrative elites." *British Journal of Political Science* 20(4): 461-88.

Barfield, Claude E. & W. A. Schambra, eds. 1986. *The politics of industrial policy*. Washington, D. C.: The American Enterprise Institute for Public Policy Research.

Dore, Ronald. 1973. *British factory–Japanese factory: The origins of national diversity in industrial relations*. Univ. of California Press. 邦訳『イギリスの工場・日本の工場――労使関係の比較社会学』筑摩書房、一九八七。

Friman, Richard. 1990. *Patchwork protectionism: Textile trade policy in the United States, Japan, and West Germany*. Ithaca: Cornell Univ. Press.

今井賢一・小宮隆太郎編　一九八九　『日本の企業』東京大学出版会。

伊藤大一　一九八〇　『現代日本官僚制の分析』東京大学出版会。

Kato, Junko. 1995. *The problem of bureaucratic rationality: Tax policy in Japan*. Princeton: Princeton Univ. Press.

真渕勝　一九九四　『大蔵省統制の政治経済学』中央公論社。

Rosenbluth, Frances McCall. 1989. *Financial politics in contemporary Japan*. Ithaca: Cornell Univ. Press.

渡辺治　一九九一　『企業支配と国家』青木書店。

Zysman, John & Laura Tyson, eds. 1983. *American industry in international competition: Government policies and corporate strategies*. Ithaca: Cornell Univ. Press.

第五章

[引用文献]

Amsden, Alice H. 1989. *Asia's next giant: South Korea and late industrialization*. Oxford: Oxford Univ. Press.

Arriola Woog, Carlos. 1976. "Los grupos empresariales frente al estado (1973-1975)." In *Las fronteras del control del estado mexicano*, pp. 39-71. Mexico: El Colegio de México.

Arriola Woog, Carlos. 1988. *Los empresarios y el estado 1970-1982*. Mexico: Grupo Editorial Miguel Angel Porrúa.

Banco de México. 1992. *The Mexican economy 1992*. Mexico: Banco de México.

Bancomext y El Colegio de México. 1987. *Medio siglo de financiamiento y promoción del comercio exterior de México I: Historia del Banco Nacional de Comercio Exterior, 1937-1987*. Mexico: El Colegio de México.

Bedeski, Robert E. 1994. *The transformation of South Korea: Reform and reconstitution in the Sixth Republic under Roh Tae Woo, 1987-1992*. New York: Routledge.

Bennett, Douglas & Kenneth Sharpe. 1980. "The state as banker and entrepreneur: The last-resort character of the Mexican state's economic intervention." *Comparative Politics* 12 (2): 165-89.

Bennett, Douglas & Kenneth Sharpe. 1985. *Transnational corporations versus the state: The political economy of the Mexican auto industry*. Princeton: Princeton Univ. Press.

Bohrisch & König. 1968. *La política mexicana sobre inversión extranjera*. Mexico.

Brandenburg, Frank. 1964. *The making of modern Mexico*. Englewood Cliffs: Prentice-Hall.

Camp, Roderic A. 1989. *Entrepreneurs and politics in Twentieth Century Mexico*. New York: Oxford Univ. Press.

Carmona, Fernando, et al. 1970. *El milagro mexicano*. Mexico: Editorial Nuestro Tiempo.

Carrillo Arronte, Ricardo. 1987. "The role of the state and the entrepreneurial sector in Mexican development." In *Government and private sector in contemporary Mexico*, ed. S. Maxfield & R. Anzaldúa Montoya, pp. 45-63. La Jolla: Center for U. S.-Mexican

Studies, UCSD.

Choi, Byung-Sun. 1993. "Financial policy and big business in Korea: The perils of financial regulation." In *The politics of finance in developing countries*, ed. S. Haggard et al., pp. 23-54. Ithaca: Cornell Univ. Press.

Cooper, Richard. 1994. "Fiscal policy in Korea." In *Macroeconomic policy and adjustment in Korea 1970-1990*, ed. S. Haggard et al., pp. 111-44. Cambridge, MA: Harvard Institute for International Development.

Derossi, Flavia Z. 1977. *El empresario mexicano*. Instituto de Investigaciones Sociales, UNAM.

Eckert, Carter J. 1993. "The South Korean bourgeoisie: A class in search of hegemony." In *State and society in contemporary Korea*, ed. H. Koo, pp. 95-130. Ithaca: Cornell Univ. Press.

ECLAC. 1994. *Latin America Special Report*, October.

Escobar Toledo, Saúl. 1987. "Rifts in the Mexican power elite, 1976-1986." In Maxfield & Anzaldúa Montoya, eds., *op. cit.*, pp. 65-88.

ESY (*Economic Statistics Yearbook*). Seoul: Bank of Korea.

Fajnzylber, Fernando y T. Martínez Tarragó. 1976. *Las empresas transnacionales: Expansión a nivel mundial y proyección en la industria mexicana*. Mexico: Fondo de Cultura Económica.

Fields, Karl J. 1995. *Enterprise and the state in Korea and Taiwan*. Ithaca: Cornell Univ. Press.

深川由紀子 一九八九 『韓国——ある産業発展の軌跡』日本貿易振興会。

Garrido Noguera, Celso y Enrique Quintana López. 1987. "Financial relations and economic power in Mexico." In Maxfield y Anzaldúa, eds., *op. cit.*, pp. 105-26.

Glade, William & Charles Anderson. 1963. *The political economy of Mexico*. Madison: Univ. of Wisconsin Press.

González Casanova, Pablo. 1970. *Democracy in Mexico*. New York: Oxford: Oxford Univ. Press.

González Casanova, Pablo. 1978. *La sociología de explotación*. 9th ed. Mexico: Siglo XXI Editores.

Grindle, Merilee. 1977. *Bureaucrats, politicians, and peasants in Mexico: A case study in public policy*. Berkeley: Univ. of California Press.

Gruber, Wilfred. 1971. "Career patterns of Mexico's

political elite." *The Western Political Quarterly* 24.
Gudger, William. 1975. "The regulation of multinational corporations in the Mexican automotive industry." Ph. D. diss., Univ. of Wisconsin.
Haggard, Stephan. 1990. *Pathways from the periphery: The politics of growth in the newly industrializing countries*. Ithaca: Cornell Univ. Press.
Haggard, Stephan & S. Collins. 1994. "The political economy of adjustment in the 1980s." In S. Haggard et al., eds., *op. cit.*, pp. 75–107.
Haggard, Stephan, et al., eds. 1994. *Macroeconomic policy and adjustment in Korea 1970–1990*. Cambridge, MA: Harvard Institute for International Development.
Hansen, Roger. 1971. *The politics of Mexican development*. Baltimore: The Johns Hopkins Univ. Press.
服部民夫 一九八七 『韓国の工業化――発展の構図』アジア経済研究所。
服部民夫 一九九二 『韓国――ネットワークと政治文化』東京大学出版会。
服部民夫 一九九四 「経済成長と財閥の形成――東アジアのケース」『講座現代アジア２近代化と構造変動』中兼和津次編、東京大学出版会、二三九―六六頁。
星野妙子 一九八八 「メキシコの民族系大企業グループ(I)――一九七〇年代から八〇年代初頭における急成長過程」『アジア経済』二九巻九号、三四―五五頁。
星野妙子 一九九三 「メキシコにおける金融グループの形成と発展」小池賢治・星野妙子編『発展途上国のビジネスグループ』アジア経済研究所。
INEGI. Various years. *Anuario Estadístico de los Estados Unidos Mexicanos*. Mexico: INEGI.
INEGI. 1985. *Estadística histórica de México*. Tomo I. Mexico: INEGI.
Izquierdo, Rafael. 1964. "Protectionism in Mexico." In *Public policy and private enterprise in Mexico*, ed. R. Vernon. Cambridge, MA: Harvard Univ. Press.
JETRO（日本貿易振興会）『世界と日本の海外直接投資』JETRO。
Juárez, Antonio. 1979. *Las corporaciones transnacionales y los trabajadores mexicanos*. Mexico: Siglo XXI Editores.
韓国産業経済研究所 一九八〇 『韓国経済統計要覧』。
木宮正史 一九九四 「韓国における内包的工業化戦略の挫折――五・一六軍事政府の国家自律性の構造的限

界」『法学志林』九一巻三号、一—七八頁。
小林謙一・川上忠雄編　一九九一　『韓国の経済開発と労使関係』法政大学出版局。
Koo, Hagen. 1993. "The state, Minjung, and the working class in South Korea." In Koo, ed., *op. cit.*, pp. 131-62.
KSY (*Korea Statistial Yearbook*). Seoul.
倉持和雄　一九九四　『現代韓国農業構造の変動』御茶の水書房。
Lee, Nae-young. 1993. "The politics of industrial restructuring: A comparison of the auto industry in South Korea and Mexico." Ph. D. diss., Univ. of Wisconsin, Madison.
李鍾元　一九九六　『東アジア冷戦と韓米日関係』東京大学出版会。
Lew, Seok-jin. 1992. "Bringing capital back in: A case study of the South Korean automobile industrialization." Ph. D. diss., Yale University.
Manjarrez, Froylán C. 1967. *Rubén Jaramillo: Autobiografía y asesinato*. Mexico: Editorial Nuestro Tiempo.
Maxfield, Sylvia. 1989. "International opening and government-business relations." In *Mexico's alternative political futures*, ed. W. Cornelius et al., pp. 215-36. La Jolla: Center for U. S.-Mexican Studies, UCSD.
Maxfield, Sylvia. 1990. *Governing capital: International finance and Mexican politics*. Ithaca: Cornell Univ. Press.
Maxfield, Sylvia. 1993. "The politics of Mexican financial policy." In Haggard et al., eds., *op. cit.*, pp. 230-58.
メキシコ日本商工会議所　一九九一　「変貌するメキシコ」。
Moon, Chung-in. 1994. "Changing patterns of business-government relations in South Korea." In *Business and government in industrializing Asia*, ed. A. Macintyre, pp. 142-66. Ithaca: Cornell Univ. Press.
文熹甲　一九九一　『麦飯と韓国経済』日本評論社。
MSK (*Monthly Statistics of Korea*). Seoul: Economic Planning Board.
NAFINSA. 1971. *La política industrial en el desarrollo económico de México*. Mexico: NAFINSA.
NAFINSA. 1978, 1981, 1986, 1990. *La economía mexicana en cifras*. Mexico: NAFINSA.
Nam, Chang-hee. 1995. "South Korea's Big Business

clientelism in democratic reform." *Asian Survey* 35(4): 357-66.

Newell, Robert & L. Rubio. 1984. *Mexico's dilemma: The political origins of economic crisis*. Boulder: Westview Press.

大西裕　一九九一「韓国官僚制と経済成長(一)」『法學論叢』一三〇巻一号、八四—一一二頁。

大西裕　一九九二「韓国官僚制と経済成長(二)」『法學論叢』一三〇巻四号、九二—一一八頁。

Pagaza, Pichardo. 1974. *Diez años de planeación*. Mexico.

朴一　一九九二『韓国ＮＩＥＳ化の苦悩——経済開発と民主化のジレンマ』同文舘。

Purcell, Susan Kaufman. 1973. "Decision-making in an authoritarian regime." *World Politics* 26: 28-54.

Purcell, Susan Kaufman. 1975. *The Mexican profit-sharing decision: Politics in an authoritarian regime*. Berkeley: Univ. of California Press.

Reyna, José Luis, et al. 1976. *Tres estudios sobre el movimiento obrero en México*. Mexico: El Colegio de México.

Ro, Sung-Tae. 1994. "Korean monetary policy." In Haggard et al., eds., *op. cit.*, pp. 145-83.

Salinas de Gortari, Carlos. 1991. *Tercer informe de gobierno: Anexo*. Mexico: Presidencia de la República.

Salinas de Gortari, Carlos. 1994. *Sexto informe de gobierno: Anexo*. Mexico: Presidencia de la República.

Scott, Robert. 1971. *Mexican government in transition*. Revised edition. Urbana: Univ. of Illinois Press.

Secretaría de Trabajo y Previsión Social. Various years. *Memoria de labores*. Mexico: STPS.

芹田浩司　一九九六「発展途上国の産業発展と多国籍企業——ブラジルと韓国の電子産業比較」東京大学大学院総合文化研究科提出修士論文。

SIK (*Social Indicators in Korea*). Seoul: National Statistical Office.

Smith, Peter. 1979. *Labyrinths of power: Political recruitment in Twentieth Century Mexico*. Princeton: Princeton Univ. Press.

Steers, Richard M., Y. Shin & G. Ungson. 1989. *The chaebol: Korea's new industrial might*. New York: Harper Business.

谷浦孝雄　一九八九『韓国の工業化と開発体制』アジア経済研究所。

谷浦孝雄　一九九三「韓国の財閥とビジネスグループ」小池賢治・星野妙子編前掲書、一六五―八七頁。
Tello, Carlos. 1979. *La política económica en México 1970-1976*. Mexico: Siglo XXI Editores.
Trimberger, Ellen Kay. 1978. 第11章引用文献参照。
恒川恵市　一九八八『従属の政治経済学メキシコ』東京大学出版会。
Tsunekawa, Keiichi. 1989. "Dependency and labor policy: The case of the Mexican automotive industry." Ph. D. diss., Cornell Univ.
Valdés Ugalde, Francisco. 1994. "From bank nationalization to state reform: Business and the new Mexican order." In *The politics of economic restructuring: State-society relations and regime change in Mexico*, ed. M. Lorena Cook, pp. 219-42. La Jolla: Center for U. S.-Mexican Studies, UCSD.
Vázquez Tercero, Hector. 1975. *Una década de política sobre industria automotriz*. Mexico: Editorial Tecnos.
Vernon, Raymond. 1963. *The dilemma of Mexico's development*. Cambridge, MA: Harvard Univ. Press.
Wade, Robert. 1990. *Governing the market: Economic theory and the role of government in East Asian industrialization*. Princeton: Princeton Univ. Press.
渡辺利夫　一九八六『韓国――ヴェンチャー・キャピタリズム』講談社。
Whitehead, Laurence. 1980. "La política económica del sexenio de Echeverría: ¿Qué salió mal y por qué?" *Foro Internacional* 20(3): 484-513.
Whiting, Van R. 1991. *The political economy of foreign investment in Mexico: Nationalism, liberalism, and constraints on choice*. Baltimore: The Johns Hopkins Univ. Press.
Woo, Jung-en. 1991. *Race to the swift: State and finance in Korean industrialization*. New York: Columbia Univ. Press.
World Bank. 1976, 1980, 1994, 1995. *World Tables*. Washington, D. C.: World Bank.
World Bank. 1993. *The East Asian miracle: Economic growth and public policy*. Washington, D. C.: World Bank.
Zedillo, Ernesto. 1995. *Primer informe de gobierno: Anexo*. Mexico: Presidencia de la República.

[参考文献]

Deyo, Frederic, ed. 1987. *The political economy of the new*

Asian industrialization. Ithaca: Cornell Univ. Press.

Deyo, Frederic. 1989. *Beneath the miracle: Labor subordination in the new Asian industrialization*. Berkeley: Univ. of California Press.

Gereffi, Gary & D. L. Wyman, eds. 1990. *Manufacturing miracles: Paths of industrialization in Latin America and East Asia*. Princeton: Princeton Univ. Press.

Hamilton, Nora. 1982. *The limits of state autonomy: Post-revolutionary Mexico*. Princeton: Princeton Univ. Press.

Koo, Hagen. 1984. "The political economy of income distribution in South Korea: The impact of the state's industrialization policies." *World Development* 12 (10): 1029–37.

Story, Dale. 1986. *Industry, the state, and public policy in Mexico*. Austin: Univ. of Texas Press.

終章

［引用文献］

趙宏偉　一九九三「現代中国の政治経済——重層的集権体制と経済改革（一九七八年～一九九一年）」東京大学大学院総合文化研究科提出博士論文。

Dennis, Swann. 1988. *The retreat of the state: Deregulation and privatization in the United Kingdom and the United States*. New York & London: Harvester Wheatsheaf.

古田元夫　一九九五『ベトナムの世界史——中華世界から東南アジア世界へ』東京大学出版会。

Gamble, Andrew. 1988. *The free economy and the strong state: The politics of Thatcherism*. London: MacMillan Education, Ltd. 邦訳『自由経済と強い国家——サッチャリズムの政治学』みすず書房，一九九〇。

Vickers, John & V. Wright, eds. 1989. *The politics of privatization in Western Europe*. London: Frank Cass and Company Limited.

あとがき

本書のタイトルは『企業と国家』であるが、分析の対象は企業と国家を越えて、さまざまな社会集団に及んでいる。それは政治的影響力というものが相対的な概念であり、企業とともに社会を構成する農民、自営業主、労働者、一般消費者らの影響力を同時に見ることなしに、企業の影響力を論ずることができないからである。ただし本書は、工業化過程での国家と企業の相互作用に焦点を合わせたために、そこで扱われている社会集団は主に経済機能的な集団であり、文化的・宗教的な集団ではない。その意味で本書はあくまでもポリティカル・エコノミー（政治経済学）の書である。

執筆にあたっては、第一章が政治思想・理論、第二章が政治経済史理論、第三章が国際政治経済理論、第四章が日本の政治経済、第五章が後発工業国の政治経済というように、読者がそれぞれの関心にしたがって個別の章だけを読んだとしても理解できるように工夫した。同時に全体を通して首尾一貫した議論になるように書いたつもりであるが、この試みがどの程度成功しているかは、読者の審判を待つしかない。

本書は、筆者の怠慢と諸般の事情によって、当初の予定より大幅に遅れて出版されることになった。その間にロシア・東欧における資本主義化が本格化し、中国やベトナムでも改革開放路線が少なくとも経済面では強まった。他方かつて保護貿易主義の砦であったラテンアメリカ諸国は、過去数年のうちに経済自由化という点で世界の前衛になった。東南アジアやインドでも経済自由化が時代の潮流になりつつある。日本でもアメリカ合衆国の強い圧力の下で、自由化と規制緩和が進み、その効果はいわゆる「価格破壊」現象などに部分的に現れている。

こうした経済自由化の波は、世界レベルでの企業の活動と競争を活発にすることで、企業の国家に対する影響力、あるいは社会内部での企業の相対的影響力に、多大のインパクトを与えるはずである。本書でも第三、四、五章および終章でこの問題に触れたが、あまりにも最近の現象であるため、十分な分析ができたとは言いがたい。世界的な経済自由化が個々の社会にどのような影響を与えるのか、負の影響が出た場合それにいかに対処するのかという問題は、今後ポリティカル・エコノミーの中心的な研究課題となるであろう。

右に触れたように、本書の出版は当初の予定より大幅に遅れてしまったが、その間、政治学の先達であり、本「現代政治学叢書」の総編集者でもある猪口孝氏は、本書の完成を根気よくお待ち下さっただけでなく、各章を丹念に読んで有意義なコメントを寄せられた。一部の章については、筆者の大学の同僚である岩田一政、山脇直司、柴田寿子、木宮正史の各氏が忙しい時間を割いてお読み下さり、やはり種々の問題点を御指摘下さった。筆者の力不足で彼らの指摘やコメントのすべてを生かすことはできなかったが、彼らの寄与は本書の完成にとってかけがえのないものであった。ここに記して謝意を表する。

最後に、東京大学出版会にあって、本書を含む「現代政治学叢書」を最初から担当し、辛抱強く本書の完成を待って下さった竹中英俊氏に、心から御礼申し上げる。

一九九六年五月二四日

恒川恵市

人名索引

地名索引

事項索引

A-Z

ア　行

タ　行

著者略歴
1948年　千葉県に生まれる.
1971年　東京大学教養学部卒業.
現　在　東京大学大学院総合文化研究科・教養学部教授.

主要著書
『ラテンアメリカ 危機の構図』(共著, 有斐閣, 1986年).
『従属の政治経済学 メキシコ』(東京大学出版会, 1988年).

企業と国家　現代政治学叢書 16

1996年9月13日　初　版
1998年6月15日　第2刷

[検印廃止]

著　者　恒川(つねかわ)　恵市(けいいち)

発行所　財団法人　東京大学出版会
代表者　西尾　勝
113-8654 東京都文京区本郷 東大構内
電話 03-3811-8814・振替 00160-6-59964

印刷所　株式会社理想社
製本所　矢嶋製本株式会社

ISBN 4-13-032106-4　Printed in Japan

オンデマンド版はコダック社のDigiMasterシステムにより作製されています。これは乾式電子写真方式のデジタル印刷機を採用しており、品質の経年変化についての充分なデータはありません。そのため高湿下で強い圧力を加えた場合など、トナーの癒着・剥落・磨耗等の品質変化の可能性もあります。

企業と国家　現代政治学叢書16　（オンデマンド版）

2012年12月17日　　発行　①

著　者　恒川惠市
発行者　一般財団法人　東京大学出版会
代表者　渡辺　浩
〒113-8654
東京都文京区本郷7-3-1　東大構内
TEL03-3811-8814　FAX03-3812-6958
URL　http://www.utp.or.jp/
印刷・製本　大日本印刷株式会社
URL　http://www.dnp.co.jp/

ISBN978-4-13-009076-6
Printed in Japan